100 Assyrian Verbs

Ninos Warda

Assyrian Academic Society

Published in the United States 2010 by the Assyrian Academic Society
Email: info@aas.net
Website: http://www.aas.net

ISBN: 978-0-9827124-2-9

Preface

It is a pleasure for me to introduce this excellent book on the Assyrian verbs by Ninos Warda. A number of introductory grammar books are available for the Classical Assyrian language (also known as Syriac), but there are no systematic presentations of verbs in all their inflections as is offered here. For this reason the book will be an important tool for students wishing to learn the language.

An useful feature of the book is the printing of the forms of each verb both in the Eastern and in the Western scripts. Most introductory textbooks use one script only, usually the Western one. As a result students generally become familiar with only one type of script and have difficulty reading both types. A student who works through the pages of this book will develop a facility in reading the two.

It is my hope that this book will act as a stimulus to the study of the Assyrian language by many members of the Assyrian community, especially the younger generation.

Professor Geoffrey Khan
University of Cambridge

Introduction

In the present book the reader will find verb tables for 100 common and useful Assyrian verbs. As anyone familiar with the Assyrian language and general history should know, over the course of many years and as a result of geographic, political and religious differences, the Assyrian language developed into having two main dialects, commonly referred to by Assyrians themselves as the western and eastern Assyrian dialects. Furthermore, each dialect also produced a script which developed and varied slightly from the original Estrangelo script. To reflect such richness in this ancient tongue, use is made of all three scripts throughout this book and the reader will find that each verb table has been presented in both western and eastern scripts. This will help the reader not only familiarise himself/herself with all three scripts but will encourage people, particularly the youth, to take strides and attempt to learn both Assyrian dialects.

Although the conjugations found and used in the following verb tables are those of the Assyrian dialect of Edessa (also known as Syriac) the tables can themselves be used to help deduce the relevant conjugation in the vernacular (swadaya and turoyo) of both dialects. A case in point may help the reader understand how. The verb 'to kill' is reflected in Assyrian by the root verb 'qtal'. The past tense conjugation of the first person singular found in the relevant tables for this verb is 'qetleth'. Correspondingly, this is conjugated as 'qtelli' in the vernacular swadaya and 'qtili' in turoyo.

It is important to note from the outset that this book is not intended to be a grammar book and therefore should not be used *alone* in learning Assyrian grammar. Rather, it should be used more as a reference tool when accompanied by a good grammar book. A good bilingual grammar book, particularly useful for beginners, would be J. F. Coakley's *Robinson's Paradigms and Exercises in Syriac Grammar,* Fifth Edition, published by the Oxford University Press in 2002.

In order to derive the most benefit from this book it will be helpful for the reader to be aware of the following points.

At the top-left of each page is found the relevant verb in English. To the right of that is the root of the verb in the Estrangelo script (in the Assyrian language, as with other Semitic languages, verbs predominantly have a root or stem made up of three radicals) and in the top-right corner of the page is the verb itself in the western or eastern script (as a model, all verb entries in Assyrian are found in the past tense of the third person masculine singular).

The verb tables themselves show the three main tenses, those being the present tense, past tense and future tense of the verb, in all the three persons, i.e. third person, second person and first person. When looking at the tenses, a semi-colon separates the singular and the plural and a slash separates the masculine from the feminine.

At the top-right of each table is located the imperative form of the verb, the first line representing the masculine gender and the second line the feminine (again, the semi-colon separates singular and plural). Below the imperative the reader will find the infinitive form of the verb (this has no person, masculine or feminine, singular or plural) and beneath that the passive participle, again, the top line representing the masculine, the bottom line the feminine and the semi-colon separating singular and plural. The passive participle is found in its absolute form to ease its use when being used in the predicate. At the bottom-right of each page is found the passive form of the verb. The passive form distinguishes between the subject of the verb doing the action described by the verb from the subject of the verb being affected by the action. (The sentences ‘he killed’ and ‘he was killed’ exemplify this point). The passive of the verb is only presented in its model form, i.e. in the past tense of the third person masculine singular, so as not to confuse readers too much. It should be noted that not every verb may have a passive form and this can be especially true of intransitive verbs.

Finally, at the bottom of each page there are three sentences which use the relevant verb. It is hoped that this will help the student grasp the verb and its different forms more easily and also be able to use the verb in context. The sentences can also be used to strengthen one’s vocabulary.

As the verbs in the tables are listed in alphabetical order according to the Assyrian alphabet, a simple index in English is provided at the back for quick and easy access to specific verbs.

Ninos Warda, LLB
London, United Kingdom
September 2007

List of Terminology

The list of different terminologies used throughout the book with their English translations below will help the reader identify the different forms of the verbs found in the tables to follow.

Assyrian	English
ܙܲܒ݂ܢܵܐ ܕܩܵܐܹܡ \ ܐܵܘܢܵܐ ܕܩܵܐܹܡ	Present Tense
ܙܲܒ݂ܢܵܐ ܕܥܒ݂ܝܼܪ \ ܐܵܘܢܵܐ ܕܥܒ݂ܝܼܪ	Past Tense (also Perfect Tense)
ܙܲܒ݂ܢܵܐ ܕܥܵܬ݂ܝܼܕ \ ܐܵܘܢܵܐ ܕܥܵܬ݂ܝܼܕ	Future Tense (also Imperfect Tense)
ܙܢܵܐ ܦܘܼܩܕܵܢܵܐ \ ܐܵܢܵܐ ܦܘܼܩܕܵܢܵܐ	The Imperative
ܙܢܵܐ ܠܵܐ ܡܫܘܼܚܠܦܵܢܵܐ \ ܐܵܢܵܐ ܠܵܐ ܡܫܘܼܚܠܦܵܐ	The Infinitive
ܡܸܠܬ݂ܵܐ ܥܒ݂ܵܕܵܐ ܕܡܸܫܬܲܥܒ݂ܕܵܐ \ ܡܸܠܬ݂ܵܐ ܫܡܵܐ ܕܫܘܼܥܒܵܕܵܐ	Passive Participle
ܡܸܠܬ݂ܵܐ ܡܸܫܬܲܥܒ݂ܕܵܢܝܼܬ݂ܵܐ \ ܡܸܠܬ݂ܵܐ ܫܘܼܥܒܵܕܵܝܬܵܐ	The Passive

100 Assyrian Verbs

ܡܐܐ ܡܠ̈ܐ ܣܘܪ̈ܝܬܐ

ܙܒܢܐ ܕܩܐܡ	ܦܪ̈ܨܘܦܐ	ܙܢܐ ܦܩܘܕܝܐ
ܐܙܠ: ܐܙܠܝܢ \ ܐܙܠܐ: ܐܙ̈ܠܢ	ܡܬܡܠܠܢܐ	ܙܠ: ܙܠܘ
ܐܙܠܬ: ܐܙܠܝܬܘܢ \ ܐܙܠܬܝ: ܐܙܠ̈ܬܝܢ	ܡܨܝܬܢܐ	ܙܠܝ: ܙ̈ܠܝܢ
ܐܙܠܢܢ: ܐܙܠܝܢܢ \ ܐܙܠܢܢ: ܐܙܠ̈ܢܢ	ܡܡܠܠܢܐ	

ܙܒܢܐ ܥܒܝܪܐ		ܙܢܐ ܠܐ ܡܫܡܠܝܐ
ܐܙܠ: ܐܙܠܗ \ ܐܙܠܗ̇: ܐܙܠ̈ܗ	ܡܬܡܠܠܢܐ	ܡܐܙܠ
ܐܙܠܟ: ܐܙܠܟܘܢ \ ܐܙܠܟܝ: ܐܙܠܟܝܢ	ܡܨܝܬܢܐ	
ܐܙܠܝ: ܐܙܠܢ	ܡܡܠܠܢܐ	

ܙܒܢܐ ܕܐܬܐ		ܫܠܡ ܥܡܐ ܕܫܘܚܠܦܐ
ܒܐܙܠ: ܒܐܙܠܝ \ ܒܐܙܠ: ܒܐܙ̈ܠܢ	ܡܬܡܠܠܢܐ	ܙܘܝܠܐ: ܙܘܝܠܝܢ
ܒܐܙܠ: ܒܐܙܠܝ \ ܒܐܙܠܝܢ: ܒܐܙ̈ܠܢ	ܡܨܝܬܢܐ	ܙܘܝܠܬܐ: ܙܘܝ̈ܠܬܐ
ܐܙܠ: ܒܐܙܠ	ܡܡܠܠܢܐ	

ܡܫܡܠܝܢܐ ܫܡܗܐ

-

ܡܬ̈ܠܐ

The man went to the city - ܐܙܠ ܓܒܪܐ ܠܡܕܝܢ̈ܬܐ

The women are going to the market - ܢܫ̈ܐ ܐܙ̈ܠܢ ܠܫܘܩܐ

We will go today - ܒܐܙܠ ܝܘܡܢܐ

ܙܒܢܐ ܥܒܝܪܐ	ܦܪܨܘܦܐ	ܙܒܢܐ ܕܩܐܡ
ܐܶܙܰܠ: ܐܶܙܰܠܘ	ܬܠܝܬܝܐ	ܐܳܙܶܠ: ܐܳܙܠܝܢ \ ܐܳܙܠܐ: ܐܳܙܠܢ
ܐܶܙܠܰܬ: ܐܶܙܰܠܝ	ܬܪܝܢܐ	ܐܳܙܶܠܬ: ܐܳܙܠܝܬܘܢ \ ܐܳܙܠܬ: ܐܳܙܠܝܬܝܢ
	ܩܕܡܝܐ	ܐܳܙܶܠܢܐ: ܐܳܙܠܝܢܢ \ ܐܳܙܠܢܐ: ܐܳܙܠܢܢ

ܙܒܢܐ ܠܐ ܡܣܬܝܟܐ		ܙܒܢܐ ܕܥܬܝܕ
ܡܐܙܰܠ	ܬܠܝܬܝܐ	ܐܶܙܰܠ: ܐܶܙܰܠܘ \ ܐܶܙܰܠܝ: ܐܶܙܰܠܝܢ
	ܬܪܝܢܐ	ܐܶܙܰܠܬ: ܐܶܙܰܠܬܘܢ \ ܐܶܙܰܠܬܝ: ܐܶܙܰܠܬܝܢ
	ܩܕܡܝܐ	ܐܶܙܰܠܬ: ܐܶܙܰܠܢ

ܡܠܬܐ ܦܘܩܕܢܝܬܐ		ܙܒܢܐ ܕܐܬܐ
ܐܙܰܠ: ܐܙܰܠܘ	ܬܠܝܬܝܐ	ܢܐܙܰܠ: ܢܐܙܠܘܢ \ ܬܐܙܰܠ: ܢܐܙܠܢ
ܐܙܰܠܝ: ܐܙܰܠܝܢ	ܬܪܝܢܐ	ܬܐܙܰܠ: ܬܐܙܠܘܢ \ ܬܐܙܠܝܢ: ܬܐܙܠܢ
	ܩܕܡܝܐ	ܐܐܙܰܠ: ܢܐܙܰܠ

ܡܠܬܐ ܫܡܗܝܬܐ

-

ܡܬ̈ܠܐ

The man went to the city - ܐܶܙܰܠ ܓܰܒܪܳܐ ܠܡܕܝܢܬܐ

The women are going to the market - ܢܶܫ̈ܐ ܐܳܙܠܢ ܠܫܘܩܐ

We will go today - ܢܐܙܰܠ ܝܘܡܢܐ

ܙܢܐ ܦܘܩܕܢܐ	ܦܪܨܘܦܐ	ܙܒܢܐ ܕܗܫܐ
ܐܚܘܕ: ܐܚܘܕܘܢ	ܡܡܠܠܢܐ	ܐܚܕܢ: ܐܚܕܚ \ ܐܚܕܢ: ܐܚܕܚ
ܐܚܘܕܝ: ܐܚܘܕܝܢ	ܡܨܬܝܢܐ	ܐܚܕܬ: ܐܚܕܬܘܢ \ ܐܚܕܬܝ: ܐܚܕܬܘܢ
	ܡܬܚܙܝܢܐ	ܐܚܕܐ: ܐܚܕܝ \ ܐܚܕܐ: ܐܚܕܝ

ܙܢܐ ܠܐ ܡܣܝܟܐ	ܦܪܨܘܦܐ	ܙܒܢܐ ܕܥܒܪ
ܠܡܐܚܕ	ܡܡܠܠܢܐ	ܐܚܕܝ: ܐܚܕܘ \ ܐܚܕܝ: ܐܚܕܢ
	ܡܨܬܝܢܐ	ܐܚܕܬ: ܐܚܕܬܘܢ \ ܐܚܕܬܝ: ܐܚܕܬܘܢ
	ܡܬܚܙܝܢܐ	ܐܚܕܗ: ܐܚܕܝܢ

ܦܠܓܗ ܫܡܐ ܕܫܥܒܘܕܐ	ܦܪܨܘܦܐ	ܙܒܢܐ ܕܐܬܐ
ܐܚܝܕܐ: ܐܚܝܕܝ	ܡܡܠܠܢܐ	ܕܐܚܘܕ: ܕܐܚܕܘܢ \ ܕܐܚܘܕ: ܕܐܚܕܢ
ܐܚܝܕܬܐ: ܐܚܝܕܢ	ܡܨܬܝܢܐ	ܕܐܚܘܕ: ܕܐܚܕܘܢ \ ܕܐܚܕܝ: ܕܐܚܕܢ
	ܡܬܚܙܝܢܐ	ܐܚܘܕ: ܕܐܚܘܕ

ܡܠܬܐ ܫܥܒܘܕܐ

ܐܘܚܕܢܐ

ܡܬܠܐ

They held the boy - ܐܚܕܘ ܠܗ ܠܛܠܝܐ

The enemies are holding the city - ܒܥܠܕܒܒܐ ܐܚܕܝ ܠܗ̇ ܡܕܝܢܬܐ

The girl held the book - ܛܠܝܬܐ ܐܚܕܗ̇ ܟܬܒܐ

ܙܒܢܐ ܕܩܐܡ	ܦܪܨܘܦܐ	ܫܡܐ ܦܥܘܠܐ
ܐܚܕܢܐ: ܐܚܕܝܢܢ \ ܐܚܕܢܐ: ܐܚܕܢܢ	ܩܕܡܝܐ	ܐܚܘܕܐ: ܐܚܘܕܐ
ܐܚܕܬ: ܐܚܕܝܬܘܢ \ ܐܚܕܬܝ: ܐܚܕܢܬܝܢ	ܬܪܝܢܐ	ܐܚܘܕܬܐ: ܐܚܘܕܬܐ
ܐܚܕ: ܐܚܕܝܢ \ ܐܚܕܐ: ܐܚܕܢ	ܬܠܝܬܝܐ	

ܙܒܢܐ ܕܥܒܪ		ܫܡܐ ܠܐ ܡܣܝܟܐ
ܐܚܕܬ: ܐܚܕܢ \ ܐܚܕܬ: ܐܚܕܢ	ܩܕܡܝܐ	ܡܐܚܕ
ܐܚܕܬ: ܐܚܕܬܘܢ \ ܐܚܕܬܝ: ܐܚܕܬܝܢ	ܬܪܝܢܐ	
ܐܚܕܬ: ܐܚܕܝ	ܬܠܝܬܝܐ	

ܙܒܢܐ ܕܥܬܝܕ		ܦܘܩܕܢܐ ܘܫܘܡܠܝܐ
ܬܐܚܘܕ: ܬܐܚܕܘܢ \ ܐܐܚܘܕ: ܬܐܚܕܢ	ܩܕܡܝܐ	ܐܚܘܕ: ܐܚܘܕܘܢ
ܢܐܚܘܕ: ܢܐܚܕܘܢ \ ܢܐܚܕܝܢ: ܢܐܚܕܢ	ܬܪܝܢܐ	ܐܚܘܕܝ: ܐܚܘܕܝܢ
ܐܐܚܘܕ: ܬܐܚܘܕ	ܬܠܝܬܝܐ	

ܡܠܬܐ ܫܘܡܠܝܐ

ܐܬܐܚܕ

ܡܬܠܐ

They held the boy - ܐܚܕܘܗܝ ܠܛܠܝܐ

The enemies are holding the city - ܒܥܠܕܒܒܐ ܐܚܕܝܢ ܠܗ ܠܡܕܝܢܬܐ

The girl held the book - ܛܠܝܬܐ ܐܚܕܬ ܟܬܒܐ

eat ܐܟܠ **ܐܟ݂ܠ**

ܙܒܢܐ ܦܫܝܛܐ	ܦܪܨܘܦܐ	ܙܒܢܐ ܕܥܒܝܪ
ܐܟܘܠ: ܐܟܘܠܘܢ	ܡܡܠܠܢܐ	ܐܟܠܝ: ܐܟܠܠܢ \ ܐܟܠܘܟ: ܐܟܠܟܝ
ܐܟܘܠܝ: ܐܟܘܠܝܬܘܢ	ܡܨܝܬܢܐ	ܐܟܠܗ: ܐܟܠܗܘܢ \ ܐܟܠܗ̇: ܐܟܠܟܘܢ
	ܓܘܢܝܐ	ܐܟܠܢܐ: ܐܟܠܢܢ \ ܐܟܠܢܐ: ܐܟܠܢܢ

ܦܥܠܐ ܠܐ ܡܫܡܠܝܐ		ܙܒܢܐ ܕܐܬܐ
ܡܐܟܠ	ܡܡܠܠܢܐ	ܐܟܠ: ܐܟܠܐ \ ܐܟܠܝ: ܐܟܠܢ
	ܡܨܝܬܢܐ	ܐܟܠܬ: ܐܟܠܬܘܢ \ ܐܟܠܬܝ: ܐܟܠܝܬܘܢ
	ܓܘܢܝܐ	ܐܟܠܝ: ܐܟܠܢ

ܫܡܐ ܥܡܐ ܕܫܪܫܐ		ܙܒܢܐ ܕܩܐܡ
ܐܟܝܠ: ܐܟܝܠܢ	ܡܡܠܠܢܐ	ܒܐܟܘܠ: ܒܐܟܠܘܢ \ ܒܐܟܘܠ: ܒܐܟܠܢ
ܐܟܝܠܐ: ܐܟܝܠܬܐ	ܡܨܝܬܢܐ	ܒܐܟܘܠ: ܒܐܟܠܘܢ \ ܒܐܟܠܢ: ܒܐܟܠܢ
	ܓܘܢܝܐ	ܐܟܘܠ: ܒܐܟܘܠ

ܡܠܬܐ ܫܪܫܝܬܐ

ܐܘܟ݂ܠܐ

ܡܬܠܐ

Eat bread and honey - ܐܟ݂ܘܿܠ ܠܲܚܡܵܐ ܘܕܸܒ݂ܫܵܐ

We ate together - ܐܟ݂ܠܲܢ ܥܲܡ ܚܕ݂ܵܕ݂ܹܐ

Do not eat a lot - ܠܵܐ ܐܵܟ݂ܠܘܿܢ ܣܲܓ݂ܝܼ

eat ܐܟܠ ܐܸܟ݂ܲܠ

ܐܢܵܐ ܦܵܥܘܿܠܵܐ	ܦܲܪܨܘܿܦܵܐ	ܙܲܒܢܵܐ ܕܫܠܸܡ
ܐܸܟ݂ܘܿܠ: ܐܸܟ݂ܘܿܠܝܼܢ	ܠܐܲܚܪܵܝܵܐ	ܐܸܟ݂ܲܠ: ܐܸܟ݂ܠܲܬ݂ \ ܐܸܟ݂ܲܠܘ: ܐܸܟ݂ܲܠܝ
ܐܸܟ݂ܘܿܠܘ: ܐܸܟ݂ܘܿܠܹܝܢ	ܠܘܵܬ݂ܵܝܵܐ	ܐܸܟ݂ܲܠܬ݁: ܐܸܟ݂ܲܠܬ݁ܝ \ ܐܸܟ݂ܲܠܬ݁ܘܢ: ܐܸܟ݂ܲܠܬܹ݁ܝܢ
	ܡܡܲܠܠܵܐ	ܐܸܟ݂ܠܹܬ݂: ܐܸܟ݂ܠܹܬ݂ \ ܐܸܟ݂ܲܠܢܲܢ: ܐܸܟ݂ܲܠܢ

ܐܢܵܐ ܠܵܐ ܡܫܲܠܡܵܐ		ܙܲܒܢܵܐ ܕܗܵܫܵܐ
ܡܹܐܟ݂ܲܠ	ܠܐܲܚܪܵܝܵܐ	ܐܵܟ݂ܹܠ: ܐܵܟ݂ܠܵܐ \ ܐܵܟ݂ܠܝܼܢ: ܐܵܟ݂ܠܵܢ
	ܠܘܵܬ݂ܵܝܵܐ	ܐܵܟ݂ܠܲܬ݁: ܐܵܟ݂ܠܵܬ݁ܝ \ ܐܵܟ݂ܠܝܼܬ݁ܘܢ: ܐܵܟ݂ܠܵܢܹܬ݁ܝܢ
	ܡܡܲܠܠܵܐ	ܐܵܟ݂ܠܝܼܢܲܢ: ܐܵܟ݂ܠܵܢܲܢ

ܡܸܠܬ݂ܵܐ ܕܫܘܼܩܵܠܵܐ		ܙܲܒܢܵܐ ܕܥܵܬ݂ܝܼܕ
ܐܸܟ݂ܘܿܠ: ܐܸܟ݂ܘܿܠܝܼ	ܠܐܲܚܪܵܝܵܐ	ܢܹܐܟ݂ܘܿܠ: ܬܹܐܟ݂ܘܿܠ \ ܢܹܐܟ݂ܠܘܢ: ܢܹܐܟ݂ܠܵܢ
ܐܸܟ݂ܘܿܠܘ: ܐܸܟ݂ܘܿܠܹܝܢ	ܠܘܵܬ݂ܵܝܵܐ	ܬܹܐܟ݂ܘܿܠ: ܬܹܐܟ݂ܠܝܼܢ \ ܬܹܐܟ݂ܠܘܢ: ܬܹܐܟ݂ܠܵܢ
	ܡܡܲܠܠܵܐ	ܐܹܟ݂ܘܿܠ: ܢܹܐܟ݂ܘܿܠ

ܡܸܠܬ݂ܵܐ ܢܘܼܩܵܡܵܐ
ܐܸܬ݂ܐܲܟ݂ܲܠ

ܡ̈ܬܠܐ

Eat bread and honey - ܐܸܟ݂ܘܿܠ ܠܲܚܡܵܐ ܘܕܸܒܫܵܐ

We ate together - ܐܸܟ݂ܲܠܢ ܥܲܡ ܚܕ݂ܵܕ݂ܹ̈ܐ

Do not eat a lot - ܠܵܐ ܬܹܐܟ݂ܘܿܠ ܣܲܓܝܼ

ܙܲܒܼܢܵܐ ܩܘܼܡܵܝܵܐ	ܦܲܪܨܘܿܦܹ̈ܐ	ܙܲܒܼܢܵܐ ܕܩܵܐܹܡ
ܐܵܡܲܪ: ܐܵܡܪܘܼܢ	ܡܲܠܝܵܐܢܵܐ	ܐܵܡܲܪ: ܐܵܡܪܹܢ \ ܐܵܡܪ̈ܵܐ: ܐܵܡܪ̈ܲܢ
ܐܵܡܪܹܬ: ܐܵܡܪ̈ܝܼܢ	ܗܕܵܢܵܐ	ܐܵܡܪܹܬ: ܐܵܡܪܹܬܘܿܢ \ ܐܵܡܪܲܬ: ܐܵܡܪ̈ܝܼܬܘܿܢ
ܒܪܘܼܡܢܵܐ	ܐܵܡܪ̈ܝܼ: ܐܵܡܪܝܼ \ ܐܵܡܪ̈ܲܚ: ܐܵܡܪܝܼܚ

ܙܲܒܼܢܵܐ ܠܵܐ ܡܫܘܼܡܠܵܝܵܐ	ܦܲܪܨܘܿܦܹ̈ܐ	ܙܲܒܼܢܵܐ ܕܥܒܼܪ
ܡܹܐܡܲܪ	ܡܲܠܝܵܐܢܵܐ	ܐܡܝܼܪ: ܐܡܝܼܪܗ \ ܐܡܝܼܪܹܗ: ܐܡܝܼܪܵܗ̇
ܗܕܵܢܵܐ	ܐܡܝܼܪܘܼܗ: ܐܡܝܼܪܘܼܗܘܿܢ \ ܐܡܝܼܪܘܼܗܿ: ܐܡܝܼܪܘܼܗܝ
ܒܪܘܼܡܢܵܐ	ܐܡܝܼܪܹܗ: ܐܡܝܼܪܵܗ̇

ܦܸܠܚܵܐ ܥܲܡܵܐ ܕܫܥܘܼܬܵܐ	ܦܲܪܨܘܿܦܹ̈ܐ	ܙܲܒܼܢܵܐ ܕܥܬܝܼܕ
ܐܡܘܼܪ: ܐܡܘܼܪܝܼ	ܡܲܠܝܵܐܢܵܐ	ܒܹܐܡܲܪ: ܒܹܐܡܪܘܼܢ \ ܒܸܐܡܲܪ: ܒܹܐܡܪ̈ܘܼܢ
ܐܡܘܼܪܘܼܢ: ܐܡܘܼܪ̈ܝܼ	ܗܕܵܢܵܐ	ܒܸܐܡܲܪ: ܒܸܐܡܪܘܼܢ \ ܒܸܐܡܪܝܼܢ: ܒܸܐܡܪ̈ܘܼܢ
ܒܪܘܼܡܢܵܐ	ܐܵܡܲܪ: ܒܹܐܡܲܪ

ܡܸܠܬܵܐ ܫܥܘܼܬܵܐ

ܒܹܐܡܵܪܵܐ

ܡܬܠܐ

It is said that the summer is long here - ܐܵܡܪ̈ܝܼ ܕܩܲܝܛܵܐ ܐܲܪܝܼܟ ܝܠܹܗ ܬܵܟܵܐ

People say prayers in the church - ܐ̄ܢܵܫܵܐ ܐܵܡܪ̈ܝܼ ܨܠܘܵܬ݂ܵܐ ܒܥܹܕܬܵܐ

There is nothing to say - ܠܲܝܬ ܡܸܕܸܡ ܠܡܹܐܡܲܪ

ܐܢܐ ܦܥܘܠܐ	ܦܪܨܘܦܐ	ܐܝܟܢܐ ܕܩܐܡ
ܐܳܡܰܪ؛ ܐܳܡܪܳܐ	ܠܒܪܝܐ	ܐܳܡܰܪ؛ ܐܳܡܪܺܝܢ \ ܐܳܡܪܳܐ؛ ܐܳܡܪ̈ܳܢ
ܐܰܡܺܝܪ؛ ܐܰܡܺܝܪܳܐ	ܠܘܬܝܐ	ܐܳܡܪܰܬ؛ ܐܳܡܪܺܝܬܽܘܢ \ ܐܳܡܪܳܬܝ؛ ܐܳܡܪ̈ܳܢܳܬܶܝܢ
	ܩܪܝܒܐ	ܐܳܡܰܪܢܳܐ؛ ܐܳܡܪܺܝܢܰܢ \ ܐܳܡܪܳܐܢܳܐ؛ ܐܳܡܪ̈ܳܢܰܢ

ܐܢܐ ܠܐ ܡܫܠܡܢܐ		ܐܝܟܢܐ ܕܥܒܪ
ܡܐܡܰܪ	ܠܒܪܝܐ	ܐܶܡܰܪ؛ ܐܶܡܰܪܘ \ ܐܶܡܪܰܬ؛ ܐܶܡܰܪ̈ܝ
	ܠܘܬܝܐ	ܐܶܡܰܪܬ؛ ܐܶܡܰܪܬܽܘܢ \ ܐܶܡܰܪܬܝ؛ ܐܶܡܰܪܬܶܝܢ
	ܩܪܝܒܐ	ܐܶܡܪܶܬ؛ ܐܶܡܰܪܢ

ܡܠܬܐ ܗܘܐ ܕܫܡܗܐ		ܐܝܟܢܐ ܕܥܬܝܕ
ܐܶܡܰܪ؛ ܐܶܡܰܪܘ	ܠܒܪܝܐ	ܢܺܐܡܰܪ؛ ܢܺܐܡܪܽܘܢ \ ܬܺܐܡܰܪ؛ ܢܺܐܡܪ̈ܳܢ
ܐܶܡܰܪܝ؛ ܐܶܡܰܪ̈ܝ	ܠܘܬܝܐ	ܬܺܐܡܰܪ؛ ܬܺܐܡܪܽܘܢ \ ܬܺܐܡܪܺܝܢ؛ ܬܺܐܡܪ̈ܳܢ
	ܩܪܝܒܐ	ܐܺܐܡܰܪ؛ ܢܺܐܡܰܪ

ܡܠܬܐ ܫܡܗܝܬܐ

ܐܶܬܐܡܰܪ

ܡܬܠܐ

It is said that the summer is long here - ܐܡܪܝܢ ܕܩܝܛܐ ܐܪܝܟ ܗܘ ܗܪܟܐ

People say prayers in the church - ܐ̱ܢܫܐ ܐܡܪܝܢ ܨܠܘ̈ܬܐ ܒܥܕܬܐ

There is nothing to say - ܠܝܬ ܡܕܡ ܠܡܐܡܪ

ܫܡܐ ܦܥܘܠܐ | ܦܪܨܘܦܐ | ܙܒܢܐ ܥܒܝܪܐ

ܥܪܘܥܐ: ܥܪܘܥܬܐ | ܡܠܝܬܢܐ | ܥܪܥ: ܥܪܥܘ \ ܥܪܥܬ: ܥܪܥܝ
ܥܪܘܥܐ: ܥܪܘܥܝܬܐ | ܡܨܢܬܢܐ | ܥܪܥܬ: ܥܪܥܬܘܢ \ ܥܪܥܬܝ: ܥܪܥܬܝܢ
| ܡܡܠܠܢܐ | ܥܪܥܬ: ܥܪܥܢ \ ܥܪܥܬ: ܥܪܥܢ

ܫܡܐ ܠܐ ܡܫܘܚܬܐ | | ܙܒܢܐ ܕܗܫܐ

ܡܥܪܥ | ܡܠܝܬܢܐ | ܥܪܥ: ܥܪܥܝܢ \ ܥܪܥܐ: ܥܪܥܢ
| ܡܨܢܬܢܐ | ܥܪܥܬ: ܥܪܥܬܘܢ \ ܥܪܥܬܝ: ܥܪܥܬܝܢ
| ܡܡܠܠܢܐ | ܥܪܥܐ: ܥܪܥܢ

ܦܬܓܡ ܥܡܐ ܕܦܘܩܕܢܐ | | ܙܒܢܐ ܕܥܬܝܕ

– | ܡܠܝܬܢܐ | ܢܥܪܘܥ: ܢܥܪܥܘܢ \ ܬܥܪܘܥ: ܢܥܪܥܢ
– | ܡܨܢܬܢܐ | ܬܥܪܘܥ: ܬܥܪܥܘܢ \ ܬܥܪܥܝܢ: ܬܥܪܥܢ
| ܡܡܠܠܢܐ | ܐܥܪܘܥ: ܢܥܪܘܥ

ܡܠܬܐ ܦܘܩܕܢܐ

—

ܡܬܠܐ

There is no one to meet them - ܠܝܬ ܐܢܫ ܕܢܥܪܥ ܠܗܘܢ

Two rulers met privately - ܬܪܝܢ ܫܠܝܛܢܐ ܥܪܥܘ ܒܛܘܫܝܐ

Do not meet him alone - ܠܐ ܬܥܪܘܥ ܠܗ ܠܚܘܕܝܟ

ܐܢܐ ܦܥܘܠܐ	ܦܪܨܘܦܐ	ܙܒܢܐ ܕܩܐܡ
ܐܪܘܥ؛ ܐܪܘܥܗ	ܠܐܚܪܢܐ	ܐܪܥ؛ ܐܪܥܝܢ \ ܐܪܥܐ؛ ܐܪܥܢ
ܐܪܘܥܝܢ؛ ܐܪܘܥܬܐ	ܠܘܬܝܐ	ܐܪܥܬ؛ ܐܪܥܝܬܘܢ \ ܐܪܥܬܝ؛ ܐܪܥܬܝܢ
	ܩܪܝܒܐ	ܐܪܥܢܐ؛ ܐܪܥܝܢܢ \ ܐܪܥܢܐ؛ ܐܪܥܢܢ

ܐܢܐ ܠܐ ܡܫܡܠܝܐ	ܦܪܨܘܦܐ	ܙܒܢܐ ܕܥܒܪ
ܡܐܪܥ	ܠܐܚܪܢܐ	ܐܪܥ؛ ܐܪܥܘ \ ܐܪܥܬ؛ ܐܪܥ
	ܠܘܬܝܐ	ܐܪܥܬ؛ ܐܪܥܬܘܢ \ ܐܪܥܬܝ؛ ܐܪܥܬܝܢ
	ܩܪܝܒܐ	ܐܪܥܬ؛ ܐܪܥܢ

ܡܠܬܐ ܗܕܐ ܕܫܡܫܬܐ	ܦܪܨܘܦܐ	ܙܒܢܐ ܕܥܬܝܕ
–	ܠܐܚܪܢܐ	ܢܐܪܥ؛ ܢܐܪܥܘܢ \ ܬܐܪܥ؛ ܢܐܪܥܢ
–	ܠܘܬܝܐ	ܬܐܪܥ؛ ܬܐܪܥܘܢ \ ܬܐܪܥܝܢ؛ ܬܐܪܥܢ
	ܩܪܝܒܐ	ܐܐܪܥ؛ ܢܐܪܥ

ܡܠܬܐ ܡܫܡܫܢܝܬܐ

–

ܡܬܠܐ

There is no one to meet them - ܠܝܬ ܐܢܫ ܕܐܪܥ ܠܗܘܢ

Two rulers met privately - ܬܪܝܢ ܡܫܠܛܢܝܢ ܐܪܥܘ ܒܛܘܫܝܐ

Do not meet him alone - ܠܐ ܬܐܪܥܝܘܗܝ ܠܗ ܒܠܚܘܕܘܗܝ

ܙܒ݂ܢܵܐ ܦܘܼܩܕܵܢܵܝܵܐ	ܦܲܪ̈ܨܘܿܦܹܐ	ܙܒ݂ܢܵܐ ܕܥܒ݂ܝܼܪ
ܐܵܬ݂ܵܐ: ܐܵܬ݂ܘܿ	ܡܡܲܠܠܵܢܵܐ	ܐܸܬ݂ܹܐ: ܐܸܬ݂ܹܝܢ \ ܐܸܬ݂ܝܵܐ: ܐܸܬ݂ܝܵܢ
ܐܵܬ݂ܝ: ܐܵܬ݂ܝܼܬܘܿܢ	ܡܲܫܡܥܵܢܵܐ	ܐܸܬ݂ܝܬ: ܐܸܬ݂ܝܼܬܘܿܢ \ ܐܸܬ݂ܝܵܬ: ܐܸܬ݂ܝܵܬܘܿܢ
	ܡܬ݂ܡܲܠܠܵܢܵܐ	ܐܸܬ݂ܝܼܢܵܐ: ܐܸܬ݂ܝܼܚ \ ܐܸܬ݂ܝܼܢܵܐ: ܐܸܬ݂ܝܼܚ

ܦܥ ܠܵܐ ܡܫܲܡܫܵܢܵܐ		ܙܒ݂ܢܵܐ ܕܥܵܒ݂ܕܵܐ
ܡܐܵܬ݂ܵܐ	ܡܡܲܠܠܵܢܵܐ	ܝܵܬ݂ܹܐ: ܝܵܬ݂ܘ \ ܝܵܬ݂ܝܵܐ: ܝܵܬ݂ܝܵܢ
	ܡܲܫܡܥܵܢܵܐ	ܝܵܬ݂ܹܬ: ܝܵܬ݂ܹܬܘܿܢ \ ܝܵܬ݂ܝܵܬ: ܝܵܬ݂ܝܵܬܝ
	ܡܬ݂ܡܲܠܠܵܢܵܐ	ܝܵܬ݂ܹܚ: ܝܵܬ݂ܝܼܚ

ܫܸܡܵܐ ܕܫܘܼܥܒܵܕܵܐ		ܙܒ݂ܢܵܐ ܕܐܵܬ݂ܹܐ
ܐܵܬ݂ܝܵܐ: ܐܵܬ݂ܝܵܝܢ	ܡܡܲܠܠܵܢܵܐ	ܒܐܵܬ݂ܹܐ: ܒܐܵܬ݂ܘܿܢ \ ܒܐܵܬ݂ܝܵܐ: ܒܐܵܬ݂ܝܵܢ
ܐܵܬ݂ܝ̈ܵܐ: ܐܵܬ݂ܝ̈ܵܬܘܿܢ	ܡܲܫܡܥܵܢܵܐ	ܒܐܵܬ݂ܹܐ: ܒܐܵܬ݂ܘܿܢ \ ܒܐܵܬ݂ܝܵܐ: ܒܐܵܬ݂ܝܵܢ
	ܡܬ݂ܡܲܠܠܵܢܵܐ	ܒܐܵܬ݂ܹܐ: ܒܐܵܬ݂ܹܐ

ܡܸܠܬ݂ܵܐ ܫܥܒܲܕܬܵܐ

-

ܡܬ݂ܠܐ

They came to our house yesterday - ܐܸܬ݂ܘ ܠܒܲܝܬܲܢ ܬܸܡܵܠ

I come and go - ܐܵܬ݂ܹܝܢܵܐ ܘܐܵܙܸܠܢܵܐ

They will not come to me - ܠܵܐ ܒܐܵܬ݂ܘܿܢ ܠܓܹܒܝܼ

come ܐܬܐ ܐܬܳܐ

ܐܢܐ ܦܩܘܕܐ	ܦܪܘܫܐ	ܙܰܒܢܳܐ ܕܥܒܰܪ
ܬܳܐ: ܬܳܘ	ܬܠܺܝܬܳܝܳܐ	ܐܶܬܳܐ: ܐܶܬܰܘ \ ܐܶܬܳܬ: ܐܶܬܰܝ̈
ܬܳܝ: ܬܶܝܢ	ܬܪܰܝܳܢܳܐ	ܐܶܬܰܝܬ: ܐܶܬܰܝܬܽܘܢ \ ܐܶܬܰܝܬܝ: ܐܶܬܰܝܬܶܝܢ
	ܩܽܕܡܳܝܳܐ	ܐܶܬܺܝܬ: ܐܶܬܰܝܢ \ ܐܶܬܺܝܬ: ܐܶܬܰܝܢ

ܐܢܐ ܠܐ ܡܣܝܟܐ		ܙܰܒܢܳܐ ܕܩܳܐܶܡ
ܡܶܐܬܳܐ	ܬܠܺܝܬܳܝܳܐ	ܐܳܬܶܐ: ܐܳܬܶܝܢ \ ܐܳܬܝܳܐ: ܐܳܬܝܳܢ
	ܬܪܰܝܳܢܳܐ	ܐܳܬܶܬ: ܐܳܬܶܝܬܽܘܢ \ ܐܳܬܝܳܬ: ܐܳܬܝܳܬܶܝܢ
	ܩܽܕܡܳܝܳܐ	ܐܳܬܶܢܳܐ: ܐܳܬܶܝܢܰܢ

ܫܡܐ ܕܫܘܡܗܐ		ܙܰܒܢܳܐ ܕܥܳܬܺܝܕ
ܐܳܬܶܐ: ܐܳܬܶܝܢ	ܬܠܺܝܬܳܝܳܐ	ܢܺܐܬܶܐ: ܢܺܐܬܽܘܢ \ ܬܺܐܬܶܐ: ܢܺܐܬܝܳܢ
ܐܳܬܝܳܐ: ܐܳܬܝܳܢ	ܬܪܰܝܳܢܳܐ	ܬܺܐܬܶܐ: ܬܺܐܬܽܘܢ \ ܬܺܐܬܶܝܢ: ܬܺܐܬܝܳܢ
	ܩܽܕܡܳܝܳܐ	ܐܺܐܬܶܐ: ܢܺܐܬܶܐ

ܫܡܐ ܫܘܡܗܝܐ

–

ܡܬ̈ܠܐ

They came to our house yesterday - ܐܶܬܰܘ ܠܒܰܝܬܰܢ ܐܶܬܡܳܠܝ

I come and go - ܐܳܬܝܳܐ ܘܳܐܙܠܳܐ

They will not come to me - ܠܳܐ ܢܺܐܬܽܘܢ ܠܘܳܬܝ

bring ܐܝܬܝ ܡܲܝܬܹܐ

ܙܲܒ݂ܢܵܐ ܕܩܵܐܹܡ	ܦܲܪ̈ܨܘܿܦܹܐ	ܙܲܒ݂ܢܵܐ ܩܡܝܐ
ܡܲܝܬܹܝܢ: ܡܲܝܬܝܵܢ \ ܡܲܝܬܹܝܚ: ܡܲܝܬܝܵܚ	ܡܡܲܠܠܵܢܵܐ	ܐܝܬܵܝܵܐ: ܐܝܬܵܝܘܼ
ܡܲܝܬܹܬ: ܡܲܝܬܝܵܬܝ \ ܡܲܝܬܹܝܬܘܿܢ: ܡܲܝܬܝܵܬܘܿܢ	ܡܨܲܬܝܵܢܵܐ	ܐܝܬܵܝܹܐ: ܐܝܬܵܝܬܵܐ
ܡܲܝܬܹܐ: ܡܲܝܬܝܵܐ \ ܡܲܝܬܹܝ: ܡܲܝܬܹܝ	ܫܡܘܼܥܵܢܵܐ	

ܙܲܒ݂ܢܵܐ ܕܥܒ݂ܝܼܪ		ܙܲܒ݂ܢܵܐ ܠܐ ܡܫܘܼܠܡܵܐ
ܐܝܬܹܝܠܝ: ܐܝܬܹܝܠܗ \ ܐܝܬܹܝܠܲܢ: ܐܝܬܹܝܠܵܟ݂	ܡܡܲܠܠܵܢܵܐ	ܡܲܝܬܘܼܝܹܐ
ܐܝܬܹܝܠܵܟ݂: ܐܝܬܹܝܠܵܘܟ݂ܘܿܢ \ ܐܝܬܹܝܠܵܟ݂ܝ: ܐܝܬܹܝܠܵܗ	ܡܨܲܬܝܵܢܵܐ	
ܐܝܬܹܝܠܹܗ: ܐܝܬܹܝܠܗܘܿܢ	ܫܡܘܼܥܵܢܵܐ	

ܙܲܒ݂ܢܵܐ ܕܐܵܬܹܐ		ܒܠܝܼܠ ܫܡܵܐ ܕܦܘܼܩܕܵܢܵܐ
ܒܹܐܬܹܐ: ܒܹܐܬܹܝܢ \ ܒܹܐܬܹܐ: ܒܹܐܬܝܵܢ	ܡܡܲܠܠܵܢܵܐ	ܡܲܝܬܹܐ: ܡܲܝܬܹܝܚ
ܒܹܐܬܹܐ: ܒܹܐܬܹܬ \ ܒܹܐܬܹܝܚ: ܒܹܐܬܝܵܢ	ܡܨܲܬܝܵܢܵܐ	ܡܲܝܬܝܵܐ: ܡܲܝܬܝܵܢ
ܒܹܐܬܹܐ: ܒܹܐܬܹܐ	ܫܡܘܼܥܵܢܵܐ	

ܡܸܠܬܵܐ ܫܘܼܪܵܝܵܐ

ܝܘܼܬܵܝܵܐ

ܡܬ̈ܠܐ

Remind me (literally, bring to my mind) - ܐܝܬܝ ܠܒܪܝ

They want to bring guests - ܒܥܝܐ ܠܡܲܝܬܘܼܝܹܐ ܐܘܪ̈ܚܐ

The women bring their children to school - ܢܫ̈ܐ ܡܲܝܬܝܵܢ ܝܲܠܘܼܕܲܝ̈ܗܝܢ ܠܡܲܕܪܲܫܬܵܐ

bring ܐܝܬܝ ܐܰܝܬܺܝ

ܐܢܐ ܦܥܘܠܐ	ܦܪܨܘܦܐ	ܙܒܢܐ ܕܗܘܐ
ܐܰܝܬܺܝ: ܐܰܝܬܺܝܘ	ܩܰܕܡܳܝܳܐ	ܡܰܝܬܶܢܳܐ: ܡܰܝܬܶܝܢܰܢ \ ܡܰܝܬܝܳܢܳܐ: ܡܰܝܬܝܳܢܰܢ
ܐܰܝܬܺܝܬ: ܐܰܝܬܺܝܬܽܘܢ	ܬܪܰܝܳܢܳܐ	ܡܰܝܬܶܝܬ: ܡܰܝܬܶܝܬܽܘܢ \ ܡܰܝܬܝܳܬܝ: ܡܰܝܬܝܳܬܶܝܢ
	ܬܠܺܝܬܳܝܳܐ	ܡܰܝܬܶܐ: ܡܰܝܬܶܝܢ \ ܡܰܝܬܝܳܐ: ܡܰܝܬܝܳܢ

ܐܢܐ ܠܐ ܡܫܡܠܝܐ	ܦܪܨܘܦܐ	ܙܒܢܐ ܕܥܒܪ
ܡܰܝܬܽܘܝܶܐ	ܩܰܕܡܳܝܳܐ	ܐܰܝܬܶܐ: ܐܰܝܬܶܝܢ \ ܐܰܝܬܝܳܐ: ܐܰܝܬܝܳܢ
	ܬܪܰܝܳܢܳܐ	ܐܰܝܬܶܝܬ: ܐܰܝܬܶܝܬܽܘܢ \ ܐܰܝܬܝܳܬܝ: ܐܰܝܬܝܳܬܶܝܢ
	ܬܠܺܝܬܳܝܳܐ	ܐܰܝܬܶܐ: ܐܰܝܬܶܝܢ

ܦܩܕܐ ܚܕܐ ܘܣܘܓܐܐ	ܦܪܨܘܦܐ	ܙܒܢܐ ܕܥܬܝܕ
ܡܰܝܬܺܝ: ܡܰܝܬܺܝܢ	ܩܰܕܡܳܝܳܐ	ܢܰܝܬܶܐ: ܢܰܝܬܶܘܢ \ ܐܰܝܬܶܐ: ܢܰܝܬܶܝܢ
ܡܰܝܬܝܳܐ: ܡܰܝܬܶܝܢ	ܬܪܰܝܳܢܳܐ	ܐܰܝܬܶܐ: ܐܰܝܬܶܘܢ \ ܐܰܝܬܶܝܢ: ܐܰܝܬܶܝܢ
	ܬܠܺܝܬܳܝܳܐ	ܐܰܝܬܶܐ: ܢܰܝܬܶܐ

ܦܩܕܐ ܣܘܓܐܝܐ

ܐܝܬܘ

ܡܬܠܐ

Remind me (literally, bring to my mind) - ܐܰܝܬܺܝ ܠܒܶܝܢܝ

They want to bring guests - ܒܳܥܶܝܢ ܕܡܰܝܬܶܝ ܐܽܘܪ̈ܚܐ

The women bring their children to school - ܢܶܫ̈ܐ ܡܰܝܬܝܳܢ ܠܝܰܠܽܘ̈ܕܰܝܗܶܝܢ ܠܡܰܕܪܰܫܬܳܐ

build ܒܢܐ ܒܢܵܐ

ܙܒܢܐ ܩܘܡܝܐ	ܦܪܨܘܦܐ	ܙܒܢܐ ܕܩܝܡ
ܒܢܝ: ܒܢܘ	ܡܡܠܠܢܐ	ܒܢܝܢ: ܒܢܝܐ \ ܒܢܢܢ: ܒܢܢܢ
ܒܢܝ: ܒܢܝܢ	ܡܨܬܝܢܐ	ܒܢܝܬ: ܒܢܝܬܘܢ \ ܒܢܝܬ: ܒܢܢܬܘܢ
	ܡܕܗܢܐ	ܒܢܝܢ: ܒܢܝܐ \ ܒܢܢܢ: ܒܢܢܐ

ܙܒܢܐ ܠܐ ܡܚܣܡܐ		ܙܒܢܐ ܕܥܒܪ
ܡܒܢܐ	ܡܡܠܠܢܐ	ܒܢܐ: ܒܢܘ: ܒܢܝ: ܒܢܢ
	ܡܨܬܝܢܐ	ܒܢܝܬ: ܒܢܝܬܘܢ: ܒܢܝܬܝ: ܒܢܝܬܘܢ
	ܡܕܗܢܐ	ܒܢܝ: ܒܢܝܐ

ܫܠܡܐ ܥܡܐ ܕܫܒܩܐ		ܙܒܢܐ ܕܐܬܐ
ܒܢܝܐ: ܒܢܝܢ	ܡܡܠܠܢܐ	ܕܒܢܢ: ܕܒܢܬܘܢ: ܕܒܢܢ: ܕܒܢܢܢ
ܒܢܝܬܐ: ܒ̈ܢܝܬܐ	ܡܨܬܝܢܐ	ܕܒܢܢ: ܕܒܢܬܘܢ: ܕܒܢܝܢ: ܕܒܢܝܬܘܢ
	ܡܕܗܢܐ	ܕܒܢܢ: ܕܒܢܢ

ܡܠܬܐ ܫܘܬܦܬܐ

ܒܢܝܢܐ

ܡ̈ܬܠܐ

This year we will build a new house - ܗܕܐ ܫܢܬܐ ܕܒܢܢ ܒܝܬܐ ܚܕܬܐ

The houses here are built with wood - ܒ̈ܬܐ ܕܗܪܟܐ ܒܢܝܐ ܒܩܝܣܐ

The city is built on a mountain - ܡܕܝܢܬܐ ܒܢܝܬܐ ܥܠ ܛܘܪܐ

build ܒܢܐ ܒܢܐ

ܙܒܢܐ ܕܩܐܡ	ܦܪܨܘܦܐ	ܐܢܐ ܦܘܩܕܢܐ
ܒܢܐ: ܒܢܝܢ \ ܒܢܝܐ: ܒܢܝܢ	ܬܠܝܬܝܐ	ܒܢܝ: ܒܢܘ
ܒܢܬ: ܒܢܬܘܢ \ ܒܢܝܬ: ܒܢܝܬܝܢ	ܬܪܝܢܐ	ܒܢܝ: ܒܢܝܢ
ܒܢܢܐ: ܒܢܝܢܢ \ ܒܢܝܢܐ: ܒܢܝܢܢ	ܩܕܡܝܐ	

ܙܒܢܐ ܕܥܒܪ	ܦܪܨܘܦܐ	ܐܢܐ ܠܐ ܡܫܠܡܐ
ܒܢܐ: ܒܢܘ: ܒܢܝܬ: ܒܢܝ	ܬܠܝܬܝܐ	ܡܒܢܐ
ܒܢܝܬ: ܒܢܝܬܘܢ: ܒܢܝܬܝ: ܒܢܝܬܝܢ	ܬܪܝܢܐ	
ܒܢܝܬ: ܒܢܝܢ	ܩܕܡܝܐ	

ܙܒܢܐ ܕܥܬܝܕ	ܦܪܨܘܦܐ	ܫܡܐ ܕܦܥܠܐ ܕܦܥܘܠܐ
ܢܒܢܐ: ܢܒܢܘܢ: ܬܒܢܐ: ܢܒܢܝܢ	ܬܠܝܬܝܐ	ܒܢܐ: ܒܢܝܢ
ܬܒܢܐ: ܬܒܢܘܢ: ܬܒܢܝܢ: ܬܒܢܝܢ	ܬܪܝܢܐ	ܒܢܝܐ: ܒܢܝܢ
ܐܒܢܐ: ܢܒܢܐ	ܩܕܡܝܐ	

ܡܒܢܝܐ ܫܡܗܝܐ

ܐܬܒܢܝ

ܡܬܠܐ

This year we will build a new house - ܗܕܐ ܫܢܬܐ ܢܒܢܐ ܒܝܬܐ ܚܕܬܐ

The houses here are built with wood - ܒܬܐ ܕܗܪܟܐ ܒܢܝܢ ܒܩܝܣܐ

The city is built on a mountain - ܡܕܝܢܬܐ ܒܢܝܐ ܥܠ ܛܘܪܐ

ܙܢܵܐ ܦܘܼܩܕܵܢܵܐ	ܦܲܪܨܘܿܦܵܐ	ܙܲܒ݂ܢܵܐ ܕܗܵܫܵܐ
ܒܥܝ: ܒܥܘ	ܬܠܝܼܬܵܝܵܐ	ܒܵܥܹܐ: ܒܵܥܝܵܐ \ ܒܵܥܹܢܵܐ: ܒܵܥܝܵܢܵܐ
ܒܥܘ: ܒܥܝܡ	ܬܪܲܝܵܢܵܐ	ܒܵܥܹܬ݂: ܒܵܥܝܵܬ݂ܝ \ ܒܵܥܹܬ݂ܘܢ: ܒܵܥܝܵܬ݂ܘܢ
	ܩܲܕ݂ܡܵܝܵܐ	ܒܵܥܹܝܢ: ܒܵܥܝܵܢ \ ܒܵܥܹܝܚ: ܒܵܥܝܵܚ

ܫܡܵܐ ܕܡܫܲܡܫܵܢܵܐ	ܦܲܪܨܘܿܦܵܐ	ܙܲܒ݂ܢܵܐ ܕܥܒ݂ܝܼܪܵܐ
ܡܒܲܥܝܵܐ	ܬܠܝܼܬܵܝܵܐ	ܒܥܹܐ: ܒܥܘܿ \ ܒܥܹܝ: ܒܥܹܐ
	ܬܪܲܝܵܢܵܐ	ܒܥܹܐ: ܒܥܹܐܘܟ݂ \ ܒܥܹܐ: ܒܥܹܐܘܿܢ
	ܩܲܕ݂ܡܵܝܵܐ	ܒܥܹܐ: ܒܥܹܐܢ

ܫܡܵܐ ܕܫܲܡܥܵܐ	ܦܲܪܨܘܿܦܵܐ	ܙܲܒ݂ܢܵܐ ܕܥܵܬ݂ܝܼܕ
ܒܥܝܵܐ: ܒܥܵܝܵܐ	ܬܠܝܼܬܵܝܵܐ	ܝܒܥܐ: ܝܒܥܐܘܢ \ ܬܒܥܐ: ܝܒܥܝܢ
ܒܥܵܝܵܬܵܐ: ܒܥܵܝܵܬܵܐ	ܬܪܲܝܵܢܵܐ	ܬܒܥܐ: ܬܒܥܐܘܢ \ ܬܒܥܝܢ: ܬܒܥܝܢ
	ܩܲܕ݂ܡܵܝܵܐ	ܢܒܥܐ: ܢܒܥܐ

ܡܸܠܬ݂ܵܐ ܫܲܡܥܵܢܵܐ

ܢܸܒܥܐ

ܡܬܠܐ

The child wants milk - ܝܲܠܘܼܕ݂ܵܐ ܒܵܥܹܐ ܚܲܠܒ݂ܵܐ

We wanted to go to the doctor - ܒܥܹܐ ܠܲܢ ܕܐܵܙܲܠ ܠܐܵܣܝܵܐ

We want her to come to our school - ܒܵܥܲܚ ܕܐܵܬ݂ܝܵܐ ܠܡܲܕܪܲܫܬܲܢ

want ܒܥܐ ܒܥܳܐ

ܙܒܢܐ ܕܩܐܡ	ܦܪܨܘܦܐ	ܐܢܐ ܦܥܘܠܐ
ܒܳܥܶܢ؛ ܒܳܥܝܳܢ \ ܒܳܥܶܝܢܰܢ؛ ܒܳܥܝܳܢܰܢ	ܩܰܕܡܳܝܳܐ	ܒܳܥܶܐ؛ ܒܳܥܝܳܐ
ܒܳܥܶܝܬ؛ ܒܳܥܝܳܬܝ \ ܒܳܥܶܝܬܽܘܢ؛ ܒܳܥܝܳܬܶܝܢ	ܬܪܰܝܳܢܳܐ	ܒܳܥܶܝܢ؛ ܒܳܥܝܳܢ
ܒܳܥܶܐ؛ ܒܳܥܝܳܐ \ ܒܳܥܶܝܢ؛ ܒܳܥܝܳܢ	ܬܠܺܝܬܳܝܳܐ	

ܙܒܢܐ ܕܥܒܰܪ		ܐܢܐ ܠܐ ܡܫܡܠܝܐ
ܒܥܳܐ؛ ܒܥܳܬ \ ܒܥܶܝܢ؛ ܒܥܶܝܢ	ܩܰܕܡܳܝܳܐ	ܡܶܒܥܳܐ
ܒܥܰܝܬ؛ ܒܥܰܝܬܝ \ ܒܥܰܝܬܽܘܢ؛ ܒܥܰܝܬܶܝܢ	ܬܪܰܝܳܢܳܐ	
ܒܥܰܘ؛ ܒܥܰܝ̈	ܬܠܺܝܬܳܝܳܐ	

ܙܒܢܐ ܕܥܬܝܕ		ܦܩܕ ܡܠܐ ܘܫܘܕܥܐ
ܢܶܒܥܶܐ؛ ܢܶܒܥܽܘܢ \ ܐܶܒܥܶܐ؛ ܢܶܒܥܝܳܢ	ܩܰܕܡܳܝܳܐ	ܒܥܳܐ؛ ܒܥܳܝ
ܬܶܒܥܶܐ؛ ܬܶܒܥܽܘܢ \ ܬܶܒܥܶܝܢ؛ ܬܶܒܥܝܳܢ	ܬܪܰܝܳܢܳܐ	ܒܥܰܘ؛ ܒܥܰܝ̈ܢ
ܬܶܒܥܶܐ؛ ܢܶܒܥܶܐ	ܬܠܺܝܬܳܝܳܐ	

ܡܨܕܪܐ ܫܡܗܝܐ

ܠܡܶܒܥܳܐ

ܡܬ̈ܠܐ

The child wants milk - ܛܰܠܝܳܐ ܒܳܥܶܐ ܚܰܠܒܳܐ

We wanted to go to the doctor - ܒܥܰܝܢ ܕܢܺܐܙܰܠ ܠܳܐܣܝܳܐ

We want her to come to our school - ܒܳܥܶܝܢܰܢ ܕܬܺܐܬܶܐ ܠܡܰܕܪܰܫܬܰܢ

search ܒܨܐ ܒܨܵܝܵܐ

ܦܬܵܐ ܦܩܘܼܕܵܐ	ܦܲܪܨܘܿܦܵܐ	ܙܲܒ݂ܢܵܐ ܕܥܒ݂ܝܼܪ
ܒܨܝ܆ ܒܨܵܘ	ܡܠܝܼܓܵܢܵܐ	ܒܨܹܐ܆ ܒܨܹܐܠܝ \ ܒܨܹܐܠܗ̇܆ ܒܨܹܐܠܲܢ
ܒܨܵܝ܆ ܒܨܵܝܬܘܿܢ	ܡܕܲܢܢܵܐ	ܒܨܹܐܠܘܼܟ܆ ܒܨܹܐܠܘܼܟ݂ܘܿܢ \ ܒܨܹܐܠܵܟ݂܆ ܒܨܹܐܠܵܟ݂ܘܿܢ
	ܡܕܘܼܟܵܢܵܐ	ܒܨܹܐܠܹܗ܆ ܒܨܹܐܠܗܘܿܢ \ ܒܨܹܐܠܵܗ̇܆ ܒܨܹܐܠܗܘܿܢ

ܦܬܵܐ ܠܵܐ ܡܫܲܠܡܵܐ	ܦܲܪܨܘܿܦܵܐ	ܙܲܒ݂ܢܵܐ ܕܗܵܫܵܐ
ܡܒܵܨܘܼܝܹܐ	ܡܠܝܼܓܵܢܵܐ	ܒܵܨܹܐ܆ ܒܵܨܝܵܐ \ ܒܵܨܝܵܐ܆ ܒܵܨܝܵܢ
	ܡܕܲܢܢܵܐ	ܒܵܨܹܝܬ܆ ܒܵܨܹܝܬܘܿܢ \ ܒܵܨܝܵܬܝ܆ ܒܵܨܝܵܬܘܿܢ
	ܡܕܘܼܟܵܢܵܐ	ܒܵܨܹܐ܆ ܒܵܨܝܼ

ܫܸܠܝܵܐ ܥܒ݂ܵܕ݂ܵܐ ܕܫܘܼܟܠܵܠܵܐ	ܦܲܪܨܘܿܦܵܐ	ܙܲܒ݂ܢܵܐ ܕܐܵܬܹܐ
ܒܨܝ܆ ܒܨܵܝܘܿܢ	ܡܠܝܼܓܵܢܵܐ	ܒܸܒܨܹܐ܆ ܒܸܒܨܹܝܘܿܢ \ ܒܸܒܨܹܐ܆ ܒܸܒܨܹܝܢܲܢ
ܒܨܵܝܬܘܿܢ܆ ܒܨܵܝܬܘܿܢ	ܡܕܲܢܢܵܐ	ܒܸܒܨܹܐ܆ ܒܸܒܨܹܝܘܿܢ \ ܒܸܒܨܹܝܬ܆ ܒܸܒܨܹܝܬܘܿܢ
	ܡܕܘܼܟܵܢܵܐ	ܒܸܒܨܹܐ܆ ܒܸܒܨܹܐ

ܡܸܠܬ݂ܵܐ ܫܘܼܟܠܵܠܵܐ

ܒܸܒܨܵܝܵܐ

ܡܬ̈ܠܐ

We searched everywhere - ܒܨܹܐܠܲܢ ܟܠ ܕܘܼܟ

The women search for the lost book - ܢܸܫܹܐ ܒܵܨܝܵܢ ܥܠ ܟܬ݂ܵܒ݂ܵܐ ܕܒ݂ܝܼܕܵܐ

Search the whole house - ܒܨܵܝܬܘܿܢ ܒܲܝܬ݂ܵܐ ܟܠܹܗ

search ܒܥܐ ܒܥܳܐ

ܐܰܚܢܳܐ ܘܩܳܐܡ	ܦܰܪܨܽܘܦܳܐ	ܐܢܳܐ ܦܣܽܘܩܳܐ
ܒܥܳܐ: ܒܥܰܝ \ ܒܥܳܬ: ܒܥܰܝ	ܩܰܕܡܳܝܳܐ	ܒܥܶܝ: ܒܥܳܗ
ܒܥܰܝܬ: ܒܥܰܝܬܽܘܢ \ ܒܥܰܝܬܝ: ܒܥܰܝܬܶܝܢ	ܬܪܰܝܳܢܳܐ	ܒܥܽܝ: ܒܥܽܝܬܽܘܢ
ܒܥܺܝܢܳܐ: ܒܥܰܝܢܰܢ \ ܒܥܺܝܬܳܐ: ܒܥܰܝܢܰܢ	ܬܠܺܝܬܳܝܳܐ	

ܐܰܚܢܳܐ ܕܚܳܙܶܐ		ܐܢܳܐ ܠܳܐ ܡܫܰܠܡܳܐ
ܒܳܥܶܐ: ܒܳܥܶܝܢ \ ܒܳܥܝܳܐ: ܒܳܥܝܳܢ	ܩܰܕܡܳܝܳܐ	ܡܒܥܶܐ
ܒܳܥܶܝܬ: ܒܳܥܶܝܬܽܘܢ \ ܒܳܥܝܳܬܝ: ܒܳܥܝܳܬܶܝܢ	ܬܪܰܝܳܢܳܐ	
ܒܳܥܶܝܢ: ܒܳܥܶܝܢܰܢ	ܬܠܺܝܬܳܝܳܐ	

ܐܰܚܢܳܐ ܕܚܳܙܶܝܢ		ܡܶܠܬܳܐ ܦܩܳܕܳܐ ܘܫܽܘܠܳܡܳܐ
ܢܶܒܥܶܐ: ܢܶܒܥܽܘܢ \ ܬܶܒܥܶܐ: ܢܶܒܥܝܳܢ	ܩܰܕܡܳܝܳܐ	ܒܥܺܝ: ܒܥܰܝ
ܬܶܒܥܶܐ: ܬܶܒܥܽܘܢ \ ܬܶܒܥܶܝܢ: ܬܶܒܥܝܳܢ	ܬܪܰܝܳܢܳܐ	ܒܥܰܘ: ܒܥܰܝܶܝܢ
ܐܶܒܥܶܐ: ܢܶܒܥܶܐ	ܬܠܺܝܬܳܝܳܐ	

ܡܶܠܬܳܐ ܫܽܘܠܳܡܳܐ
ܐܶܬܒܥܺܝ

ܡܫܠܡܢܐ

We searched everywhere - ܒܥܰܝܢܰܢ ܒܟܽܠ ܕܽܘܟ

The women search for the lost book - ܢܶܫ̈ܶܐ ܒܳܥܝܳܢ ܡܫܰܠ ܟܬܳܒܳܐ ܐܰܒܺܝܕܳܐ

Search the whole house - ܒܥܺܝ ܒܰܝܬܳܐ ܟܽܠܶܗ

ܒܫܠ ܒܫܠ cook

ܫܡܐ ܦܥܘܠܐ	ܦܪܨܘܦܐ	ܙܒܢܐ ܕܩܝܡ
ܒܫܠ: ܒܫܠܘܗܝ	ܗܠܝܡܬܐ	ܡܒܫܠ: ܡܒܫܠܢ \ ܡܒܫܠܐ: ܡܒܫܠܢ
ܒܫܠܐ: ܒܫܠܬܐ	ܗܕܢܬܐ	ܡܒܫܠܬ: ܡܒܫܠܬܘܢ \ ܡܒܫܠܬܝ: ܡܒܫܠܬܝܢ
	ܣܘܓܐܐ	ܡܒܫܠܢܐ: ܡܒܫܠܝܢܢ \ ܡܒܫܠܢܐ: ܡܒܫܠܢܢ

ܫܡܐ ܠܐ ܡܫܘܚܐ	ܦܪܨܘܦܐ	ܙܒܢܐ ܕܥܒܪ
ܡܒܫܠܘ	ܗܠܝܡܬܐ	ܒܫܠ: ܒܫܠܗ \ ܒܫܠܝ: ܒܫܠܢ
	ܗܕܢܬܐ	ܒܫܠܗ: ܒܫܠܗܘܢ \ ܒܫܠܗ: ܒܫܠܗܝܢ
	ܣܘܓܐܐ	ܒܫܠܢ: ܒܫܠܢܢ

ܠܗ ܚܕܐ ܕܫܘܥܬܐ	ܦܪܨܘܦܐ	ܙܒܢܐ ܕܐܬܐ
ܡܒܫܠ: ܡܒܫܠܢ	ܗܠܝܡܬܐ	ܢܒܫܠ: ܢܒܫܠܘܢ \ ܬܒܫܠ: ܢܒܫܠܢ
ܡܒܫܠܬ: ܡܒܫܠܬܢ	ܗܕܢܬܐ	ܬܒܫܠ: ܬܒܫܠܘܢ \ ܬܒܫܠܝܢ: ܬܒܫܠܢ
	ܣܘܓܐܐ	ܐܒܫܠ: ܢܒܫܠ

ܡܠܬܐ ܫܪܝܬܐ

ܐܬܒܫܠ

ܡܬܠܐ

Today we will cook delicious food - ܝܘܡܢܐ ܢܒܫܠ ܡܐܟܘܠܬܐ ܒܣܝܡܬܐ

The workers cook day and night - ܦܠܚܐ ܡܒܫܠܝܢ ܒܝܘܡܐ ܘܠܠܝܐ

Yesterday I cooked rice - ܐܬܡܠܝ ܒܫܠܝ ܪܘܙܐ

ܒܰܫܶܠ ܒܫܠ cook

ܐܰܚܢܳܐ ܕܩܳܐܶܡ | ܦܰܪܨܽܘܦܳܐ | ܙܰܒ݂ܢܳܐ ܦܣܽܘܩܳܐ
ܡܒܰܫܶܠ: ܡܒܰܫܠܺܝܢ \ ܡܒܰܫܠܳܐ: ܡܒܰܫܠܳܢ | ܬܠܺܝܬܳܝܳܐ | ܒܰܫܶܠ: ܒܰܫܠܘ̣
ܡܒܰܫܠܰܬ݂: ܡܒܰܫܠܺܝܬ݂ܽܘܢ \ ܡܒܰܫܠܳܬ݂ܝ: ܡܒܰܫܠܳܢܶܬ݂ܶܝܢ | ܬܪܰܝܳܢܳܐ | ܒܰܫܠܰܬ݂: ܒܰܫܠܶܝܢ
ܡܒܰܫܠܢܳܐ: ܡܒܰܫܠܺܝܢܰܢ \ ܡܒܰܫܠܳܢܳܐ: ܡܒܰܫܠܳܢܰܢ | ܩܰܕ݂ܡܳܝܳܐ |

ܐܰܚܢܳܐ ܕܥܒ݂ܰܪ | | ܙܰܒ݂ܢܳܐ ܠܳܐ ܡܫܰܡܠܝܳܐ
ܒܰܫܶܠ: ܒܰܫܠܶܗ \ ܒܰܫܠܳܝ: ܒܰܫܠܶܝܢ | ܬܠܺܝܬܳܝܳܐ | ܡܒܰܫܠܶܗ
ܒܰܫܠܶܬ݂: ܒܰܫܠܶܬ݂ܘ̣ \ ܒܰܫܠܶܬ݂ܝ: ܒܰܫܠܶܬ݂ܶܝܢ | ܬܪܰܝܳܢܳܐ |
ܒܰܫܠܶܬ݂: ܒܰܫܠܰܢ | ܩܰܕ݂ܡܳܝܳܐ |

ܐܰܚܢܳܐ ܕܥܳܬܶܕ݂ | | ܡܶܠܬ݂ ܥܡܳܐ ܘܚܫܘܫܳܐ
ܢܒܰܫܶܠ: ܢܒܰܫܠܘ̣ \ ܬܒܰܫܶܠ: ܢܒܰܫܠܳܢ | ܬܠܺܝܬܳܝܳܐ | ܡܒܰܫܶܠ: ܡܒܰܫܠܺܝܢ
ܬܒܰܫܶܠ: ܬܒܰܫܠܘ̣ \ ܬܒܰܫܠܺܝܢ: ܬܒܰܫܠܳܢ | ܬܪܰܝܳܢܳܐ | ܡܒܰܫܠܳܐ: ܡܒܰܫܠܳܢ
ܐܶܒܰܫܶܠ: ܢܒܰܫܶܠ | ܩܰܕ݂ܡܳܝܳܐ |

ܡܶܠܬ݂ܳܐ ܚܫܽܘܫܬܳܐ

ܐܶܬ݂ܒܰܫܰܠ

ܡ̈ܬܠܐ

Today we will cook delicious food - ܝܰܘܡܳܢܳܐ ܢܒܰܫܶܠ ܡܶܐܟ݂ܽܘܠܬܳܐ ܒܰܣܺܝܡܬܳܐ

The workers cook day and night - ܦܳܠ̈ܚܶܐ ܡܒܰܫܠܺܝܢ ܐܺܝܡܳܡܳܐ ܘܠܶܠܝܳܐ

Yesterday I cooked rice - ܐܶܬ݂ܡܳܠܝ ܒܰܫܠܶܬ݂ ܪܽܘܙܳܐ

laugh ܓܚܟ ܓܚܟ݂

ܙܒܢܐ ܕܥܒܝܪ	ܦܪ̈ܨܘܦܐ	ܙܢܐ ܦܫܝܛܐ
ܓܚܟ݂ܠܝ: ܓܚܟ݂ܠܗ \ ܓܚܟ݂ܠܗ̇: ܓܚܟ݂ܠܢ	ܡܠܒܫܢܐ	ܓܚܟ݂: ܓܚܟ݂ܐ
ܓܚܟ݂ܠܘܟ݂: ܓܚܟ݂ܠܘܟ݂ܘܢ \ ܓܚܟ݂ܠܟ݂ܝ: ܓܚܟ݂ܠܘܟ݂ܘܢ	ܡܕܢܝܢܐ	ܓܚܟ݂ܝ: ܓܚܟ݂ܝܢ
ܓܚܟ݂ܠܗ: ܓܚܟ݂ܠܗ̇ \ ܓܚܟ݂ܠܗ̇: ܓܚܟ݂ܠܗܘܢ	ܡܕܡܝܢܐ	

ܙܒܢܐ ܕܐܬܐ		ܙܢܐ ܠܐ ܡܫܡܠܝܐ
ܓܚܟ݂ܢ: ܓܚܟ݂ܢ \ ܓܚܟ݂ܢ: ܓܚܟ݂ܚ	ܡܠܒܫܢܐ	ܡܓܚܟ݂
ܓܚܟ݂ܬ: ܓܚܟ݂ܬܘܢ \ ܓܚܟ݂ܬ: ܓܚܟ݂ܬܘܢ	ܡܕܢܝܢܐ	
ܓܚܟ݂: ܓܚܟ݂ܝ	ܡܕܡܝܢܐ	

ܙܒܢܐ ܕܓܡܝܪ		ܠܐ ܥܒܕܐ ܕܫܘܠܡܐ
ܝܓܚܟ݂: ܝܓܚܟ݂ܘܗܝ \ ܝܓܚܟ݂: ܝܓܚܟ݂ܚ	ܡܠܒܫܢܐ	-
ܝܓܚܟ݂: ܝܓܚܟ݂ܘܗܝ \ ܝܓܚܟ݂ܢ: ܝܓܚܟ݂ܟ݂ܘܢ	ܡܕܢܝܢܐ	-
ܝܓܚܟ݂: ܝܓܚܟ݂	ܡܕܡܝܢܐ	

ܡܠܬܐ ܫܡܘܫܬܐ

ܝܓܚܝܟ݂

ܡ̈ܬܠܐ

He didn't want to laugh - ܠܐ ܒܥܐ ܠܡܓܚܟ݂

The men are laughing at their friend - ܓܒܪ̈ܐ ܓܚܟ݂ܝ ܥܠ ܚܒܪܘܗܝ

We laughed a lot at the festival - ܓܚܟ݂ܠܢ ܣܓܝ ܒܥܐܕܐ

laugh ܓܚܟ ܓܚܶܟ

ܐܰܟ݂ܢܳܐ ܕܗܳܫܳܐ	ܦܰܪܨܽܘܦܳܐ	ܐܢܳܐ ܦܽܘܩܕܳܢܳܐ
ܓܳܚܶܟ: ܓܳܚܟܺܝܢ \ ܓܳܚܟܳܐ: ܓܳܚܟܳܢ	ܐܰܚܪܳܝܳܐ	ܓܚܰܟ: ܓܚܰܟܘܢ
ܓܳܚܶܟܬ: ܓܳܚܟܺܝܬܽܘܢ \ ܓܳܚܟܳܬ: ܓܳܚܟܳܬܶܝܢ	ܬܪܰܝܳܢܳܐ	ܓܚܰܟܝ: ܓܚܰܟ̈ܝܢ
ܓܳܚܶܟܢܳܐ: ܓܳܚܟܺܝܢܰܢ \ ܓܳܚܟܳܢܳܐ: ܓܳܚܟܳܢܰܢ	ܩܰܕܡܳܝܳܐ	

ܐܰܟ݂ܢܳܐ ܕܥܒܰܪ		ܐܢܐ ܠܐ ܡܫܰܡܠܝܳܐ
ܓܚܶܟ: ܓܚܶܟܘ \ ܓܶܚܟܰܬ: ܓܚܶܟ̈ܝ	ܐܰܚܪܳܝܳܐ	ܡܶܓܚܰܟ
ܓܚܶܟܬ: ܓܚܶܟܬܽܘܢ \ ܓܚܶܟܬܝ: ܓܚܶܟܬܶܝܢ	ܬܪܰܝܳܢܳܐ	
ܓܶܚܟܶܬ: ܓܚܶܟܢ	ܩܰܕܡܳܝܳܐ	

ܐܰܟ݂ܢܳܐ ܕܥܳܬܺܝܕ		ܡܰܠܬܳܐ ܗܳܕܳܐ ܕܫܽܘܡܳܠܳܐ
ܢܶܓܚܰܟ: ܢܶܓܚܟܽܘܢ \ ܬܶܓܚܰܟ: ܢܶܓܚ̈ܟܳܢ	ܐܰܚܪܳܝܳܐ	–
ܬܶܓܚܰܟ: ܬܶܓܚܟܽܘܢ \ ܬܶܓܚܟܺܝܢ: ܬܶܓܚ̈ܟܳܢ	ܬܪܰܝܳܢܳܐ	–
ܐܶܓܚܰܟ: ܢܶܓܚܰܟ	ܩܰܕܡܳܝܳܐ	

ܡܰܚܒܳܐ ܫܡܰܗܳܐ

ܐܶܬ݂ܓܚܶܟ

ܡ̈ܬܠܐ

He didn't want to laugh - ܠܳܐ ܒܥܳܐ ܠܡܶܓܚܰܟ

The men are laughing at their friend - ܓܰܒ̈ܪܶܐ ܓܳܚܟܺܝܢ ܥܰܠ ܚܰܒܪܗܽܘܢ

We laughed a lot at the festival - ܓܚܶܟܢ ܛܰܒ ܒܥܺܐܕܳܐ

steal ܓܢܒ ܓܵܢܹܒ݂

ܙܒܢܐ ܩܕܡܝܐ	ܦܪܨܘܦܐ	ܙܒܢܐ ܕܩܐܝܡ
ܓܢܘܒ݂: ܓܢܘܒ݂ܘܢ	ܗܠܝܬܐ	ܓܵܢܹܒ݂: ܓܵܢܒ݂ܝܼ \ ܓܵܢܒ݂ܵܐ: ܓܵܢܒ݂ܵܢ
ܓܢܘܒ݂ܝ: ܓܢܘܒ݂ܝܬܘܢ	ܗܕܢܬܐ	ܓܵܢܒ݂ܲܬ: ܓܵܢܒ݂ܝܼܬܘܿܢ \ ܓܵܢܒ݂ܵܬܝ: ܓܵܢܒ݂ܝܼܬܹܝܢ
	ܐܕܡܢܐ	ܓܵܢܒ݂ܲܢ: ܓܵܢܒ݂ܲܚ \ ܓܵܢܒ݂ܵܢ: ܓܵܢܒ݂ܵܚ

ܙܒܢܐ ܠܐ ܡܬܚܡܢܐ	ܦܪܨܘܦܐ	ܙܒܢܐ ܕܥܒܪ
ܡܓܢܒ݂	ܗܠܝܬܐ	ܓܢܒ݂: ܓܢܒ݂ܗ \ ܓܢܒ݂ܵܗ̇: ܓܢܒ݂ܝ
	ܗܕܢܬܐ	ܓܢܒ݂ܘܟ݂: ܓܢܒ݂ܘܟ݂ܘܢ \ ܓܢܒ݂ܘܟ݂ܝ: ܓܢܒ݂ܘܟ݂ܝܢ
	ܐܕܡܢܐ	ܓܢܒ݂ܝ: ܓܢܒ݂ܲܢ

ܦܠܚ ܥܡܐ ܕܫܪܘܬܐ	ܦܪܨܘܦܐ	ܙܒܢܐ ܕܥܬܝܕ
ܓܢܘܒ݂: ܓܢܘܒ݂ܘܢ	ܗܠܝܬܐ	ܢܓܢܘܿܒ݂: ܢܓܢܒ݂ܘܢ \ ܬܓܢܘܿܒ݂: ܢܓܢܒ݂ܵܢ
ܓܢܘܒ݂ܝ: ܓܢܘܒ݂ܵܢ	ܗܕܢܬܐ	ܬܓܢܘܿܒ݂: ܬܓܢܒ݂ܘܢ \ ܬܓܢܒ݂ܝܢ: ܬܓܢܒ݂ܵܢ
	ܐܕܡܢܐ	ܐܓܢܘܿܒ݂: ܢܓܢܘܿܒ݂

ܡܠܬܐ ܫܪܫܝܬܐ

ܡܓܢܒ݂

ܡܬ̈ܠܐ

The thief stole something from the house - ܓܢܒ݂ܵܐ ܓܢܒ݂ ܡܸܕܸܡ ܡܢ ܒܲܝܬܵܐ

Do not steal because it is forbidden - ܠܵܐ ܬܓܢܘܿܒ݂ ܡܸܛܠ ܕܠܵܐ ܦܫܝܼܩ

The girl stole Ashur's heart - ܒܪܵܬܵܐ ܓܢܒ݂ܵܗ̇ ܠܸܒܹܗ ܕܐܵܫܘܿܪ

steal ܓܢܒ ܓܢܰܒ݂

ܐܰܟ݂ܢܳܐ ܕܩܳܐܹܡ	ܦܰܪܨܘܿܦܳܐ	ܐܢܐ ܦܩܘܿܕܐ
ܓܳܢܶܒ݂: ܓܳܢܒ݂ܺܝܢ \ ܓܳܢܒ݂ܳܐ: ܓܳܢܒ݂ܳܢ	ܐܰܟ݂ܡܳܝܳܐ	ܓܢܘܿܒ݂: ܓܢܘܿܒ݂ܘܿܢ
ܓܳܢܒ݂ܰܬ: ܓܳܢܒ݂ܺܝܬܘܿܢ \ ܓܳܢܒ݂ܰܬܝ: ܓܳܢܒ݂ܳܬܶܝܢ	ܐܘܼܪܳܝܳܐ	ܓܢܘܿܒ݂ܝ: ܓܢܘܿܒ݂ܶܝܢ
ܓܳܢܒ݂ܳܢܳܐ: ܓܳܢܒ݂ܺܝܢܰܢ \ ܓܳܢܒ݂ܳܢܳܐ: ܓܳܢܒ݂ܳܢܰܢ	ܡܰܨܥܳܝܳܐ	

ܐܰܟ݂ܢܳܐ ܕܥܒ݂ܰܪ		ܐܢܐ ܠܐ ܡܫܰܠܡܳܢܳܐ
ܓܢܰܒ݂: ܓܢܰܒ݂ܘܿ \ ܓܢܰܒ݂ܰܬ: ܓܢܰܒ݂ܝ	ܐܰܟ݂ܡܳܝܳܐ	ܡܓܰܢܰܒ݂
ܓܢܰܒ݂ܬ: ܓܢܰܒ݂ܬܘܿܢ \ ܓܢܰܒ݂ܬܝ: ܓܢܰܒ݂ܬܶܝܢ	ܐܘܼܪܳܝܳܐ	
ܓܢܰܒ݂ܬ: ܓܢܰܒ݂ܰܢ	ܡܰܨܥܳܝܳܐ	

ܐܰܟ݂ܢܳܐ ܕܥܬܺܝܕ		ܡܶܠܬܳܐ ܗܘܝܐ ܘܚܫܘܫܝܐ
ܢܶܓܢܘܿܒ݂: ܢܶܓܢܒ݂ܘܿܢ \ ܬܶܓܢܘܿܒ݂: ܢܶܓܢܒ݂ܳܢ	ܐܰܟ݂ܡܳܝܳܐ	ܓܢܺܝܒ݂: ܓܢܺܝܒ݂ܺܝܢ
ܬܶܓܢܘܿܒ݂: ܬܶܓܢܒ݂ܘܿܢ \ ܬܶܓܢܒ݂ܺܝܢ: ܬܶܓܢܒ݂ܳܢ	ܐܘܼܪܳܝܳܐ	ܓܢܺܝܒ݂ܳܐ: ܓܢܺܝܒ݂ܳܢ
ܐܶܓܢܘܿܒ݂: ܢܶܓܢܘܿܒ݂	ܡܰܨܥܳܝܳܐ	

ܡܶܠܬܳܐ ܚܫܘܫܝܐ

ܐܶܬ݂ܓܢܶܒ݂

ܡܬܠܐ

The thief stole something from the house - ܓܢܳܒ݂ܳܐ ܓܢܰܒ݂ ܡܶܕܶܡ ܡܶܢ ܒܰܝܬܳܐ

Do not steal because it is forbidden - ܠܳܐ ܬܶܓܢܘܿܒ݂ ܡܶܛܠ ܕܠܳܐ ܡܫܰܠܰܛ

The girl stole Ashur's heart - ܒܪܳܬܳܐ ܓܢܶܒ݂ܠܳܗ ܠܶܒܶܗ ܕܐܳܫܘܿܪ

pull ܓܪܫ ܓܪܵܫܵܐ

ܙܒܢܐ ܕܗܫܐ	ܦܪܨܘܦܐ	ܙܒܢܐ ܦܘܩܕܢܐ
ܓܪܫܢ: ܓܪܫܚ \ ܓܪܫܢ: ܓܪܫܚ	ܡܡܠܠܢܐ	ܓܪܘܫ: ܓܪܘܫܘܢ
ܓܪܫܬ: ܓܪܫܝܬܘܢ \ ܓܪܫܬ: ܓܪܫܝܬܘܢ	ܡܨܝܬܢܐ	ܓܪܘܫܝ: ܓܪܘܫܝܢ
ܓܪܫܐ: ܓܪܫܝ \ ܓܪܫܐ: ܓܪܫܝ	ܡܕܡܢܢܐ	

ܙܒܢܐ ܕܥܒܪ		ܙܒܢܐ ܠܐ ܡܫܚܠܦܐ
ܓܪܫ: ܓܪܫܗ \ ܓܪܫܝ: ܓܪܫܗ	ܡܡܠܠܢܐ	ܡܓܪܫ
ܓܪܫܗ: ܓܪܫܗܘܢ \ ܓܪܫܗ: ܓܪܫܗܝܢ	ܡܨܝܬܢܐ	
ܓܪܫܝ: ܓܪܫܝ	ܡܕܡܢܢܐ	

ܙܒܢܐ ܕܐܬܐ		ܫܡܐ ܥܒܕܐ ܕܦܥܘܠܐ
ܒܓܪܘܫ: ܒܓܪܫܘܢ \ ܦܓܪܘܫ: ܒܓܪܫܚ	ܡܡܠܠܢܐ	ܓܪܫܐ: ܓܪܫܝܢ
ܦܓܪܘܫ: ܦܓܪܫܘܢ \ ܦܓܪܫܝܢ: ܦܓܪܫܚ	ܡܨܝܬܢܐ	ܓܪܫܬܐ: ܓܪܫܬܐ
ܒܓܪܘܫ: ܒܓܪܘܫ	ܡܕܡܢܢܐ	

ܡܠܬܐ ܚܒܘܫܬܐ

ܡܬܓܪܫ

ܡܬܠܐ

The girl pulls the book from her sister - ܒܪܬܐ ܓܪܫܐ ܟܬܒܐ ܡܢ ܚܬܗ

The country’s beauty pulls travellers - ܫܘܦܪܐ ܕܐܬܪܐ ܓܪܫ ܫܘܝܩܐ

I pulled my brother’s hand and he fell - ܓܪܫܝ ܐܝܕܐ ܕܐܚܝ ܘܢܦܠ

pull ܓܪܫ 

ܙܒܢܐ ܕܩܐܡ	ܦܪܨܘܦܐ	ܫܡܐ ܦܥܘܠܐ
ܓܳܪܶܫ: ܓܳܪܫܺܝܢ \ ܓܳܪܫܳܐ: ܓܳܪܫܳܢ	ܬܠܝܬܝܐ	ܓܪܘܫ: ܓܪܘܫܬܐ
ܓܳܪܫܰܬ: ܓܳܪܫܺܝܬܘܢ \ ܓܳܪܫܰܬܝ: ܓܳܪܫܳܬܶܝܢ	ܬܪܝܢܐ	ܓܪܘܫܝܢ: ܓܪܘܫܢ
ܓܳܪܫܳܢܳܐ: ܓܳܪܫܺܝܢܰܢ \ ܓܳܪܫܳܢܳܐ: ܓܳܪܫܳܢܰܢ	ܩܕܡܝܐ	

ܙܒܢܐ ܕܥܒܪ	ܦܪܨܘܦܐ	ܫܡܐ ܠܐ ܡܫܡܠܝܐ
ܓܪܰܫ: ܓܪܰܫܘ \ ܓܪܶܫܰܬ: ܓܪܰ̈ܫܝ	ܬܠܝܬܝܐ	ܡܶܓܪܰܫ
ܓܪܰܫܬ: ܓܪܰܫܬܘܢ \ ܓܪܰܫܬܝ: ܓܪܰܫܬܶܝܢ	ܬܪܝܢܐ	
ܓܪܶܫܶܬ: ܓܪܰܫܢ	ܩܕܡܝܐ	

ܙܒܢܐ ܕܥܬܝܕ	ܦܪܨܘܦܐ	ܦܘܩܕܢܐ ܚܕܐ ܘܣܓܝܐܐ
ܢܶܓܪܘܫ: ܢܶܓܪܫܘܢ \ ܬܶܓܪܘܫ: ܢܶܓܪ̈ܫܢ	ܬܠܝܬܝܐ	ܓܪܘܫ: ܓܪܘܫܘ
ܬܶܓܪܘܫ: ܬܶܓܪܫܘܢ \ ܬܶܓܪܫܝܢ: ܬܶܓܪ̈ܫܢ	ܬܪܝܢܐ	ܓܪܘܫܝ: ܓܪܘܫܝܢ
ܐܶܓܪܘܫ: ܢܶܓܪܘܫ	ܩܕܡܝܐ	

ܦܥܠܐ ܚܫܘܫܝܐ

ܐܶܬܓܪܶܫ

ܡܬ̈ܠܐ

The girl pulls the book from her sister - ܝܰܠܕܬܳܐ ܓܳܪܫܳܐ ܟܬܳܒܳܐ ܡܶܢ ܚܳܬܳܗ̇

The country's beauty pulls travellers - ܫܘܦܪܐ ܕܐܬܪܐ ܓܳܪܶܫ ܐܘܪ̈ܚܝܐ

I pulled my brother's hand and he fell - ܓܪܶܫܶܬ ܐܝܕܐ ܕܐܚܝ ܘܢܦܠ

ܙܢܐ ܦܫܝܛܐ	ܦܪܨܘܦܐ	ܙܒܢܐ ܕܥܒܪ
ܠܡܓܫ: ܠܡܓܫܘܗܝ	ܡܡܠܠܢܐ	ܓܫܝ: ܓܫܢ \ ܓܫܫܝ: ܓܫܫܢ
ܠܡܓܫ: ܠܡܓܫܝܬܐ	ܡܨܛܢܢܐ	ܓܫܬ: ܓܫܬܘܢ \ ܓܫܬܝ: ܓܫܬܝܢ
	ܡܫܬܥܝܢܐ	ܓܫܫܐ: ܓܫܫܠܗ \ ܓܫܫܐ: ܓܫܫܗ̇

ܙܢܐ ܠܐ ܡܫܠܡܢܐ	ܦܪܨܘܦܐ	ܙܒܢܐ ܕܦܩܕܐ
ܡܓܫ	ܡܡܠܠܢܐ	ܓܫ: ܓܫܘ \ ܓܫܝ: ܓܫܢ
	ܡܨܛܢܢܐ	ܓܫܬ: ܓܫܬܘܢ \ ܓܫܬܝ: ܓܫܬܝܢ
	ܡܫܬܥܝܢܐ	ܓܫܐ: ܓܫܠܗ

ܫܡܐ ܕܥܒܘܕܐ	ܦܪܨܘܦܐ	ܙܒܢܐ ܕܐܬܐ
ܓܫܫܐ: ܓܫܫܝܢ	ܡܡܠܠܢܐ	ܢܓܘܫ: ܢܓܫܘܢ \ ܬܓܘܫ: ܢܓܫܢ
ܓܫܫܬܐ: ܓܫܫܝܬܐ	ܡܨܛܢܢܐ	ܬܓܘܫ: ܬܓܫܘܢ \ ܬܓܫܝܢ: ܬܓܫܢ
	ܡܫܬܥܝܢܐ	ܢܓܘܫ: ܢܓܘܫ

ܡܠܬܐ ܚܫܘܫܐ

ܡܓܘܫܐ

ܡܬܠܐ

He touched her hair with his hand - ܓܫ ܠܣܥܪܗ̇ ܒܐܝܕܗ

Do not touch the flame - ܠܐ ܬܓܘܫ ܠܫܠܗܒܝܬܐ

The boy touches the book whilst reading - ܝܠܕܐ ܓܫ ܠܟܬܒܐ ܟܕ ܩܪܐ

ܐܢܐ ܦܥܘܠܐ ܦܪܨܘܦܐ ܙܒܢܐ ܕܥܒܪ

ܓܐܫ: ܓܐܫܐ ܠܐܟܝܢܐ ܓܫ: ܓܫܬ \ ܓܫܘ: ܓܫܝ
ܓܐܫܝܢ: ܓܐܫܢ ܠܐܘܡܢܐ ܓܫܬ: ܓܫܬܝ \ ܓܫܬܘܢ: ܓܫܬܝܢ
ܡܢܝܢܐ ܓܫܬ: ܓܫܬ \ ܓܫܢ: ܓܫܢ

ܐܢܐ ܠܐ ܡܣܝܟܐ ܙܒܢܐ ܕܗܫܐ

ܡܓܫ ܠܐܟܝܢܐ ܓܫ: ܓܫܬ \ ܓܫܘ: ܓܫܝ
ܠܐܘܡܢܐ ܓܫܬ: ܓܫܬܘܢ \ ܓܫܬ: ܓܫܬܝܢ
ܡܢܝܢܐ ܓܫܬ: ܓܫܢ

ܦܘܩܕܢܐ ܘܣܘܥܪܢܐ ܙܒܢܐ ܕܥܬܝܕ

ܓܘܫ: ܓܘܫܝܢ ܠܐܟܝܢܐ ܢܓܘܫ: ܢܓܫܘܢ \ ܐܬܓܘܫ: ܢܓܫܢ
ܓܘܫܝ: ܓܘܫܝܢ ܠܐܘܡܢܐ ܬܓܘܫ: ܬܓܫܘܢ \ ܬܓܫܝܢ: ܬܓܫܢ
ܡܢܝܢܐ ܐܓܘܫ: ܢܓܘܫ

ܦܘܩܕܢܐ ܣܘܥܪܢܝܐ

ܐܬܓܫܫ

ܡܬܠܐ

He touched her hair with his hand - ܓܫ ܒܣܥܪܗ ܒܐܝܕܗ

Do not touch the flame - ܠܐ ܬܓܘܫ ܒܫܠܗܒܝܬܐ

The boy touches the book whilst reading - ܛܠܝܐ ܓܐܫ ܒܟܬܒܐ ܟܕ ܩܪܐ

ܕܵܓܹܠ ܕ.ܓ.ܠ lie

ܙܢܵܐ ܦܫܝܼܛܵܐ	ܦܲܪ̈ܨܘܿܦܹܐ	ܙܲܒ݂ܢܵܐ ܕܩܵܝܹܡ
ܕܵܓܹܠ؛ ܕܵܓܠܵܐ	ܩܲܕ̈ܡܵܝܹܐ	ܡܕܵܓܹܠ؛ ܡܕܵܓܠܵܐ \ ܡܕܵܓܠܲܢ؛ ܡܕܵܓܠܵܢ
ܕܵܓܠܝ؛ ܕܵܓܠܵܬܝ	ܬܪ̈ܝܵܢܹܐ	ܡܕܵܓܠܸܬ؛ ܡܕܵܓܠܝܼܬܘܿܢ \ ܡܕܵܓܠܲܬܝ؛ ܡܕܵܓܠܵܬܘܿܢ
	ܬܠܝܼܬܵܝܹܐ	ܡܕܵܓܠܝܼܢܵܐ؛ ܡܕܵܓܠܝܼܢ \ ܡܕܵܓܠܵܢܵܐ؛ ܡܕܵܓܠܵܢ

ܙܢܵܐ ܠܵܐ ܡܫܘܼܚܵܐ		ܙܲܒ݂ܢܵܐ ܕܥܒ݂ܵܪܵܐ
ܡܕܵܓܠܘܼ	ܩܲܕ̈ܡܵܝܹܐ	ܕܓܸܠܠܝ؛ ܕܓܝܼܠܠܘܼ \ ܕܓܝܼܠܠܝ؛ ܕܓܝܼܠܠܲܢ
	ܬܪ̈ܝܵܢܹܐ	ܕܓܝܼܠܠܘܼܟ݂؛ ܕܓܝܼܠܠܘܼܟ݂ܘܿܢ \ ܕܓܝܼܠܠܵܟ݂؛ ܕܓܝܼܠܠܘܼܟ݂ܘܿܢ
	ܬܠܝܼܬܵܝܹܐ	ܕܓܝܼܠܠܹܗ؛ ܕܓܝܼܠܠܗܘܿܢ

ܬܲܠܬܵܐ ܥܒ݂ܵܕܹܐ ܕܫܲܡܥܘܼܢܵܐ		ܙܲܒ݂ܢܵܐ ܕܥܬܝܼܕ
ܡܕܵܓܹܠ؛ ܡܕܵܓܠܝܼܢ	ܩܲܕ̈ܡܵܝܹܐ	ܒܕܵܓܹܠ؛ ܒܕܵܓܠܘܼܢ \ ܗܕܵܓܹܠ؛ ܒܕܵܓܠܵܢ
ܡܕܵܓܠܘܼ؛ ܡܕܵܓܠܵܢ	ܬܪ̈ܝܵܢܹܐ	ܗܕܵܓܹܠ؛ ܗܕܵܓܠܘܼܢ \ ܗܕܵܓܠܝܼܢ؛ ܗܕܵܓܠܵܢ
	ܬܠܝܼܬܵܝܹܐ	ܢܕܵܓܹܠ؛ ܒܕܵܓܹܠ

ܡܠܵܬܵܐ ܫܡܥܘܼܢܵܐ

ܢܬܕܵܓܲܠ

ܡܬ̈ܠܐ

The wicked lie continuously - ܒܝܼܫܹ̈ܐ ܡܕܵܓܠܝܼܢ ܐܡܝܼܢܵܐܝܼܬ

The girl lied to her friend - ܒܲܪܬܵܐ ܕܓܝܼܠܠܵܗ ܠܚܲܒ݂ܪܬܵܗ

A leader doesn't lie to his people - ܡܲܕܒܪܵܢܵܐ ܠܵܐ ܡܕܵܓܹܠ ܠܥܲܡܹܗ

ܙܰܒ݂ܢܳܐ ܥܒ݂ܺܝܪܳܐ	ܦܰܪܨܽܘܦܳܐ	ܙܰܒ݂ܢܳܐ ܕܩܳܐܶܡ
ܕܰܓܶܠ؛ ܕܰܓܠܰܬ݂ ،	ܩܰܕ݂ܡܳܝܳܐ	ܡܕܰܓܶܠ؛ ܡܕܰܓܠܳܐ \ ܡܕܰܓܠܺܝܢ؛ ܡܕܰܓܠܳܢ
ܕܰܓܠܶܬ݂؛ ܕܰܓܠܶܬ݂ܝ	ܬܪܰܝܳܢܳܐ	ܡܕܰܓܠܰܬ݁؛ ܡܕܰܓܠܳܬ݁ܝ \ ܡܕܰܓܠܺܝܬܽܘܢ؛ ܡܕܰܓܠܳܢܶܝܢ
	ܬܠܺܝܬܳܝܳܐ	ܡܕܰܓܠܳܐ؛ ܡܕܰܓܠܳܐ \ ܡܕܰܓܠܺܝܢ؛ ܡܕܰܓܠܳܢ

ܙܰܒ݂ܢܳܐ ܠܳܐ ܡܫܰܡܠܝܳܐ		ܙܰܒ݂ܢܳܐ ܕܐܳܬܶܐ
ܡܕܰܓܠܘ	ܩܰܕ݂ܡܳܝܳܐ	ܕܰܓܶܠ؛ ܕܰܓܠܳܗ \ ܕܰܓܠܺܝܚ؛ ܕܰܓܠܰܚ
	ܬܪܰܝܳܢܳܐ	ܕܰܓܠܰܬ݁؛ ܕܰܓܠܳܬ݁ܝ \ ܕܰܓܠܺܝܬ݁ܽܘܢ؛ ܕܰܓܠܳܬ݁ܶܝܢ
	ܬܠܺܝܬܳܝܳܐ	ܕܰܓܠܺܝܚ؛ ܕܰܓܠܰܚ

ܦܽܘܩܳܕܳܐ ܩܠܳܐ ܘܢܰܦܫܳܐ		ܙܰܒ݂ܢܳܐ ܕܪܚܡ
ܡܕܰܓܶܠ؛ ܡܕܰܓܠܺܝܢ	ܩܰܕ݂ܡܳܝܳܐ	ܢܕܰܓܶܠ؛ ܢܕܰܓܠܳܗ ، \ ܐܶܬ݂ܕܰܓܶܠ؛ ܢܕܰܓܠܰܚ
ܡܕܰܓܠܳܐ؛ ܡܕܰܓܠܳܢ	ܬܪܰܝܳܢܳܐ	ܐܶܬ݂ܕܰܓܶܠ؛ ܐܶܬ݂ܕܰܓܠܳܗ ، \ ܐܶܬ݂ܕܰܓܠܺܝܚ؛ ܐܶܬ݂ܕܰܓܠܰܚ
	ܬܠܺܝܬܳܝܳܐ	ܐܶܬ݂ܕܰܓܶܠ؛ ܢܕܰܓܶܠ

ܦܽܘܩܳܕܳܐ ܢܰܦܫܳܝܳܐ

ܐܶܬ݂ܕܰܓܰܠ

ܡܬܠܐ

The wicked lie continuously - ܚܛܳܝܶܐ ܡܕܰܓܠܺܝܢ ܐܰܡܺܝܢܳܐܺܝܬ݂

The girl lied to her friend - ܛܠܺܝܬ݂ܳܐ ܕܰܓܠܰܬ݂ ܠܚܰܒ݂ܪܬܳܗ̇

A leader doesn't lie to his people - ܡܕܰܒ݁ܪܳܢܳܐ ܠܳܐ ܡܕܰܓܶܠ ܠܥܰܡܶܗ

ܙܒܢܐ ܦܫܝܛܐ	ܦܪܨܘܦܐ	ܙܒܢܐ ܕܥܒܪ
ܕܡܟ݂: ܕܡܟ݂ܘܗܝ	ܡܡܠܠܢܐ	ܕܡܟ݂: ܕܡܟ݂ܢ \ ܕܡܟ݂ܐ: ܕܡܟ݂ܢ
ܕܡܟ݂ܝ: ܕܡܟ݂ܝܬܘܢ	ܡܨܘܬܢܐ	ܕܡܟ݂ܬ: ܕܡܟ݂ܬܘܢ \ ܕܡܟ݂ܬܝ: ܕܡܟ݂ܬܘܢ
	ܡܕܡܢܐ	ܕܡܟ݂ܢܐ: ܕܡܟ݂ܢܢ \ ܕܡܟ݂ܢܐ: ܕܡܟ݂ܢܢ

ܙܒܢܐ ܠܐ ܡܫܠܡܐ		ܙܒܢܐ ܕܗܫܐ
ܕܡܝܟ݂	ܡܡܠܠܢܐ	ܕܡܟ݂: ܕܡܟ݂ܢ \ ܕܡܟ݂ܝ: ܕܡܟ݂ܢ
	ܡܨܘܬܢܐ	ܕܡܟ݂ܬ: ܕܡܟ݂ܬܘܢ \ ܕܡܟ݂ܬܝ: ܕܡܟ݂ܬܘܢ
	ܡܕܡܢܐ	ܕܡܟ݂ܝ: ܕܡܟ݂ܝ

ܐܠܦ ܥܡܐ ܕܦܘܩܕܢܐ		ܙܒܢܐ ܕܐܬܐ
ܕܡܘܟ݂: ܕܡܘܟ݂ܝ	ܡܡܠܠܢܐ	ܝܕܡܟ݂: ܝܕܡܟ݂ܘܢ \ ܝܕܡܟ݂: ܝܕܡܟ݂ܢ
ܕܡܘܟ݂ܘ: ܕܡܘܟ݂ܢ	ܡܨܘܬܢܐ	ܬܕܡܟ݂: ܬܕܡܟ݂ܘܢ \ ܬܕܡܟ݂ܝ: ܬܕܡܟ݂ܢ
	ܡܕܡܢܐ	ܢܕܡܟ݂: ܢܕܡܟ݂

ܡܠܬܐ ܦܘܩܕܢܐ

-

ܡܬܠܐ

The baby slept the whole night - ܝܠܘܕܐ ܕܡܟ݂ ܠܠܝܐ ܟܠܗ

The owl doesn’t sleep at night - ܩܘܦܐ ܒܠܠܝܐ ܠܐ ܕܡܟ݂

Don’t sleep lest a guest will come - ܠܐ ܬܕܡܟ݂ܘܢ ܕܠܡܐ ܐܟ݂ܣܢܝܐ ܐܬܐ

sleep ܕܡܟ ܕܡܟ

ܐܢܐ ܦܥܠܐ	ܦܪܘܫܐ	ܐܚܝܐ ܘܩܐܡ
ܕܡܟ: ܕܡܟܘ	ܠܓܒܝܐ	ܕܡܟ: ܕܡܟܝܢ \ ܕܡܟܐ: ܕܡܟܢ
ܕܡܟܬ: ܕܡܟܢ	ܠܐܘܢܝܐ	ܕܡܟܬ: ܕܡܟܬܘܢ \ ܕܡܟܬܝ: ܕܡܟܬܝܢ
	ܩܕܡܝܐ	ܕܡܟܢܐ: ܕܡܟܝܢܢ \ ܕܡܟܢܐ: ܕܡܟܢܢ

ܐܢܐ ܠܐ ܡܫܠܡܐ		ܐܚܝܐ ܕܒܥܬ
ܡܕܡܟ	ܠܓܒܝܐ	ܕܡܟ: ܕܡܟܘ \ ܕܡܟܐ: ܕܡܟܢ
	ܠܐܘܢܝܐ	ܕܡܟܬ: ܕܡܟܬܘܢ \ ܕܡܟܬܝ: ܕܡܟܬܝܢ
	ܩܕܡܝܐ	ܕܡܟܬ: ܕܡܟܢ

ܡܩܒ ܗܘܐ ܘܫܘܩܠܐ		ܐܚܝܐ ܕܒܥܐ
ܕܡܟ: ܕܡܟܝܢ	ܠܓܒܝܐ	ܢܕܡܟ: ܢܕܡܟܘܢ \ ܬܕܡܟ: ܢܕܡܟܢ
ܕܡܟܐ: ܕܡܟܢ	ܠܐܘܢܝܐ	ܬܕܡܟ: ܬܕܡܟܘܢ \ ܬܕܡܟܝܢ: ܬܕܡܟܢ
	ܩܕܡܝܐ	ܐܕܡܟ: ܢܕܡܟ

ܡܕܒܪܐ ܫܡܗܝܐ

–

ܡܬܠܐ

The baby slept the whole night - ܛܠܝܐ ܕܡܟ ܠܠܝܐ ܟܠܗ

The owl doesn't sleep at night - ܒܘܡܐ ܒܠܠܝܐ ܠܐ ܕܡܟܐ

Don't sleep lest a guest will come - ܠܐ ܬܕܡܟܘܢ ܕܠܡܐ ܐܟܣܢܝܐ ܢܐܬܐ

believe ܗܝܡܢ ܗܲܝܡܸܢ

ܘܲܙܢܵܐ ܦܫܝܼܛܵܐ	ܦܲܪܨܘܿܦܵܐ	ܙܲܒܢܵܐ ܕܩܵܐܹܡ
ܗܲܝܡܸܢ܆ ܗܲܝܡܸܢܘܿܢ	ܩܲܕܡܵܝܵܐ	ܡܗܲܝܡܸܢ܆ ܡܗܲܝܡܢܝܼܢ \ ܡܗܲܝܡܢܵܐ܆ ܡܗܲܝܡܢܵܢ
ܗܲܝܡܸܢܝ܆ ܗܲܝܡܸܢܹܝܢ	ܬܪܲܝܵܢܵܐ	ܡܗܲܝܡܢܸܬ܆ ܡܗܲܝܡܢܝܼܬܘܿܢ \ ܡܗܲܝܡܢܲܬ܆ ܡܗܲܝܡܢܵܢܹܝܢ
	ܬܠܝܼܬܵܝܵܐ	ܡܗܲܝܡܢܹܐ܆ܡܗܲܝܡܢܝܼܢܲܢ \ ܡܗܲܝܡܢܵܐ܆ܡܗܲܝܡܢܵܢܲܢ

ܫܡܵܐ ܡܲܦܫܩܵܐ	ܦܲܪܨܘܿܦܵܐ	ܙܲܒܢܵܐ ܕܥܒܲܪ
ܡܗܲܝܡܢܘܼܬܵܐ	ܩܲܕܡܵܝܵܐ	ܗܲܝܡܸܢ܆ ܗܲܝܡܸܢܘܿܢ \ ܗܲܝܡܸܢܵܐ܆ ܗܲܝܡܸܢܹܝܢ
	ܬܪܲܝܵܢܵܐ	ܗܲܝܡܸܢܬ܆ ܗܲܝܡܸܢܬܘܿܢ \ ܗܲܝܡܸܢܬܝ܆ ܗܲܝܡܸܢܬܹܝܢ
	ܬܠܝܼܬܵܝܵܐ	ܗܲܝܡܸܢܹܬ܆ ܗܲܝܡܸܢܲܢ

ܫܡܵܐ ܕܡܲܥܒܕܵܢܵܐ	ܦܲܪܨܘܿܦܵܐ	ܙܲܒܢܵܐ ܕܐܵܬܹܐ
...ܡܸܢ܆ ܡܗܲܝܡܢܝܼܢ	ܩܲܕܡܵܝܵܐ	ܢܗܲܝܡܸܢ܆ ܢܗܲܝܡܢܘܼܢ \ ܬܗܲܝܡܸܢ܆ ܢܗܲܝܡܢܵܢ
...ܡܢܵܐ܆ ܡܗܲܝܡܢܵܢ	ܬܪܲܝܵܢܵܐ	ܬܗܲܝܡܸܢ܆ ܬܗܲܝܡܢܘܼܢ \ ܬܗܲܝܡܢܝܼܢ܆ ܬܗܲܝܡܢܵܢ
	ܬܠܝܼܬܵܝܵܐ	ܐܹܗܲܝܡܸܢ܆ ܢܗܲܝܡܸܢ

ܫܡܵܐ ܕܥܸܠܬܵܐ

ܗܲܝܡܵܢܘܼܬܵܐ

ܡܬܠܐ

ܡܗܲܝܡܢܵܢ ܠܵܗ̇ ܡܸܛܠ ܕܫܲܪܝܼܪܬܵܐ - I believe her because she is sincere

ܗܲܝܡܸܢ ܠܝܼ ܘܠܵܐ ܠܹܗ - Believe me and not him

ܡܗܲܝܡܢܝܼܢܲܢ ܒܚܲܕ ܐܲܠܵܗܵܐ - We believe in one God

believe ܗܝܡܢ ܗܰܝܡܶܢ

ܙܢܳܐ ܦܥܽܘܠܳܐ	ܦܰܪܨܽܘܦܳܐ	ܙܰܒܢܳܐ ܕܩܳܐܶܡ
ܗܰܝܡܶܢ؛ ܗܰܝܡܶܢܘ	ܬܠܺܝܬܳܝܳܐ	ܡܗܰܝܡܶܢ؛ ܡܗܰܝܡܢܺܝܢ \ ܡܗܰܝܡܢܳܐ؛ ܡܗܰܝܡ̈ܢܳܢ
ܗܰܝܡܶܢܝ؛ ܗܰܝܡܶܢܶܝܢ	ܬܪܰܝܳܢܳܐ	ܡܗܰܝܡܢܰܬ؛ ܡܗܰܝܡܢܺܝܬܽܘܢ \ ܡܗܰܝܡܢܰܬܝ؛ ܡܗܰܝܡܢܳܢܶܝܬܶܝܢ
	ܩܰܕܡܳܝܳܐ	ܡܗܰܝܡܢܳܐ؛ ܡܗܰܝܡܢܺܝܢܰܢ \ ܡܗܰܝܡܢܳܢܳܐ؛ ܡܗܰܝܡ̈ܢܳܢܰܢ

ܙܢܳܐ ܠܳܐ ܡܫܰܠܡܳܐ		ܙܰܒܢܳܐ ܕܥܒܰܪ
ܡܗܰܝܡܢܽܘ	ܬܠܺܝܬܳܝܳܐ	ܗܰܝܡܶܢ؛ ܗܰܝܡܶܢܘ \ ܗܰܝܡܢܰܬ؛ ܗܰܝܡܶܢ
	ܬܪܰܝܳܢܳܐ	ܗܰܝܡܶܢܬ؛ ܗܰܝܡܶܢܬܽܘܢ \ ܗܰܝܡܶܢܬܝ؛ ܗܰܝܡܶܢܬܶܝܢ
	ܩܰܕܡܳܝܳܐ	ܗܰܝܡܢܶܬ؛ ܗܰܝܡܶܢܰܢ

ܫܡܳܐ ܘܫܽܘܡܗܳܐ		ܙܰܒܢܳܐ ܕܥܳܬܺܝܕ
ܡܗܰܝܡܶܢ؛ ܡܗܰܝܡܢܺܝܢ	ܬܠܺܝܬܳܝܳܐ	ܢܗܰܝܡܶܢ؛ ܢܗܰܝܡܢܽܘܢ \ ܬܗܰܝܡܶܢ؛ ܢܗܰܝܡ̈ܢܳܢ
ܡܗܰܝܡܢܳܐ؛ ܡܗܰܝܡ̈ܢܳܢ	ܬܪܰܝܳܢܳܐ	ܬܗܰܝܡܶܢ؛ ܬܗܰܝܡܢܽܘܢ \ ܬܗܰܝܡܢܺܝܢ؛ ܬܗܰܝܡ̈ܢܳܢ
	ܩܰܕܡܳܝܳܐ	ܐܗܰܝܡܶܢ؛ ܢܗܰܝܡܶܢ

ܫܡܳܐ ܫܽܘܡܗܳܝܳܐ

ܐܶܬ݂ܗܰܝܡܶܢ

ܡ̈ܬܠܐ

I believe her because she is sincere - ܡܗܰܝܡܢܳܐ ܠܳܗ ܡܶܛܽܠ ܕܫܰܪܺܝܪܳܐ

Believe me and not him - ܗܰܝܡܶܢ ܒܺܝ ܘܠܳܐ ܒܶܗ

We believe in one God - ܡܗܰܝܡܢܺܝܢܰܢ ܒܚܰܕ ܐܰܠܳܗܳܐ

walk ܗܠܟ ܗܠܸܟ݂

ܙܲܒܢܵܐ ܦܫܝܼܛܵܐ	ܦܲܪ̈ܨܘܿܦܹܐ	ܙܲܒܢܵܐ ܕܗܵܫܵܐ
ܗܠܸܟ݂: ܗܠܝܼܟ݂ܘܿܢ	ܩܲܕܡܵܝܵܐ	ܡܗܲܠܸܟ݂: ܡܗܲܠܟܲܢ \ ܡܗܲܠܟܵܐ: ܡܗܲܠܟܵܢ
ܗܠܝܼܟ݂ܝ: ܗܠܝܼܟ݂ܬܘܿܢ	ܬܪܲܝܵܢܵܐ	ܡܗܲܠܟܹܬ: ܡܗܲܠܟܝܼܬܘܿܢ \ ܡܗܲܠܟܵܬܝ: ܡܗܲܠܟܵܬܘܿܢ
	ܬܠܝܼܬܵܝܵܐ	ܡܗܲܠܟܝܼ: ܡܗܲܠܟܝܼܢ \ ܡܗܲܠܟܵܝ: ܡܗܲܠܟܵܢ

ܙܲܒܢܵܐ ܠܵܐ ܡܫܘܼܠܡܵܐ		ܙܲܒܢܵܐ ܕܥܒܼܵܪܵܐ
ܡܗܲܠܟܘܼܢ	ܩܲܕܡܵܝܵܐ	ܗܠܸܟ݂: ܗܠܝܼܟ݂ܘܿܢ \ ܗܠܟܵܝ: ܗܠܝܼܟ݂ܲܢ
	ܬܪܲܝܵܢܵܐ	ܗܠܝܼܟ݂ܹܗ: ܗܠܝܼܟ݂ܗܘܿܢ \ ܗܠܝܼܟ݂ܵܗ̇: ܗܠܝܼܟ݂ܵܝܗܝ
	ܬܠܝܼܬܵܝܵܐ	ܗܠܝܼܟ݂ܝ: ܗܠܝܼܟ݂ܲܚ

ܠܸܒܵܐ ܥܡܵܐ ܕܢܵܩܘܿܫܵܐ		ܙܲܒܢܵܐ ܕܥܵܬܝܼܕ
ܒܗܵܠܹܟ݂: ܡܗܲܠܟܝܼܢ	ܩܲܕܡܵܝܵܐ	ܒܗܵܠܹܟ݂: ܒܗܲܠܟܘܿܢ \ ܗܵܠܹܟ݂: ܒܗܲܠܟܵܐ
ܒܗܲܠܟܵܐ: ܡܗܲܠܟܵܐ	ܬܪܲܝܵܢܵܐ	ܗܵܠܹܟ݂: ܗܲܠܟܘܿܢ \ ܗܲܠܟܝܼܢ: ܗܲܠܟܵܐ
	ܬܠܝܼܬܵܝܵܐ	ܢܗܵܠܹܟ݂: ܒܗܵܠܹܟ݂

ܡܸܠܬܵܐ ܫܡܵܝܵܐ
ܝܗܵܠܹܟ݂

ܡܬ̈ܠܐ

Today we walked to school - ܠܡܲܕܪܲܫܬܵܐ ܗܠܝܼܟ݂ܲܚ ܝܵܘܡܵܢܵܐ

We will walk until we tire - ܕܝܠܸܐܝܵܚ ܥܕܡܵܐ ܒܗܵܠܹܟ݂

Do not walk before me - ܩܕܵܡܝ ܡܗܲܠܟܘܿܢ ܠܵܐ

walk ܗܠܟ ܗܰܠܶܟ݂

ܪܳܐ ܦܥܘܠܳܐ	ܦܰܪܨܘܦܳܐ	ܙܰܒ݂ܢܳܐ ܕܩܳܐܶܡ
ܗܰܠܶܟ݂: ܗܰܠܶܟ݂ܘ	ܐܰܟ݂ܣܢܳܝܳܐ	ܡܗܰܠܶܟ݂: ܡܗܰܠܟ݂ܺܝܢ \ ܡܗܰܠܟ݂ܳܐ: ܡܗܰܠܟ݂ܳܢ
ܗܰܠܶܟ݂ܝ: ܗܰܠܶܟ݂ܶܝܢ	ܠܘܳܬ݂ܳܝܳܐ	ܡܗܰܠܟ݂ܰܬ: ܡܗܰܠܟ݂ܺܝܬܽܘܢ \ ܡܗܰܠܟ݂ܰܬܝ: ܡܗܰܠܟ݂ܳܬܶܝܢ
	ܩܰܕ݂ܡܳܝܳܐ	ܡܗܰܠܶܟ݂ܢܳܐ: ܡܗܰܠܟ݂ܺܝܢܰܢ \ ܡܗܰܠܟ݂ܳܢܳܐ: ܡܗܰܠܟ݂ܳܢܰܢ

ܪܳܐ ܠܳܐ ܡܫܰܡܠܝܳܐ		ܙܰܒ݂ܢܳܐ ܕܥܒ݂ܰܪ
ܡܗܰܠܟ݂ܽܘ	ܐܰܟ݂ܣܢܳܝܳܐ	ܗܰܠܶܟ݂: ܗܰܠܶܟ݂ܘ \ ܗܰܠܟܰܬ: ܗܰܠܶܟ݂ܶܝܢ
	ܠܘܳܬ݂ܳܝܳܐ	ܗܰܠܶܟ݂ܬ: ܗܰܠܶܟ݂ܬܽܘܢ \ ܗܰܠܶܟ݂ܬܝ: ܗܰܠܶܟ݂ܬܶܝܢ
	ܩܰܕ݂ܡܳܝܳܐ	ܗܰܠܟܶܬ: ܗܰܠܶܟ݂ܢ

ܡܶܠܬ݂ܳܐ ܡܶܢܳܐ ܕܦܘܩܕܳܢܳܐ		ܙܰܒ݂ܢܳܐ ܕܥܳܬ݂ܺܝܕ
ܡܗܰܠܶܟ݂:ܡܗܰܠܟ݂ܺܝܢ	ܐܰܟ݂ܣܢܳܝܳܐ	ܢܗܰܠܶܟ݂: ܢܗܰܠܟ݂ܽܘܢ \ ܬܗܰܠܶܟ݂: ܢܗܰܠܟ݂ܳܢ
ܡܗܰܠܟ݂ܳܐ:ܡܗܰܠܟ݂ܳܢ	ܠܘܳܬ݂ܳܝܳܐ	ܬܗܰܠܶܟ݂: ܬܗܰܠܟ݂ܽܘܢ \ ܬܗܰܠܟ݂ܺܝܢ: ܬܗܰܠܟ݂ܳܢ
	ܩܰܕ݂ܡܳܝܳܐ	ܐܗܰܠܶܟ݂: ܢܗܰܠܶܟ݂

ܡܶܠܬ݂ܳܐ ܦܘܩܕܳܢܳܐ

ܐܶܬ݂ܗܰܠܶܟ݂

ܡܬܠܐ

Today we walked to school - ܝܰܘܡܳܢܳܐ ܗܰܠܶܟ݂ܢ ܠܡܰܕ݂ܪܰܫܬܳܐ

We will walk until we tire - ܢܗܰܠܶܟ݂ ܥܕܰܡܳܐ ܕܢܶܠܐܶܐ

Do not walk before me - ܠܳܐ ܬܗܰܠܟ݂ܽܘܢ ܩܕ݂ܳܡܰܝ

study ܩܪܐ ܩܪܹܐ

ܙܢܵܐ ܦܫܝܼܛܵܐ	ܦܲܪܨܘܿܦܹ̈ܐ	ܙܲܒܼܢܵܐ ܕܩܵܐܹܡ
ܩܪܵܝܵܐ؛ ܩܪܵܝܬܵܐ	ܡܡܲܠܠܵܢܹ̈ܐ	ܩܵܪܹܐ؛ ܩܵܪܝܵܢ \ ܩܵܪܝܵܐ؛ ܩܵܪܝܵܢ
ܩܪܵܝܹ̈ܐ؛ ܩܪܵܝܵܬܼܵܐ	ܡܲܨܝܬܵܢܹ̈ܐ	ܩܵܪܹܝܬ؛ ܩܵܪܹܝܬܘܿܢ \ ܩܵܪܝܵܬ؛ ܩܵܪܝܵܬܹܝܢ
	ܢܘܼܟ݂ܪܵܝܹ̈ܐ	ܩܵܪܹܐ؛ ܩܵܪܹܝܢ \ ܩܵܪܝܵܐ؛ ܩܵܪܝܵܢ

ܙܢܵܐ ܠܵܐ ܡܫܘܼܚܠܦܵܐ	ܦܲܪܨܘܿܦܹ̈ܐ	ܙܲܒܼܢܵܐ ܕܥܒܼܲܪ
ܡܩܲܪܹܐ	ܡܡܲܠܠܵܢܹ̈ܐ	ܩܪܹܐ؛ ܩܪܹܝܠܹܗ \ ܩܪܹܝܬܹܝ؛ ܩܪܹܝܠܵܗ̇
	ܡܲܨܝܬܵܢܹ̈ܐ	ܩܪܹܝܠܵܟ݂؛ ܩܪܹܝܠܘܿܟ݂ܘܿܢ \ ܩܪܹܝܠܵܟ݂ܝ؛ ܩܪܹܝܠܹܗܝܼܢ
	ܢܘܼܟ݂ܪܵܝܹ̈ܐ	ܩܪܹܝܠܹܗ؛ ܩܪܹܝܠܗܘܿܢ

ܡܸܠܬܼܵܐ ܥܡܵܐ ܕܫܘܼܥܵܠܵܐ	ܦܲܪܨܘܿܦܹ̈ܐ	ܙܲܒܼܢܵܐ ܕܥܵܬܼܝܼܕ
-	ܡܡܲܠܠܵܢܹ̈ܐ	ܒܸܩܪܵܝܵܐ؛ ܒܸܩܪܵܝܘܿܢ \ ܒܸܩܪܵܝܵܐ؛ ܒܸܩܪܵܝܵܢ
-	ܡܲܨܝܬܵܢܹ̈ܐ	ܒܸܩܪܵܝܵܐ؛ ܒܸܩܪܵܝܘܿܢ \ ܒܸܩܪܵܝܹܬ؛ ܒܸܩܪܵܝܵܢ
	ܢܘܼܟ݂ܪܵܝܹ̈ܐ	ܒܸܩܪܵܝܵܐ؛ ܒܸܩܪܵܝܵܐ

ܡܸܠܬܼܵܐ ܫܘܼܥܵܠܵܐ

-

ܡܬ̈ܠܐ

I must study for the exam - ܩܲܕܸܢ ܒܸܩܪܵܝܵܐ ܡܸܛܠ ܒܘܼܚܵܪܵܢܵܐ

I studied many books last year - ܩܪܹܝܠܝܼ ܟܬܼܵܒܹ̈ܐ ܣܲܓܼܝܼܐܹ̈ܐ ܫܲܢ̄ܬܵܐ ܕܥܒܼܲܪ

She is studying in her room - ܩܵܪܝܵܐ ܒܩܘܿܛܘܿܢܵܗ̇

study ܩܪܐ ܩܪܳܝ

[illegible]	[illegible]	[illegible]
ܩܳܪܶܐ: ܩܳܪܝܳܐ	[illegible]	ܩܳܪܶܐ: ܩܳܪܝܳܐ \ ܩܳܪܶܬ: ܩܳܪܝܰܬ
ܩܳܪܶܝܢ: ܩܳܪܝܳܢ	[illegible]	ܩܳܪܶܝܚ: ܩܳܪܝܶܬܽܘܢ \ ܩܳܪܶܝܬܽܘܢ: ܩܳܪܶܝܬܶܢ
	[illegible]	ܩܳܪܶܝܢܳܐ: ܩܳܪܶܝܢܰܢ \ ܩܳܪܶܝܢܳܐ: ܩܳܪܶܝܢ

[illegible]		[illegible]
ܡܩܳܪܶܝ	[illegible]	ܩܪܶܐ: ܩܪܶܝܗ \ ܩܪܶܝܬ: ܩܪܶܝܚ
	[illegible]	ܩܪܶܝܠܶܗ: ܩܪܶܝܠܳܗ \ ܩܪܶܝܠܘܟ݂: ܩܪܶܝܠܟ݂ܝ
	[illegible]	ܩܪܶܝܠܰܢ: ܩܪܶܝܠܗܽܘܢ

[illegible]		[illegible]
–	[illegible]	ܢܩܳܪܶܐ: ܢܩܳܪܝܳܐ \ ܬܩܳܪܶܐ: ܬܩܳܪܝܳܐ
–	[illegible]	ܬܩܳܪܶܐ: ܬܩܳܪܝܳܐ \ ܬܩܳܪܶܝܬܽܘܢ: ܬܩܳܪܶܝܢ
	[illegible]	ܬܩܳܪܶܝܢ: ܢܩܳܪܶܝܢ

[illegible]

–

ܡܬ̈ܠܐ

I must study for the exam - [illegible]

I studied many books last year - [illegible]

She is studying in her room - [illegible]

ܙܒܢܐ ܥܒܝܪܐ	ܦܪ̈ܨܘܦܐ	ܙܒܢܐ ܕܩܐܡ
ܙܒܢܝ: ܙܒܢܘܗܝ	ܡܡܠܠܢܐ	ܙܒܢ: ܙܒܢܢ \ ܙܒܢܐ: ܙܒܢܢ
ܙܒܢܘܟ: ܙܒܢܬܘܢ	ܡܨܘܬܢܐ	ܙܒܢܬ: ܙܒܢܬܘܢ \ ܙܒܢܬܝ: ܙܒܢܬܘܢ
	ܢܘܟܪܝܐ	ܙܒܢܐ: ܙܒܢܝ \ ܙܒܢܐ: ܙܒܢܝ

ܙܒܢܐ ܠܐ ܡܫܡܠܝܐ		ܙܒܢܐ ܕܐܬܐ
ܙܒܘܢ	ܡܡܠܠܢܐ	ܕܙܒܢ: ܕܙܒܢܢ \ ܕܙܒܢܐ: ܕܙܒܢܢ
	ܡܨܘܬܢܐ	ܕܙܒܢܬ: ܕܙܒܢܬܘܢ \ ܕܙܒܢܬܝ: ܕܙܒܢܬܘܢ
	ܢܘܟܪܝܐ	ܕܙܒܢܐ: ܕܙܒܢܝ

ܐܝܟ ܫܡܐ ܕܡܥܒܕܢܐ		ܙܒܢܐ ܕܗܫܐ
ܙܒܝܢ: ܙܒܝܢܝܢ	ܡܡܠܠܢܐ	ܝܘܢ: ܝܘܢܢ \ ܗܘܝܢ: ܝܘܢܢ
ܙܒܝܢܬܐ: ܙܒܝܢܬܐ	ܡܨܘܬܢܐ	ܗܘܝܢ: ܗܘܝܬܘܢ \ ܗܘܝܬܝ: ܗܘܝܬܘܢ
	ܢܘܟܪܝܐ	ܝܘܢ: ܝܘܢ

ܡܠܬܐ ܡܥܒܕܢܝܬܐ

ܙܘܒܢܐ

ܡܬ̈ܠܐ

I bought flour to make dough - ܙܒܢܠܝ ܩܡܚܐ ܠܡܥܒܕ ܠܝܫܐ

The rich lady bought a new house - ܒܥܠܬܐ ܥܬܝܪܬܐ ܙܒܢܠܗ ܒܝܬܐ ܚܕܬܐ

This land is already bought - ܐܪܥܐ ܗܕܐ ܡܢ ܟܕܘ ܙܒܝܢܬܐ ܝܠܗ

buy ܙܒܢ ܙܒܰܢ

ܙܰܒܢܳܐ ܕܩܳܐܶܡ	ܦܰܪ̈ܨܘܦܐ	ܙܢܳܐ ܦܫܺܝܛܳܐ
ܙܳܒܶܢ: ܙܳܒܢܺܝܢ \ ܙܳܒܢܳܐ: ܙܳܒ̈ܢܳܢ	ܠܐܚܪܳܝܳܐ	ܙܒܶܢ: ܙܒܶܢܘ݂
ܙܳܒܢܰܬ: ܙܳܒܢܺܝܬܘܿܢ \ ܙܳܒܢܰܬܝ: ܙܳܒܢܳܬܶܝܢ	ܠܘܳܬܳܝܳܐ	ܙܒܶܢܬ: ܙܒܶ̈ܢܝ
ܙܳܒܶܢܳܐ: ܙܳܒܢܺܝܢܰܢ \ ܙܳܒܢܳܢܳܐ: ܙܳܒ̈ܢܳܢܰܢ	ܩܰܕܡܳܝܳܐ	

ܙܰܒܢܳܐ ܕܥܒܰܪ		ܙܢܳܐ ܠܳܐ ܡܫܰܡܠܝܳܐ
ܙܒܰܢ: ܙܒܰܢܘ \ ܙܒܰܢܰܬ: ܙܒܰ̈ܢܝ	ܠܐܚܪܳܝܳܐ	ܡܙܰܒܶܢ
ܙܒܰܢܬ: ܙܒܰܢܬܘܿܢ \ ܙܒܰܢܬܝ: ܙܒܰܢܬܶܝܢ	ܠܘܳܬܳܝܳܐ	
ܙܒܶܢܶܬ: ܙܒܰܢܰܢ	ܩܰܕܡܳܝܳܐ	

ܙܰܒܢܳܐ ܕܥܳܬܺܝܕ		ܬܘܟܝܠ ܗܝܢܐ ܘܫܘܚܠܦܐ
ܢܶܙܒܶܢ: ܢܶܙܒܢܘ݂ܢ \ ܬܶܙܒܶܢ: ܢܶܙܒ̈ܢܳܢ	ܠܐܚܪܳܝܳܐ	ܙܒܘܿܢ: ܙܒܘܿܢܘ݂
ܬܶܙܒܶܢ: ܬܶܙܒܢܘ݂ܢ \ ܬܶܙܒܢܺܝܢ: ܬܶܙܒ̈ܢܳܢ	ܠܘܳܬܳܝܳܐ	ܙܒܘܿܢܝ: ܙܒܘܿ̈ܢܝܢ
ܐܶܙܒܶܢ: ܢܶܙܒܶܢ	ܩܰܕܡܳܝܳܐ	

ܡܫܡܠܝܘܬܐ ܚܫܘܫܝܬܐ

ܐܶܙܕܒܶܢ

ܡܬ̈ܠܐ

I bought flour to make dough - ܙܒܢܶܬ ܩܶܡܚܳܐ ܠܡܶܥܒܰܕ ܠܰܚܡܳܐ

The rich lady bought a new house - ܐܰܢܬܬܳܐ ܥܰܬܺܝܪܬܳܐ ܙܒܢܰܬ ܒܰܝܬܳܐ ܚܰܕܬܳܐ

This land is already bought - ܐܰܪܥܳܐ ܗܳܕܶܐ ܡܶܢ ܩܕܳܡ ܙܒܺܝܢܳܐ ܗ̱ܝ

ܙܒܢܐ ܩܕܡܝܐ	ܦܪܨܘܦܐ	ܙܒܢܐ ܕܩܐܡ
ܙܒܸܢ؛ ܙܒܝܢܘܗܝ	ܡܢܩܒܬܐ	ܡܙܒܸܢ؛ ܡܙܒܢܝܢ \ ܡܙܒܢܢܐ؛ ܡܙܒܢܢܢ
ܙܒܝܢܐ؛ ܙܒܝܢܬܐ	ܡܕܟܪܐ	ܡܙܒܢܬ؛ ܡܙܒܢܝܬܘܢ \ ܡܙܒܢܬܐ؛ ܡܙܒܢܬܝܢ
	ܣܘܓܐܐ	ܡܙܒܝܢܢ؛ ܡܙܒܢܝܢܢ \ ܡܙܒܢܢܢ؛ ܡܙܒܢܢܢ

ܙܒܢܐ ܠܐ ܡܫܡܠܝܐ		ܙܒܢܐ ܕܥܒܪ
ܡܙܒܢܘ	ܡܢܩܒܬܐ	ܙܒܸܢ؛ ܙܒܝܢܗ \ ܙܒܢܝ؛ ܙܒܝܢܢ
	ܡܕܟܪܐ	ܙܒܝܢܬ؛ ܙܒܝܢܬܘܢ \ ܙܒܝܢܬܝ؛ ܙܒܝܢܬܝܢ
	ܣܘܓܐܐ	ܙܒܝܢܗ؛ ܙܒܢܢ

ܡܠܬܐ ܥܡܐ ܕܫܡܥܬܐ		ܙܒܢܐ ܕܥܬܝܕ
ܡܙܒܸܢ؛ ܡܙܒܢܝܢ	ܡܢܩܒܬܐ	ܒܙܒܸܢ؛ ܒܙܒܢܘܢ \ ܗܙܒܸܢ؛ ܒܙܒܢܢ
ܡܙܒܢܢܐ؛ ܡܙܒܢܢ	ܡܕܟܪܐ	ܗܙܒܸܢ؛ ܗܙܒܢܘܢ \ ܗܙܒܢܝܢ؛ ܗܙܒܢܢ
	ܣܘܓܐܐ	ܒܙܒܸܢ؛ ܒܙܒܸܢ

ܡܠܬܐ ܫܡܥܬܐ

ܙܘܒܢ

ܡܬܠܐ

He sold his house and everything in it - ܙܒܸܢ ܒܝܬܗ ܘܟܠ ܡܸܕܸܡ ܕܒܗ

I will sell my property - ܡܘܠܟܢܝ ܕܝܠܝ ܒܙܒܸܢ

She wants to sell her inheritance - ܒܥܝܐ ܠܡܙܒܘܢܐ ܝܪܬܘܬܗ

sell ܙܒܢ ܙܒܢ

ܫܡܐ ܦܥܘܠܐ	ܦܪܨܘܦܐ	ܙܒܢܐ ܕܩܐܡ
ܙܒܘܢ: ܙܒܘܢܘ	ܬܠܝܬܝܐ	ܡܙܒܢ: ܡܙܒܢܝܢ \ ܡܙܒܢܐ: ܡܙܒܢܢ
ܙܒܘܢܝ: ܙܒܘܢܝܢ	ܬܪܝܢܐ	ܡܙܒܢܬ: ܡܙܒܢܝܬܘܢ \ ܡܙܒܢܬܝ: ܡܙܒܢܝܬܝܢ
	ܩܕܡܝܐ	ܡܙܒܢܢܐ: ܡܙܒܢܝܢܢ \ ܡܙܒܢܢܐ: ܡܙܒܢܢܢ

ܫܡܐ ܠܐ ܡܬܚܡܐ		ܙܒܢܐ ܕܥܒܪ
ܡܙܒܢܘ	ܬܠܝܬܝܐ	ܙܒܢ: ܙܒܢܘ \ ܙܒܢܬ: ܙܒܢܝ
	ܬܪܝܢܐ	ܙܒܢܬ: ܙܒܢܬܘܢ \ ܙܒܢܬܝ: ܙܒܢܬܝܢ
	ܩܕܡܝܐ	ܙܒܢܬ: ܙܒܢܢ

ܦܬܓܡܐ ܕܫܡܫܐ		ܙܒܢܐ ܕܥܬܝܕ
ܡܙܒܢ: ܡܙܒܢܝܢ	ܬܠܝܬܝܐ	ܢܙܒܢ: ܢܙܒܢܘܢ \ ܬܙܒܢ: ܢܙܒܢܢ
ܡܙܒܢܐ: ܡܙܒܢܢ	ܬܪܝܢܐ	ܬܙܒܢ: ܬܙܒܢܘܢ \ ܬܙܒܢܝܢ: ܬܙܒܢܢ
	ܩܕܡܝܐ	ܐܙܒܢ: ܢܙܒܢ

ܦܥܠܐ ܚܫܘܫܝܐ

ܐܙܕܒܢ

ܡܬܠܐ

He sold his house and everything in it - ܙܒܢ ܒܝܬܗ ܘܟܠ ܡܕܡ ܕܒܗ

I will sell my property - ܡܘܠܟܢܐ ܕܝܠܝ ܐܙܒܢ

She wants to sell her inheritance - ܒܥܝܐ ܠܡܙܒܢܘ ܝܪܬܘܬܗ

ܙܢ̈ܐ ܩܢܘܢ̈ܐ	ܦܪ̈ܨܘܦܐ	ܙܒܢܐ ܕܥܒܝܪ
ܙܟܝ: ܙܟܗ	ܩܕܡܝܐ	ܙܟܐ: ܙܟܝܢ \ ܙܟܬܐ: ܙܟܬܢ
ܙܟܝ: ܙܟܝܬܘܢ	ܬܪܝܢܐ	ܙܟܝܬ: ܙܟܝܬܘܢ \ ܙܟܬܝ: ܙܟܬܘܢ
	ܬܠܝܬܝܐ	ܙܟܐ: ܙܟܝܢ \ ܙܟܝܬܐ: ܙܟܝܢ

ܙܢ̈ܐ ܠܐ ܡܫܘܚܠܦ̈ܐ	ܦܪ̈ܨܘܦܐ	ܙܒܢܐ ܕܗܫܐ
ܡܙܟܐ	ܩܕܡܝܐ	ܙܟܐ: ܙܟܗ \ ܙܟܝ: ܙܟܐ
	ܬܪܝܢܐ	ܙܟܝܬ: ܙܟܝܬܘܢ \ ܙܟܝܬ: ܙܟܝܬܝ
	ܬܠܝܬܝܐ	ܙܟܝ: ܙܟܝܢ

ܐܡܝܪܐ ܥܡܐ ܕܡܠܘܐ̈	ܦܪ̈ܨܘܦܐ	ܙܒܢܐ ܕܐܬܐ
ܙܟܐ: ܙܟܝ	ܩܕܡܝܐ	ܢܙܟܐ: ܢܙܟܘܢ \ ܬܙܟܐ: ܢܙܟܢ
ܙܟܘ: ܙܟܢ	ܬܪܝܢܐ	ܬܙܟܐ: ܬܙܟܘܢ \ ܬܙܟܝ: ܬܙܟܢ
	ܬܠܝܬܝܐ	ܢܙܟܐ: ܢܙܟܐ

ܡܠܬܐ ܡܬܩܪܒܬܐ

ܙܟܝܐ

ܡܬܠܐ

The football team won - ܠܘܕܐ ܕܟܘܪܐ ܕܪܓܠܐ ܙܟܐ

This army will not win the war - ܓܝܣܐ ܗܢܐ ܠܐ ܢܙܟܐ ܠܗ ܩܪܒܐ

We are not winning in this competition - ܠܐ ܙܟܝܢ ܒܡܪܘܬܐ ܗܕܐ

ܐܦܢܐ ܦܩܘܕܐ	ܦܪܨܘܦܐ	ܙܒܢܐ ܕܩܐܡ
ܙܟܝ؛ ܙܟܘ	ܩܕܡܝܐ	ܙܟܐ؛ ܙܟܝܢ \ ܙܟܝܐ؛ ܙܟܝ̈ܢ
ܙܟܝ؛ ܙܟܝ̈ܢ	ܬܪܝܢܐ	ܙܟܝܬ؛ ܙܟܝܬܘܢ \ ܙܟܝܬ؛ ܙܟܝ̈ܬܝܢ
	ܬܠܝܬܝܐ	ܙܟܝܢܐ؛ ܙܟܝܢܢ \ ܙܟܝܢܐ؛ ܙܟܝ̈ܢܢ

ܐܦܢܐ ܠܐ ܡܣܝܟܐ	ܦܪܨܘܦܐ	ܙܒܢܐ ܕܥܒܪ
ܡܙܟܐ	ܩܕܡܝܐ	ܙܟܐ؛ ܙܟܘ \ ܙܟܬ؛ ܙܟܝ̈
	ܬܪܝܢܐ	ܙܟܝܬ؛ ܙܟܝܬܘܢ \ ܙܟܝܬܝ؛ ܙܟܝ̈ܬܝܢ
	ܬܠܝܬܝܐ	ܙܟܝܬ؛ ܙܟܝܢ

ܡܟܝܪ ܡܢܐ ܘܫܡܥܐ	ܦܪܨܘܦܐ	ܙܒܢܐ ܕܥܬܝܕ
ܙܟܐ؛ ܙܟܝܢ	ܩܕܡܝܐ	ܢܙܟܐ؛ ܢܙܟܘܢ \ ܬܙܟܐ؛ ܢܙܟܝ̈ܢ
ܙܟܝܐ؛ ܙܟܝ̈ܢ	ܬܪܝܢܐ	ܬܙܟܐ؛ ܬܙܟܘܢ \ ܬܙܟܝܢ؛ ܬܙܟܝ̈ܢ
	ܬܠܝܬܝܐ	ܐܙܟܐ؛ ܢܙܟܐ

ܡܟܝܪܐ ܫܡܥܝܐ

ܬܙܘܟܝ

ܡܬ̈ܠܐ

The football team won - ܓܘܕܐ ܕܐܣܦܝܪ ܕܪܓܠܐ ܙܟܝ

This army will not win the war - ܓܝܣܐ ܗܢܐ ܠܐ ܢܙܟܐ ܒܗ ܩܪܒܐ

We are not winning in this competition - ܠܐ ܙܟܝܢܢ ܒܡܨܘܪܐ ܗܢܐ

ܙܢܐ ܦܫܝܛܐ	ܦܪܨܘܦܐ	ܙܒܢܐ ܕܥܒܝܪ
ܙܡܸܢ؛ ܙܡܝܼܢܘܗܝ	ܗܠܝܚܢܐ	ܡܙܘܡܸܢ؛ ܡܙܘܡܢܝܢ \ ܡܙܘܡܢܢܐ؛ ܡܙܘܡܢܝܬܐ
ܙܡܝܼܢ؛ ܙܡܝܼܢܬܐ	ܗܕܢܢܐ	ܡܙܘܡܢܬ؛ ܡܙܘܡܢܝܬܘܢ \ ܡܙܘܡܢܬ؛ ܡܙܘܡܢܬܝܢ
	ܡܙܡܢܐ	ܡܙܘܡܢܢܐ؛ ܡܙܘܡܢܝܢܢ \ ܡܙܘܡܢܢܐ؛ ܡܙܘܡܢܝܢܢ

ܙܢܐ ܠܐ ܡܫܠܡܢܐ	ܦܪܨܘܦܐ	ܙܒܢܐ ܕܥܬܝܕ
ܡܙܘܡܢܘ	ܗܠܝܚܢܐ	ܙܡܸܢ؛ ܙܡܝܢܗ \ ܙܡܝܢܝ؛ ܙܡܝܢܬ
	ܗܕܢܢܐ	ܙܡܝܢܗ؛ ܙܡܝܢܗܘܢ \ ܙܡܝܢܗ؛ ܙܡܝܢܝܗܝ
	ܡܙܡܢܐ	ܙܡܝܢܢ؛ ܙܡܝܢܢ

ܠܗ ܥܡܐ ܕܦܘܩܕܢܐ	ܦܪܨܘܦܐ	ܙܒܢܐ ܕܗܫܐ
ܒܙܘܡܸܢ؛ ܡܙܘܡܢܝܢ	ܗܠܝܚܢܐ	ܒܙܘܡܸܢ؛ ܒܙܘܡܢܘܗܝ \ ܗܙܘܡܸܢ؛ ܒܙܘܡܢܢܐ
ܒܙܘܡܢܢܐ؛ ܡܙܘܡܢܢܐ	ܗܕܢܢܐ	ܗܙܘܡܸܢ؛ ܗܙܘܡܢܘܗܝ \ ܗܙܘܡܢܝܢ؛ ܗܙܘܡܢܢܐ
	ܡܙܡܢܐ	ܒܙܘܡܸܢ؛ ܒܙܘܡܸܢ

ܡܠܬܐ ܫܡܘܥܬܐ

ܙܘܘܡܐ

ܡܬܠܐ

The man is invited to the wedding - ܓܒܪܐ ܡܙܘܡܢ ܠܚܠܘܠܐ

We will invite all our relatives - ܒܙܘܡܸܢ ܟܠܗܘܢ ܐܚܢܝܬܢ

The king invited ambassadors to his palace - ܡܠܟܐ ܙܡܸܢ ܫܘܠܚܢܐ ܠܗܝܟܠܗ

ܙܰܒܢܳܐ ܕܥܒܰܪ	ܦܰܪܨܽܘܦܳܐ	ܐܢܐ ܦܘܩܕܐ
ܙܰܡܶܢ: ܙܰܡܶܢܘ \ ܙܰܡܢܰܬ݂: ܙܰܡܶܢ	ܬܠܺܝܬܳܝܳܐ	ܙܰܡܶܢ: ܙܰܡܶܢܘ،
ܙܰܡܶܢܬ݁: ܙܰܡܶܢܬ݁ܽܘܢ \ ܙܰܡܶܢܬ݁ܝ: ܙܰܡܶܢܬ݁ܶܝܢ	ܬܪܰܝܳܢܳܐ	ܙܰܡܶܢܝ: ܙܰܡܶܢܶܝܢ
ܙܰܡܢܶܬ݂: ܙܰܡܶܢܢ	ܩܰܕܡܳܝܳܐ	

ܙܰܒܢܳܐ ܕܩܳܐܶܡ		ܐܢܐ ܠܐ ܡܫܠܡܐ
ܡܙܰܡܶܢ: ܡܙܰܡܢܺܝܢ \ ܡܙܰܡܢܳܐ: ܡܙܰܡܢܳܢ	ܬܠܺܝܬܳܝܳܐ	ܡܙܰܡܳܢܽܘ
ܡܙܰܡܶܢܰܬ݁: ܡܙܰܡܢܺܝܬ݁ܽܘܢ \ ܡܙܰܡܢܳܬ݁ܝ: ܡܙܰܡܢܳܢܶܬ݁ܶܝܢ	ܬܪܰܝܳܢܳܐ	
ܡܙܰܡܶܢܢܳܐ: ܡܙܰܡܢܺܝܢܰܢ \ ܡܙܰܡܢܳܢܳܐ: ܡܙܰܡܢܳܢܰܢ	ܩܰܕܡܳܝܳܐ	

ܙܰܒܢܳܐ ܕܥܳܬ݂ܺܝܕ		ܡܢܟܝ ܗܢܐ ܕܫܡܘܫܐ
ܢܙܰܡܶܢ: ܢܙܰܡܢܽܘܢ \ ܬܙܰܡܶܢ: ܢܙܰܡܢܳܢ	ܬܠܺܝܬܳܝܳܐ	ܡܙܰܡܰܢ: ܡܙܰܡܢܺܝܢ
ܬܙܰܡܶܢ: ܬܙܰܡܢܽܘܢ \ ܬܙܰܡܢܺܝܢ: ܬܙܰܡܢܳܢ	ܬܪܰܝܳܢܳܐ	ܡܙܰܡܢܳܐ: ܡܙܰܡܢܳܢ
ܐܙܰܡܶܢ: ܢܙܰܡܶܢ	ܩܰܕܡܳܝܳܐ	

ܡܠܬܐ ܫܡܘܫܝܬܐ

ܐܶܙܕܰܡܰܢ

ܡܬܠܐ

The man is invited to the wedding - ܓܰܒܪܳܐ ܡܙܰܡܰܢ ܠܚܠܘܽܠܳܐ

We will invite all our relatives - ܢܙܰܡܶܢ ܟܽܠܗܽܘܢ ܐܚܰܝܢܰܢ

The king invited ambassadors to his palace - ܡܰܠܟܳܐ ܙܰܡܶܢ ܐܝܙܓܕ̈ܐ ܠܗܰܝܟܠܶܗ

ܙܒܢܐ ܦܣܘܩܐ	ܦܪ̈ܨܘܦܐ	ܙܒ̈ܢܐ ܕܩܝܡ
ܙܡܪܐ؛ ܙܡܪܘܢ	ܡܡܠܠܢܐ	ܙܡܪܐ؛ ܙܡܪܢ \ ܙܡܪ̈ܐ؛ ܙܡܪ̈ܢ
ܙܡܪܬ؛ ܙܡܪ̈ܝܢ	ܡܨܢܬܢܐ	ܙܡܪܬ؛ ܙܡܪܬܘܢ \ ܙܡܪܬܝ؛ ܙܡܪ̈ܬܝܢ
	ܡܬܡܠܢܐ	ܙܡܪܢܐ؛ ܙܡܪܝܢ \ ܙܡܪ̈ܢܐ؛ ܙܡܪ̈ܢ

ܙܒܢܐ ܠܐ ܡܫܠܡܐ		ܙܒ̈ܢܐ ܕܥܒܪܐ
ܒܝܙܡܪ	ܡܡܠܠܢܐ	ܙܡܪܐ؛ ܙܡܪܘ \ ܙܡܪܝ؛ ܙܡܪܝ
	ܡܨܢܬܢܐ	ܙܡܪܬ؛ ܙܡܪܬܘܢ \ ܙܡܪܬܝ؛ ܙܡܪ̈ܬܝܢ
	ܡܬܡܠܢܐ	ܙܡܪܝ؛ ܙܡܪܝܢ

ܡܠܬܐ ܥܡܐ ܕܫܡܗܐ		ܙܒ̈ܢܐ ܕܥܬܝܕ
ܙܡܪܐ؛ ܙܡܪܢ	ܡܡܠܠܢܐ	ܒܝܙܡܪܐ؛ ܒܝܙܡܪܢ \ ܒܕܙܡܪܐ؛ ܒܝܙܡܪ̈ܢ
ܙܡܪ̈ܐ؛ ܙܡܪ̈ܢ	ܡܨܢܬܢܐ	ܒܕܙܡܪܐ؛ ܒܕܙܡܪܢ \ ܒܕܙܡܪܢ؛ ܒܕܙܡܪ̈ܢ
	ܡܬܡܠܢܐ	ܒܕܙܡܪܐ؛ ܒܝܙܡܪܐ

ܡܠܬܐ ܫܡܗܝܬܐ

ܒܕܙܡܪܐ

ܡܬ̈ܠܐ

The singer sings in the party - ܙܡܵܪ̈ܐ ܙܡܪܐ ܒܚܓܬܐ

Choirs sing in the church - ܓܘܕ̈ܐ ܙܡܪ̈ܢ ܒܥܕܬܐ

I will sing to my beloved on her birthday - ܒܕܙܡܪܐ ܠܪܚܝܡܬܝ ܕܝܠܝ ܒܡܘܠܕܗ

ܙܢܐ ܦܘܩܕܢܐ	ܦܪܨܘܦܐ	ܙܒܢܐ ܕܩܐܡ
ܙܡܘܪ: ܙܡܘܪܘ	ܩܕܡܝܐ	ܙܡܪ: ܙܡܪܝܢ \ ܙܡܪܐ: ܙܡܪ̈ܢ
ܙܡܘܪܝ: ܙܡܘܪ̈ܝܢ	ܬܪܝܢܐ	ܙܡܪܬ: ܙܡܪܝܬܘܢ \ ܙܡܪܬܝ: ܙܡܪ̈ܬܝܢ
	ܬܠܝܬܝܐ	ܙܡܪܢܐ: ܙܡܪܝܢܢ \ ܙܡܪܢܐ: ܙܡܪ̈ܢܢ

ܙܢܐ ܠܐ ܡܣܝܟܐ		ܙܒܢܐ ܕܥܒܪ
ܠܡܙܡܪ	ܩܕܡܝܐ	ܙܡܪ: ܙܡܪܘ \ ܙܡܪܬ: ܙܡܪܝ
	ܬܪܝܢܐ	ܙܡܪܬ: ܙܡܪܬܘܢ \ ܙܡܪܬܝ: ܙܡܪܬܝܢ
	ܬܠܝܬܝܐ	ܙܡܪܬ: ܙܡܪܢ

ܨܝܓܬܐ ܡܢܐ ܕܫܡܫܐ		ܙܒܢܐ ܕܥܬܝܕ
ܙܡܪ: ܙܡܪ̈ܝܢ	ܩܕܡܝܐ	ܢܙܡܪ: ܢܙܡܪܘܢ \ ܬܙܡܪ: ܢܙܡܪ̈ܢ
ܙܡܪܐ: ܙܡܪ̈ܢ	ܬܪܝܢܐ	ܬܙܡܪ: ܬܙܡܪܘܢ \ ܬܙܡܪܝܢ: ܬܙܡܪ̈ܢ
	ܬܠܝܬܝܐ	ܐܙܡܪ: ܢܙܡܪ

ܨܝܓܬܐ ܚܫܘܫܝܬܐ

ܐܙܕܡܪ

ܡ̈ܬܠܐ

The singer sings in the party - ܙܡܘܪܐ ܙܡܪ ܒܚܓܐ

Choirs sing in the church - ܓܘܕ̈ܐ ܙܡܪܝܢ ܒܥܕܬܐ

I will sing to my beloved on her birthday - ܐܙܡܪ ܠܚܒܝܒܬܝ ܒܝܘܡ ܡܘܠܕܗ

ܙܒܢܐ ܕܥܒܝܪ	ܦܪ̈ܨܘܦܐ	ܙܢܐ ܦܫܝܛܐ
ܥܝܛܠܝ: ܥܝܛܠܢ \ ܥܝܛܠܝ: ܥܝܛܠܢ	ܡܡܠܠܢܐ	ܥܝܛ: ܥܝܛܘܢ
ܥܝܛܠܘܟ: ܥܝܛܠܘܟܘܢ \ ܥܝܛܠܟܝ: ܥܝܛܠܘܟܘܢ	ܡܨܝܬܢܐ	ܥܝܛܐ: ܥܝܛܬܝ
ܥܝܛܠܗ: ܥܝܛܠܗܘܢ \ ܥܝܛܠܗ: ܥܝܛܠܗܘܢ	ܡܦܪܫܢܐ	

ܙܒܢܐ ܕܐܬܐ	ܦܪ̈ܨܘܦܐ	ܙܢܐ ܕܠܐ ܡܫܠܡܐ
ܥܝܛܢ: ܥܝܛܘܢ \ ܥܝܛܢ: ܥܝܛܚ	ܡܡܠܠܢܐ	ܥܘܝܛ
ܥܝܛܬ: ܥܝܛܬܘܢ \ ܥܝܛܬܝ: ܥܝܛܬܘܢ	ܡܨܝܬܢܐ	
ܥܝܛܐ: ܥܝܛܝ	ܡܦܪܫܢܐ	

ܙܒܢܐ ܕܩܐܡ	ܦܪ̈ܨܘܦܐ	ܫܡܐ ܕܥܒܘܕܐ
ܝܘܝܛ: ܝܘܝܛܘܢ \ ܝܘܝܛ: ܝܘܝܛܚ	ܡܡܠܠܢܐ	-
ܝܘܝܛ: ܝܘܝܛܘܢ \ ܝܘܝܛܝ: ܝܘܝܛܘܢ	ܡܨܝܬܢܐ	-
ܝܘܝܛ: ܝܘܝܛ	ܡܦܪܫܢܐ	

ܫܡܐ ܫܥܒܕܐ

-

ܡܬ̈ܠܐ

Do not shout at night - ܠܐ ܥܘܝܛ ܒܠܠܝܐ

The boy shouts at his sister - ܛܠܝܐ ܥܝܛ ܒܚܬܗ

Warriors shout whilst at war - ܡܩܪܒܢ̈ܐ ܥܝܛܝ ܟܕ ܒܩܪܒܐ

shout ܙܥܩ ܙܥܩ

ܐܢܐ ܦܩܘܕܐ	ܦܪܨܘܦܐ	ܙܒܢܐ ܕܩܐܡ
ܙܥܩ؛ ܙܥܩܘ	ܬܠܝܬܝܐ	ܙܥܩ؛ ܙܥܩܝܢ \ ܙܥܩܐ؛ ܙܥܩ̈ܢ
ܙܥܩܝ؛ ܙܥܩ̈ܝ	ܬܪܝܢܐ	ܙܥܩܬ؛ ܙܥܩܝܬܘܢ \ ܙܥܩܬܝ؛ ܙܥܩܢ̈ܬܝܢ
	ܩܕܡܝܐ	ܙܥܩܢܐ؛ ܙܥܩܝܢܢ \ ܙܥܩܢܐ؛ ܙܥܩ̈ܢܢ

ܐܢܐ ܠܐ ܡܫܡܠܝܐ		ܙܒܢܐ ܕܥܒܪ
ܡܙܥܩ	ܬܠܝܬܝܐ	ܙܥܩ؛ ܙܥܩܘ \ ܙܥܩܬ؛ ܙܥܩ̈ܝ
	ܬܪܝܢܐ	ܙܥܩܬ؛ ܙܥܩܬܘܢ \ ܙܥܩܬܝ؛ ܙܥܩܬܝܢ
	ܩܕܡܝܐ	ܙܥܩܬ؛ ܙܥܩܢ

ܦܥܠܐ ܗܢܐ ܕܥܒܘܕܐ		ܙܒܢܐ ܕܐܬܐ
–	ܬܠܝܬܝܐ	ܢܙܥܩ؛ ܢܙܥܩܘܢ \ ܬܙܥܩ؛ ܢܙܥܩ̈ܢ
–	ܬܪܝܢܐ	ܬܙܥܩ؛ ܬܙܥܩܘܢ \ ܬܙܥܩܝܢ؛ ܬܙܥܩ̈ܢ
	ܩܕܡܝܐ	ܐܙܥܩ؛ ܢܙܥܩ

ܦܥܠܐ ܫܡܗܝܐ

–

ܡ̈ܠܐ

Do not shout at night - ܠܐ ܬܙܥܩ ܒܠܠܝܐ

The boy shouts at his sister - ܛܠܝܐ ܙܥܩ ܒܚܬܗ

Warriors shout whilst at war - ܡܙܒܢ̈ܬܐ ܙܥܩܝܢ ܟܕ ܒܩܪܒܐ

destroy ܚܪܒ ܚܪܒ

ܙܒܢܐ ܕܩܐܡ	ܦܪܨܘܦܐ	ܙܒܢܐ ܦܫܝܛܐ
ܡܚܪܒ: ܡܚܪܒܝܢ \ ܡܚܪܒܢܐ: ܡܚܪ̈ܒܢ	ܡܠܒܒܢܐ	ܚܪܒ: ܚܪܒܘܢ
ܡܚܪܒܬ: ܡܚܪܒܝܬܘܢ \ ܡܚܪܒܬܝ: ܡܚܪܒܝܬܝܢ	ܡܨܥܝܐ	ܚܪܘܒ: ܚܪܘܒܝܢ
ܡܚܪܒܢܐ: ܡܚܪܒܝܢܢ \ ܡܚܪܒܢܐ: ܡܚܪ̈ܒܢܢ	ܦܘܫܩܐ	

ܙܒܢܐ ܕܥܒܪ		ܠܐ ܡܫܘܚܐ
ܚܪܒ: ܚܪܒܘ \ ܚܪܒܬ: ܚܪ̈ܒܝ	ܡܠܒܒܢܐ	ܡܚܪ̈ܒܘ
ܚܪܒܬ: ܚܪܒܬܘܢ \ ܚܪܒܬܝ: ܚܪܒܬܝܢ	ܡܨܥܝܐ	
ܚܪܒܬ: ܚܪܒܢ	ܦܘܫܩܐ	

ܙܒܢܐ ܕܐܬܐ		ܥܡܐ ܕܦܘܩܕܢܐ
ܢܚܪܒ: ܢܚܪܒܘܢ \ ܬܚܪܒ: ܢܚܪ̈ܒܢ	ܡܠܒܒܢܐ	ܚܪܒ: ܡܚܪܒܝܢ
ܬܚܪܒ: ܬܚܪܒܘܢ \ ܬܚܪܒܝܢ: ܬܚܪ̈ܒܢ	ܡܨܥܝܐ	ܚܪܒܬܐ: ܡܚܪ̈ܒܢ
ܐܚܪܒ: ܢܚܪܒ	ܦܘܫܩܐ	

ܫܡܐ ܕܡܥܒܕܢܘܬܐ

ܡܚܪܒܢܘܬܐ

ܡܬܠܐ

Our enemies destroyed our country - ܒܥܠܕܒܒܝܢ ܚܪܒܘ ܠܗ ܐܬܪܢ

Destroy the temple and plunder its treasures - ܚܪܘܒ ܠܗܝܟܠܐ ܘܒܘܙ ܓܙܘܗܝ

Do not destroy the city walls - ܠܐ ܬܚܪܒܘܢ ܫܘܪܐ ܕܡܕܝܢܬܐ

destroy ܚܪܒ ܚܪܒ

ܐܢܐ ܦܥܘܠܐ	ܦܪܨܘܦܐ	ܐܚܢܐ ܕܥܒܪ
ܚܪܒ: ܚܪܒܘܗܝ	ܠܓܒܪܐ	ܡܚܪܒ: ܡܚܪܒܝܢ \ ܡܚܪܒܐ: ܡܚܪܒܢ
ܚܪܒܢ: ܚܪܒܬܘܢ	ܠܐܢܬܐ	ܡܚܪܒܬ: ܡܚܪܒܬܘܢ \ ܡܚܪܒܬܝ: ܡܚܪܒܬܝܢ
	ܩܘܡܐ	ܡܚܪܒܢܐ: ܡܚܪܒܝܢܢ \ ܡܚܪܒܢܐ: ܡܚܪܒܢܢ

ܐܢܐ ܠܐ ܡܫܡܠܝܐ		ܐܚܢܐ ܕܥܒܪ
ܡܚܘܪܒ	ܠܓܒܪܐ	ܚܪܒ: ܚܪܒܘ \ ܚܪܒܬ: ܚܪܒܢ
	ܠܐܢܬܐ	ܚܪܒܬ: ܚܪܒܬܘܢ \ ܚܪܒܬܝ: ܚܪܒܬܝܢ
	ܩܘܡܐ	ܚܪܒܬ: ܚܪܒܢ

ܦܥܠ ܡܢܐ ܘܫܘܠܛܢܐ		ܐܚܢܐ ܕܥܬܝܕ
ܡܚܪܒ: ܡܚܪܒܝܢ	ܠܓܒܪܐ	ܢܚܪܒ: ܢܚܪܒܘܢ \ ܬܚܪܒ: ܢܚܪܒܢ
ܡܚܪܒܐ: ܡܚܪܒܢ	ܠܐܢܬܐ	ܬܚܪܒ: ܬܚܪܒܘܢ \ ܬܚܪܒܝܢ: ܬܚܪܒܢ
	ܩܘܡܐ	ܐܚܪܒ: ܢܚܪܒ

ܦܥܠܐ ܫܡܗܝܐ

ܐܬܚܪܒ

ܡ̈ܬܠܐ

Our enemies destroyed our country - ܒܥܠܕܒܒ̈ܝܢ ܚܪܒܘ ܠܗ ܠܐܬܪܢ

Destroy the temple and plunder its treasures - ܚܪܘܒ ܠܗܝܟܠܐ ܘܒܘܙ ܠܓܙ̈ܘܗܝ

Do not destroy the city walls - ܠܐ ܬܚܪܒܘܢ ܫܘ̈ܪܝ ܡܕܝܢܬܐ

ܙܒܢܐ ܦܘܩܕܢܐ	ܦܪܨܘܦܐ	ܙܒܢܐ ܕܥܒܝܪ
ܚܘܪ: ܚܘܪܝ	ܡܠܒܫܢܐ	ܚܝܪܐ: ܚܝܪܢ \ ܚܝܪܬ: ܚܝܪܬܝ
ܚܘܪܝ: ܚܘܪܝܢ	ܡܕܟܪܐ	ܚܝܪܬ: ܚܝܪܬܘܢ \ ܚܝܪܬܝ: ܚܝܪܬܝܢ
	ܣܓܝܐܐ	ܚܝܪܐ: ܚܝܪܝܢ \ ܚܝܪܬܐ: ܚܝܪܢ

ܙܒܢܐ ܠܐ ܡܫܠܡܐ		ܙܒܢܐ ܕܐܬܐ
ܡܚܪܐ	ܡܠܒܫܢܐ	ܚܪܐ: ܚܪܘ \ ܚܪܬ: ܚܪܝ
	ܡܕܟܪܐ	ܚܪܬ: ܚܪܬܘܢ \ ܚܪܬܝ: ܚܪܬܝܢ
	ܣܓܝܐܐ	ܚܪܝ: ܚܪܝܢ

ܡܠܬܐ ܥܡܐ ܕܫܡܥܐ		ܙܒܢܐ ܕܓܡܝܪ
-	ܡܠܒܫܢܐ	ܒܚܘܪܐ: ܒܚܘܪܝ \ ܗܚܘܪܐ: ܒܚܘܪܝ
-	ܡܕܟܪܐ	ܗܚܘܪܐ: ܗܚܘܪܝ \ ܗܚܘܪܝܢ: ܗܚܘܪܝ
	ܣܓܝܐܐ	ܒܚܘܪܐ: ܒܚܘܪܐ

ܡܠܬܐ ܫܡܗܝܬܐ

ܕܗܗܚܘܪܐ

ܡܬܠܐ

She looked at him with anger - ܚܪܝ ܒܗ ܒܪܘܓܙܐ

Look at me - ܚܘܪ ܒܝ

Do not look back - ܠܐ ܗܚܘܪܝ ܠܒܣܬܪܐ

look ܚܪ ܚܽܪ

ܐܢܐ ܦܫܝܛܐ	ܦܪܨܘܦܐ	ܐܟܢܐ ܕܩܐܡ
ܚܳܪ: ܚܳܪܰܬ݂	ܩܰܕ݂ܡܳܝܳܐ	ܚܳܐܰܪ: ܚܳܝܪܺܝܢ \ ܚܳܝܪܳܐ: ܚܳܝܪ̈ܳܢ
ܚܳܪܘ: ܚܳܪ̈ܝ	ܬܪܰܝܳܢܳܐ	ܚܳܐܪܰܬ݁: ܚܳܝܪܺܝܬܽܘܢ \ ܚܳܝܪܰܬ݁: ܚܳܝܪ̈ܳܬܶܝܢ
	ܬܠܺܝܬܳܝܳܐ	ܚܳܐܪܳܢܳܐ: ܚܳܝܪܺܝܢܰܢ \ ܚܳܝܪܳܢܳܐ: ܚܳܝܪ̈ܳܢܰܢ

ܐܢܐ ܠܐ ܡܫܡܠܝܐ		ܐܟܢܐ ܕܥܒܪ
ܡܚܳܪ	ܩܰܕ݂ܡܳܝܳܐ	ܚܳܪ: ܚܳܪܰܬ݂ \ ܚܳܪ̈ܘ: ܚܳܪ̈ܝ
	ܬܪܰܝܳܢܳܐ	ܚܳܪܰܬ݁: ܚܳܪܬ݁ܽܘܢ \ ܚܳܪܰܬ݁: ܚܳܪܬ݁ܶܝܢ
	ܬܠܺܝܬܳܝܳܐ	ܚܳܪܶܬ݂: ܚܳܪܢܰܢ

ܡܠܬܐ ܡܢܐ ܕܦܘܩܕܢܐ		ܐܟܢܐ ܕܥܬܝܕ
—	ܩܰܕ݂ܡܳܝܳܐ	ܢܚܽܘܪ: ܢܚܽܘܪܽܘܢ \ ܬܚܽܘܪ: ܢܚܽܘܪ̈ܳܢ
—	ܬܪܰܝܳܢܳܐ	ܬܚܽܘܪ: ܬܚܽܘܪܽܘܢ \ ܬܚܽܘܪܺܝܢ: ܬܚܽܘܪ̈ܳܢ
	ܬܠܺܝܬܳܝܳܐ	ܐܶܚܽܘܪ: ܢܚܽܘܪ

ܡܠܬܐ ܢܩܦܬܐ

ܐܶܬ݂ܚܰܪܰܪ

ܡ̈ܬܠܐ

She looked at him with anger - ܚܳܪܰܬ݂ ܒܶܗ ܒܪܽܘܓ݂ܙܳܐ

Look at me - ܚܽܘܪ ܒܝ̱

Do not look back - ܠܳܐ ܬܶܚܽܘܪܽܘܢ ܠܒܶܣܬ݂ܪܳܐ

ܙܢܐ ܦܫܝܛܐ	ܦܪܨܘܦܐ	ܙܒܢܐ ܕܥܒܝܪ
ܚܙܝ: ܚܙܘ	ܩܕܡܝܐ	ܚܙܐ: ܚܙܝܢ \ ܚܙܝܬܐ: ܚܙܬܢ
ܚܙܝ: ܚܙܝܬܘܢ	ܬܪܝܢܐ	ܚܙܝܬ: ܚܙܝܬܘܢ \ ܚܙܝܬܝ: ܚܙܝܬܘܢ
	ܬܠܝܬܝܐ	ܚܙܐ: ܚܙܝܢ \ ܚܙܝܐ: ܚܙܝܢ

ܙܢܐ ܠܐ ܡܫܠܡܢܐ		ܙܒܢܐ ܕܗܫܐ
ܡܚܙܐ	ܩܕܡܝܐ	ܚܙܐ: ܚܙܗ \ ܚܙܝܐ: ܚܙܝ
	ܬܪܝܢܐ	ܚܙܝܬ: ܚܙܝܬܘܢ \ ܚܙܝܬܝ: ܚܙܝܬܘܢ
	ܬܠܝܬܝܐ	ܚܙܝܐ: ܚܙܝܢ

ܡܠܬܐ ܥܡܐ ܕܦܘܩܕܢܐ		ܙܒܢܐ ܕܥܬܝܕ
ܚܙܐ: ܚܙܝܢ	ܩܕܡܝܐ	ܕܚܙܐ: ܕܚܙܘܢ \ ܕܚܙܐ: ܕܚܙܬܢ
ܚܘܐ: ܚܘܬܢ	ܬܪܝܢܐ	ܕܚܙܐ: ܕܚܙܘܢ \ ܕܚܙܝܢ: ܕܚܙܬܢ
	ܬܠܝܬܝܐ	ܕܚܙܐ: ܕܚܙܐ

ܡܠܬܐ ܦܘܩܕܢܐ

ܡܬܚܙܝ

ܡܬܠܐ

See the last page of the book - ܚܙܝ ܦܐܬܐ ܐܚܪܝܬܐ ܕܟܬܒܐ

I still haven't seen my friend - ܗܝܫܐ ܚܙܝܠܝ ܚܒܪܐ ܕܝܠܝ

You will not see sorrow here - ܠܐ ܕܚܙܘܢ ܥܩܬܐ ܗܪܟܐ

ܙܒܢܐ ܕܩܐܡ	ܦܪܨܘܦܐ	ܐܢܐ ܦܥܘܠܐ
ܚܙܐ: ܚܙܝܢ \ ܚܙܝܐ: ܚܙܝܢ	ܠܡܡܠܠܢܐ	ܚܙܝ: ܚܙܘ
ܚܙܐܬ: ܚܙܝܬܘܢ \ ܚܙܝܬܝ: ܚܙܝܬܝܢ	ܠܘܬܝܐ	ܚܙܝ: ܚܙܝܝܢ
ܚܙܐܢܐ: ܚܙܝܢܢ \ ܚܙܝܐܢܐ: ܚܙܝܢܢ	ܡܫܘܚܐ	

ܙܒܢܐ ܕܥܒܪ		ܐܢܐ ܠܐ ܡܫܡܠܝܐ
ܚܙܐ: ܚܙܘ \ ܚܙܬ: ܚܙܝ	ܠܡܡܠܠܢܐ	ܡܚܙܐ
ܚܙܝܬ: ܚܙܝܬܘܢ \ ܚܙܝܬܝ: ܚܙܝܬܝܢ	ܠܘܬܝܐ	
ܚܙܝܬ: ܚܙܝܢ	ܡܫܘܚܐ	

ܙܒܢܐ ܕܥܬܝܕ		ܦܘܩܕܢܐ ܗܢܐ ܕܫܡܥܘܬܐ
ܢܚܙܐ: ܢܚܙܘܢ \ ܬܚܙܐ: ܢܚܙܝܢ	ܠܡܡܠܠܢܐ	ܚܙܐ: ܚܙܝܢ
ܬܚܙܐ: ܬܚܙܘܢ \ ܬܚܙܝܢ: ܬܚܙܝܢ	ܠܘܬܝܐ	ܚܙܝܐ: ܚܙܝܢ
ܐܚܙܐ: ܢܚܙܐ	ܡܫܘܚܐ	

ܦܘܩܕܢܐ ܫܡܥܘܬܐ

ܐܬܚܙܝ

ܡܬܠܐ

See the last page of the book - ܚܙܝ ܦܐܬܐ ܐܚܪܝܬܐ ܕܟܬܒܐ

I still haven't seen my friend - ܥܕܠܐ ܚܙܝܬ ܚܒܪܐ ܕܝܠܝ

You will not see sorrow here - ܠܐ ܬܚܙܐ ܬܡܢ ܥܩܬܐ

ܙܒܢܐ ܩܕܡܝܐ	ܦܪܨܘܦܐ	ܙܒܢܐ ܕܥܒܪ
ܣܘܦܪ: ܣܘܦܪܘܢ	ܡܕܟܪܐ	ܫܘܦܪ: ܫܘܦܪܝ \ ܫܘܦܪܗ: ܫܘܦܪܗܘܢ
ܣܘܦܪ: ܣܘܦܪܝܬܘܢ	ܡܩܒܬܐ	ܫܘܦܪܬ: ܫܘܦܪܬܘܢ \ ܫܘܦܪܬ: ܫܘܦܪܬܘܢ
	ܣܘܓܐܐ	ܫܘܦܪܢܢ: ܫܘܦܪܢ \ ܫܘܦܪܢܐ: ܫܘܦܪܢ

ܙܒܢܐ ܕܦܩܕܢܐ		ܙܒܢܐ ܕܗܫܐ
ܡܣܘܦܪ	ܡܕܟܪܐ	ܣܘܦܪ: ܣܘܦܪܘ \ ܣܘܦܪܝ: ܣܘܦܪܐ
	ܡܩܒܬܐ	ܣܘܦܪܬ: ܣܘܦܪܬܘܢ \ ܣܘܦܪܬ: ܣܘܦܪܬܝܢ
	ܣܘܓܐܐ	ܣܘܦܪܝ: ܣܘܦܪܢ

ܥܡ ܥܒܕܐ ܕܡܫܡܫܢܐ		ܙܒܢܐ ܕܐܬܐ
-	ܡܕܟܪܐ	ܢܣܘܦܪ: ܢܣܘܦܪܘܢ \ ܬܣܘܦܪ: ܢܣܘܦܪܢ
-	ܡܩܒܬܐ	ܬܣܘܦܪ: ܬܣܘܦܪܢ \ ܬܣܘܦܪܝ: ܬܣܘܦܪܢ
	ܣܘܓܐܐ	ܐܣܘܦܪ: ܢܣܘܦܪ

ܡܠܬܐ ܫܡܥܢܝܬܐ

-

ܡܬܠܐ

We travelled to many countries - ܫܘܦܪܢ ܠܐܬܪܘܬܐ ܣܓܝܐܐ

Next year we will travel to Assyria - ܫܢܬܐ ܢܣܘܦܪ ܠܐܬܘܪ

The traveller is always travelling - ܫܘܦܪܐ ܫܘܦܪ ܐܡܝܢܐܝܬ

travel ܣܘܪ ܣܵܐܹܪ

ܐܵܢܵܐ ܦܥܘܿܠܵܐ	ܦܲܪܨܘܿܦܵܐ	ܙܲܒܢܵܐ ܕܩܵܐܹܡ
ܣܵܐܘܿܪ: ܣܵܐܘܿܪܘܿܢ	ܩܲܕܡܵܝܵܐ	ܣܵܐܹܪ: ܣܵܐܪܹܢ \ ܣܵܐܪܵܐ: ܣܵܐܪܲܢ
ܣܵܐܘܿܪ: ܣܵܐܘܿܪܘܼܢ	ܬܪܲܝܵܢܵܐ	ܣܵܐܪܹܬ: ܣܵܐܪܹܬܘܿܢ \ ܣܵܐܪܲܬ: ܣܵܐܪܵܬ̈ܘܿܢ
	ܬܠܝܼܬܵܝܵܐ	ܣܵܐܪܝܼ: ܣܵܐܪܹܝ \ ܣܵܐܪܵܝ: ܣܵܐܪܝܼ

ܐܵܢܵܐ ܠܵܐ ܡܫܲܠܡܵܐ		ܙܲܒܢܵܐ ܕܥܒܲܪ
ܡܣܵܐܪ	ܩܲܕܡܵܝܵܐ	ܣܐܪ: ܣܐܪܗ \ ܣܐܪܝ: ܣܐܪܝ
	ܬܪܲܝܵܢܵܐ	ܣܐܪܬ: ܣܐܪܬܘܢ \ ܣܐܪܬܝ: ܣܐܪܬܘܢ
	ܬܠܝܼܬܵܝܵܐ	ܣܐܪܝ: ܣܐܪܝ

ܦܘܼܩܕܵܢܵܐ ܕܫܘܿܡܠܵܝܵܐ		ܙܲܒܢܵܐ ܕܥܵܬܝܼܕ
–	ܩܲܕܡܵܝܵܐ	ܬܣܐܘܪ: ܬܣܐܪܢ \ ܐܣܐܘܪ: ܬܣܐܪܢ
–	ܬܪܲܝܵܢܵܐ	ܐܣܐܘܪ: ܐܣܐܪܢ \ ܐܣܐܪܝ: ܐܣܐܪܢ
	ܬܠܝܼܬܵܝܵܐ	ܐܣܐܘܪ: ܬܣܐܘܪ

ܡܥܒܪܵܢܵܐ ܫܘܼܬܵܦܵܐ
–

ܡܬܠܐ

We travelled to many countries - ܣܵܐܪܲܢ ܠܐܲܬܪ̈ܘܵܬܵܐ ܣܲܓܝܼܐ̈ܐ

Next year we will travel to Assyria - ܡܚܪ ܬܣܐܘܪ ܠܐܬܘܪ

The traveller is always travelling - ܣܵܐܘܿܪܵܐ ܣܵܐܹܪ ܐܡܝܼܢܵܐܝܼܬ

ܙܒܢܐ ܕܥܒܝܪ	ܦܪ̈ܨܘܦܐ	ܙܒܢܐ ܦܫܝܛܐ
ܚܝܹܬ: ܚܝܝܬ \ ܚܝܢܢ: ܚܝܢ	ܡܡܲܠܠܵܢܵܐ	ܚܝܝ: ܚܝܘ
ܚܝܬ: ܚܝܬܘܢ \ ܚܝܬܝ: ܚܝܬܝܢ	ܡܨܲܬܝܵܢܵܐ	ܚܝܝ: ܚܝܝܢ
ܚܝܐ: ܚܝܘ \ ܚܝܬ: ܚܝܝ	ܫܪܵܟܵܢܵܐ	

ܙܒܢܐ ܕܗܫܐ		ܙܒܢܐ ܠܐ ܡܫܡܠܝܐ
ܚܝܐ: ܚܝܐ \ ܚܝܝ: ܚܝܢ	ܡܡܲܠܠܵܢܵܐ	ܚܝܝܐ
ܚܝܬ: ܚܝܬܘܢ \ ܚܝܬܝ: ܚܝܬܝܢ	ܡܨܲܬܝܵܢܵܐ	
ܚܝܝܢ: ܚܝܝܢ	ܫܪܵܟܵܢܵܐ	

ܙܒܢܐ ܕܡܩܒܠ		ܡܠܬܐ ܥܡܐ ܕܫܪܝܪܐ
ܐܚܐ: ܢܚܘܢ \ ܬܚܐ: ܢܚܝܢ	ܡܡܲܠܠܵܢܵܐ	ܢܚܐ: ܢܚܝܘܢ
ܬܚܐ: ܬܚܘܢ \ ܬܚܝܢ: ܬܚܝܢ	ܡܨܲܬܝܵܢܵܐ	ܢܚܢ: ܢܚܝܢ
ܢܚܐ: ܢܚܐ	ܫܪܵܟܵܢܵܐ	

ܡܠܐ ܫܪܝܪܐ

-

ܡܬ̈ܠܐ

All the animals are alive - ܟܠܗܝܢ ܚܝ̈ܘܬܐ ܚܝܝܢ ܚܝܝܢ

King Abgar lived in Edessa - ܡܲܠܟܵܐ ܐܵܒܓܲܪ ܚܝܐ ܒܐܘܪܗܝ

Live with us in one house - ܚܝܘ ܥܡܢ ܒܒܝܬ ܚܕܐ

ܙܒܢܐ ܕܥܒܪ	ܦܪܨܘܦܐ	ܙܢܐ ܦܥܘܠܐ
ܚܝ̈ܳܐ: ܚܳܝܶܐ \ ܚܝܳܐ: ܚܝ̈ܶܐ	ܠܰܓܒܪܳܐ	ܚܰܝ: ܚܰܝܘ
ܚܝ̈ܰܬ: ܚܳܝܬܶܗ \ ܚܝܰܬ: ܚܝܬ̈ܶܝܢ	ܠܐܰܢ̱ܬܬܳܐ	ܚܝܺ: ܚܝ̈ܶܝܢ
ܚܝ̈ܳܢܳܐ: ܚܳܝܶܢ \ ܚܝܳܢܳܐ: ܚܝ̈ܶܢ	ܩܰܪܝܒܳܐ	

ܙܒܢܐ ܕܐܬܐ		ܙܢܐ ܠܐ ܡܫܠܡܐ
ܚܝܳܐ: ܚܰܝܘ \ ܚܝܶܐ: ܚܰܝ̈ܢ	ܠܰܓܒܪܳܐ	ܚܝܳܐ
ܚܰܝܬ: ܚܰܝܬܶܗ \ ܚܰܝܬܝ: ܚܰܝܬ̈ܶܝܢ	ܠܐܰܢ̱ܬܬܳܐ	
ܚܝ̈ܶܢ: ܚܰܝܢܰܢ	ܩܰܪܝܒܳܐ	

ܙܒܢܐ ܕܩܐܡ		ܡܢܬ ܫܡܐ ܕܚܘܫܒܐ
ܢܶܚ̈ܶܐ: ܢܶܚܘܢ \ ܬܶܚ̈ܶܐ: ܢܶܚ̈ܶܝܢ	ܠܰܓܒܪܳܐ	ܚܰܝ: ܚܳܐܶܝܢ
ܬܶܚ̈ܶܐ: ܬܶܚܘܢ \ ܬܶܚ̈ܶܝܢ: ܬܶܚ̈ܶܝܢ	ܠܐܰܢ̱ܬܬܳܐ	ܚܝܳܐ: ܚܳܝ̈ܳܢ
ܐܶܚ̈ܶܐ: ܢܶܚ̈ܶܐ	ܩܰܪܝܒܳܐ	

ܡܢܬܐ ܚܘܫܒܝܐ

—

ܡܠ̈ܐ

All the animals are alive - ܟܽܠܗܽܝܢ ܚܰܝܘ̈ܳܬܳܐ ܚܰܝ̈ܳܢ ܐܶܢ̈ܶܝܢ

King Abgar lived in Edessa - ܡܰܠܟܳܐ ܐܰܒܓܰܪ ܚܝܳܐ ܒܐܽܘܪܗܳܝ

Live with us in one house - ܚܝܘ ܥܰܡܰܢ ܒܚܰܕ ܒܰܝܬܳܐ

dream ܚܠܡ ܚܠܡ

ܙܒܢܐ ܦܫܝܛܐ	ܦܪ̈ܨܘܦܐ	ܙܒܢܐ ܕܥܒܝܪ
ܚܠܘܡ: ܚܠܘܡܘܗܝ	ܡܠܒܫܢܐ	ܚܠܝܡ: ܚܠܡܝܢ \ ܚܠܡܬܐ: ܚܠܡܬܢ
ܚܠܘܡܢ: ܚܠܘܡܝܬܝ	ܡܕܢܢܐ	ܚܠܡܬ:ܚܠܡܝܬܘܢ \ ܚܠܡܬܝ:ܚܠܡܬܘܢ
	ܒܕܡܢܐ	ܚܠܝܡܐ: ܚܠܡܝܢ \ ܚܠܡܐ: ܚܠܡܢ

ܙܒܢܐ ܠܐ ܡܫܠܡܐ		ܙܒܢܐ ܕܐܬܐ
ܡܚܠܡ	ܡܠܒܫܢܐ	ܚܠܡ: ܚܠܡܘܢ \ ܚܠܡܝ: ܚܠܡܬ
	ܡܕܢܢܐ	ܚܠܡܬ:ܚܠܡܬܘܢ \ ܚܠܡܬܝ:ܚܠܡܬܘܢ
	ܒܕܡܢܐ	ܚܠܡܐ: ܚܠܡܝܢ

ܡܠܬܐ ܥܡܐ ܕܫܘܥܠܐ		ܙܒܢܐ ܕܦܩܕܐ
-	ܡܠܒܫܢܐ	ܝܚܠܘܡ: ܝܚܠܡܘܢ \ ܢܚܠܘܡ: ܝܚܠܡܐ
-	ܡܕܢܢܐ	ܬܚܠܘܡ:ܬܚܠܡܘܢ \ ܬܚܠܡܝܢ:ܬܚܠܡܐ
	ܒܕܡܢܐ	ܢܚܠܘܡ: ܢܚܠܘܡ

ܡܠܬܐ ܫܘܥܠܐ

—

ܡܬܠܐ

I didn't dream when I slept - ܠܐ ܚܠܡܝ ܟܕ ܕܡܟܝ

Man dreams of everlasting life - ܒܪܢܫܐ ܚܠܡܝܢ ܥܠ ܚܝܐ ܡܬܘܡܝܐ

A dreamer dreams day and night - ܚܠܡܢܐ ܚܠܝܡ ܒܐܝܡܡܐ ܘܒܠܠܝܐ

dream ܚܠܡ ܚܠܡ

ܫܡܐ ܦܥܘܠܐ	ܦܪܨܘܦܐ	ܐܟܢܐ ܕܩܐܡ
ܚܠܘܡ؛ ܚܠܘܡܘܝ	ܐܟܣܢܝܐ	ܚܠܝܡ؛ ܚܠܡܝܢ \ ܚܠܡܐ؛ ܚܠܡܢ
ܚܠܘܡܐ؛ ܚܠܘܡܝܬܐ	ܐܘܡܢܐ	ܚܠܡܬ؛ ܚܠܡܬܘܢ \ ܚܠܡܬܝ؛ ܚܠܡܬܝܢ
	ܩܕܡܝܐ	ܚܠܝܡܢܐ؛ ܚܠܡܝܢܢ \ ܚܠܡܢܐ؛ ܚܠܡܢܢ

ܐܢܐ ܠܐ ܡܫܠܡܢܐ		ܐܟܢܐ ܕܥܒܪ
ܡܚܠܡ	ܐܟܣܢܝܐ	ܚܠܡ؛ ܚܠܡܘ \ ܚܠܡܬ؛ ܚܠܡܝ
	ܐܘܡܢܐ	ܚܠܡܬ؛ ܚܠܡܬܘܢ \ ܚܠܡܬܝ؛ ܚܠܡܬܝܢ
	ܩܕܡܝܐ	ܚܠܡܬ؛ ܚܠܡܢ

ܡܬܠܝ ܡܢܐ ܕܫܡܘܥܐ		ܐܟܢܐ ܕܐܬܐ
–	ܐܟܣܢܝܐ	ܢܚܠܘܡ؛ ܢܚܠܡܘܢ \ ܬܚܠܘܡ؛ ܢܚܠܡܢ
–	ܐܘܡܢܐ	ܬܚܠܘܡ؛ ܬܚܠܡܘܢ \ ܬܚܠܡܝܢ؛ ܬܚܠܡܢ
	ܩܕܡܝܐ	ܐܚܠܘܡ؛ ܢܚܠܘܡ

ܡܬܠܝܐ ܫܡܘܥܝܐ
–

ܡ̈ܬܠܐ

I didn’t dream when I slept - ܠܐ ܚܠܡܬ ܟܕ ܕܡܟܬ

Man dreams of everlasting life - ܒܪܢܫܐ ܚܠܡ ܥܠ ܚܝܐ ܡܠܘܡܝܐ

A dreamer dreams day and night - ܚܠܡܐ ܚܠܡ ܒܠܠܝܐ ܘܐܝܡܡܐ

ܙܒܢܐ ܥܒܝܪܐ	ܦܪܨܘܦܐ	ܙܒܢܐ ܕܗܫܐ
ܚܣܪ: ܚܣܪܘܢ	ܗܠܝܬܢܐ	ܚܣܪ: ܚܣܪܐ \ ܚܣܪ̈ܐ: ܚܣܪ̈ܝ
ܚܣܪܝ: ܚܣܪ̈ܝܢ	ܗܕܢ̈ܝܐ	ܚܣܪܬ: ܚܣܪܝܬܘܢ \ ܚܣܪܬܝ: ܚܣܪܬܘܢ
	ܡܡܠܠܢܐ	ܚܣܪ̈ܢܐ: ܚܣܪܝܢ \ ܚܣܪ̈ܢܐ: ܚܣܪ̈ܝܢ

ܙܒܢܐ ܠܐ ܡܫܠܡܐ		ܙܒܢܐ ܕܐܬܐ
ܡܚܣܪ	ܗܠܝܬܢܐ	ܚܣܪ: ܚܣܪܘ \ ܚܣܪܝ: ܚܣܪܝ
	ܗܕܢ̈ܝܐ	ܚܣܪܬ: ܚܣܪܬܘܢ \ ܚܣܪܬܝ: ܚܣܪܬܘܢ
	ܡܡܠܠܢܐ	ܚܣܪܝ: ܚܣܪܢ

ܠܗ ܥܡܐ ܕܫܡܘܥܬܐ		ܙܒܢܐ ܦܩܘܕܝܐ
ܚܣܝܪ: ܚܣܝܪܝܢ	ܗܠܝܬܢܐ	ܡܚܣܪ: ܡܚܣܪܘܢ \ ܡܚܣܪ: ܡܚܣܪ̈ܝ
ܚܣܝܪ̈ܐ: ܚܣܝܪ̈ܝ	ܗܕܢ̈ܝܐ	ܡܚܣܪ: ܡܚܣܪܘܢ \ ܡܚܣܪܝܢ: ܡܚܣܪ̈ܝ
	ܡܡܠܠܢܐ	ܡܚܣܪ: ܡܚܣܪ

ܡܠܬܐ ܫܡܘܥܬܐ

—

ܡܬܠܐ

Our team lost the competition - ܓܘܕܢ ܚܣܪܠܗ ܠܡܘܪܝܐ

The army is losing the battle - ܚܝܠܐ ܚܣܪ ܝܠܗ ܩܪܒܐ

We lost everything we had - ܚܣܪܠܢ ܟܠ ܡܕܡ ܕܐܝܬ ܗܘܐ ܠܢ

ܐܢܐ ܦܥܘܠܐ	ܦܪܨܘܦܐ	ܐܚܝܢܐ ܕܩܐܡ
ܚܣܰܪ: ܚܣܰܪܘ	ܬܠܝܬܝܐ	ܡܚܣܰܪ: ܡܚܣܪܝܢ \ ܡܚܣܪܐ: ܡܚܣ̈ܪܢ
ܚܣܰܪܝ: ܚܣ̈ܪܝܢ	ܬܪܝܢܝܐ	ܡܚܣܪܬ: ܡܚܣܪܝܬܘܢ \ ܡܚܣܪܬܝ: ܡܚܣ̈ܪܬܝܢ
	ܩܕܡܝܐ	ܡܚܣܪܢܐ: ܡܚܣܪܝܢܢ \ ܡܚܣܪܢܐ: ܡܚܣ̈ܪܢܢ

ܐܢܐ ܠܐ ܡܫܡܠܝܐ	ܦܪܨܘܦܐ	ܐܚܝܢܐ ܕܥܒܪ
ܡܚܣܰܪ	ܬܠܝܬܝܐ	ܚܣܰܪ: ܚܣܰܪܘ \ ܚܣܪܰܬ: ܚܣ̈ܰܪܝ
	ܬܪܝܢܝܐ	ܚܣܰܪܬ: ܚܣܰܪܬܘܢ \ ܚܣܰܪܬܝ: ܚܣܰܪܬܝܢ
	ܩܕܡܝܐ	ܚܣܪܶܬ: ܚܣܰܪܢ

ܬܚܒܝ ܗܘܐ ܕܫܘܩܠܐ	ܦܪܨܘܦܐ	ܐܚܝܢܐ ܕܥܬܝܕ
ܚܣܘܪ: ܚܣܘܪܘܢ	ܬܠܝܬܝܐ	ܢܶܚܣܰܪ: ܢܶܚܣܪܘܢ \ ܬܶܚܣܰܪ: ܢܶܚܣ̈ܪܢ
ܚܣܘܪܝ: ܚܣܘܪ̈ܝܢ	ܬܪܝܢܝܐ	ܬܶܚܣܰܪ: ܬܶܚܣܪܘܢ \ ܬܶܚܣܪܝܢ: ܬܶܚܣ̈ܪܢ
	ܩܕܡܝܐ	ܐܶܚܣܰܪ: ܢܶܚܣܰܪ

ܡܚܒܐ ܫܘܩܠܐ

—

ܡܬ̈ܠܐ

Our team lost the competition - ܓܘܕܢ ܚܣܪܬ ܠܡܣܘܪܘܬܐ

The army is losing the battle - ܚܝܠܐ ܡܚܣܪ ܠܗ ܐܠܘܬܐ

We lost everything we had - ܚܣܪܢ ܟܠ ܡܕܡ ܕܐܝܬ ܗܘܐ ܠܢ

sink ܛܒܥ **ܛܒܥ**

ܫܡܐ ܩܕܡܝܐ	ܦܪ̈ܨܘܦܐ	ܙܒ̈ܢܐ ܕܫܠܝܡ
ܛܒܥ: ܛܒܥܘܗܝ	ܗܠܒܘܬܐ	ܛܒܥ: ܛܒܥܢ \ ܛܒܥܢ: ܛܒܥܬܢ
ܛܒܥ: ܛܒܥܝܬܘܢ	ܗܕܢܬܐ	ܛܒܥܬ: ܛܒܥܬܘܢ \ ܛܒܥܬܝ: ܛܒܥܬܘܢ
	ܡܕܡܢܬܐ	ܛܒܥܢܐ: ܛܒܥܢ \ ܛܒܥܢܐ: ܛܒܥܢ

ܫܡܐ ܕܡܫܡܫܢܐ		ܙܒ̈ܢܐ ܕܗܫܐ
ܡܛܒܥ	ܗܠܒܘܬܐ	ܛܒܥ: ܛܒܥܗ \ ܛܒܝܥܐ: ܛܒܥܐ
	ܗܕܢܬܐ	ܛܒܥܬ: ܛܒܥܬܘܢ \ ܛܒܥܬܝ: ܛܒܥܬܘܢ
	ܡܕܡܢܬܐ	ܛܒܝܥܢ: ܛܒܥܢ

ܡܠܬܐ ܥܡܐ ܕܫܪܫܐ		ܙܒ̈ܢܐ ܕܐܬܐ
ܛܒܘܥ: ܛܒܘܥܘܢ	ܗܠܒܘܬܐ	ܢܛܒܥ: ܢܛܒܥܘܢ \ ܬܛܒܥ: ܢܛܒܥܢ
ܛܒܘܥܝ: ܛܒܘܥܘܢ	ܗܕܢܬܐ	ܬܛܒܥ: ܬܛܒܥܘܢ \ ܬܛܒܥܝܢ: ܬܛܒܥܢ
	ܡܕܡܢܬܐ	ܐܛܒܥ: ܢܛܒܥ

ܡܠܬܐ ܫܪܫܢܝܬܐ

ܐܡܛܒܥ

ܡܬܠܐ

The ships sank in the sea - ܐܠܦ̈ܐ ܛܒܥܐ ܒܝܡܐ

I sank in my sorrow - ܛܒܝܥܝ ܒܟܪܝܐ ܕܝܠܝ

We sank in heavy sleep - ܛܒܥܢ ܒܫܢܬܐ ܝܩܝܪܬܐ

ܐܰܟܢܳܐ ܕܩܳܐܶܡ	ܦܰܪܨܽܘܦܳܐ	ܐܢܳܐ ܦܥܽܘܠܳܐ
ܛܒܰܥ؛ ܛܒܰܥܘ \ ܛܒܰܥܬ؛ ܛܒܰ̈ܥܝ	ܐܰܚܪܳܝܳܐ	ܛܒܰܥ؛ ܛܒܰܥܘ
ܛܒܰܥܬ؛ ܛܒܰܥܬܘܢ \ ܛܒܰܥܬܝ؛ ܛܒܰܥܬܶܝܢ	ܐܘܼܬܳܢܳܐ	ܛܒܰܥܬ؛ ܛܒܰ̈ܥܝ
ܛܒܰܥܶܬ؛ ܛܒܰܥܢ \ ܛܒܶܥܬ؛ ܛܒܰܥܢ	ܩܰܕܡܳܝܳܐ	

ܐܰܟܢܳܐ ܕܥܳܒܰܪ		ܐܢܳܐ ܠܐ ܡܫܰܡܠܝܳܐ
ܛܒܰܥ؛ ܛܒܰܥܘ \ ܛܒܰܥܬ؛ ܛܒܰ̈ܥ	ܐܰܚܪܳܝܳܐ	ܡܶܛܒܰܥ
ܛܒܰܥܬ؛ ܛܒܰܥܬܘܢ \ ܛܒܰܥܬܝ؛ ܛܒܰܥܬܶܝܢ	ܐܘܼܬܳܢܳܐ	
ܛܒܰܥܬ؛ ܛܒܰܥܢ	ܩܰܕܡܳܝܳܐ	

ܐܰܟܢܳܐ ܕܥܳܬܺܝܕ		ܦܽܘܩܳܕ ܡܢܳܐ ܕܫܡܽܘܥܳܐ
ܢܶܛܒܰܥ؛ ܢܶܛܒܥܽܘܢ \ ܬܶܛܒܰܥ؛ ܢܶܛܒ̈ܥܳܢ	ܐܰܚܪܳܝܳܐ	ܛܳܒܰܥ؛ ܛܳܒܥܺܝܢ
ܬܶܛܒܰܥ؛ ܬܶܛܒܥܽܘܢ \ ܬܶܛܒܥܺܝܢ؛ ܬܶܛܒ̈ܥܳܢ	ܐܘܼܬܳܢܳܐ	ܛܳܒܥܳܐ؛ ܛܳܒ̈ܥܳܢ
ܐܶܛܒܰܥ؛ ܢܶܛܒܰܥ	ܩܰܕܡܳܝܳܐ	

ܦܽܘܩܳܕܳܐ ܫܡܽܘܥܳܝܳܐ

ܐܶܬܛܒܰܥ

ܡܬ̈ܠܐ

The ships sank in the sea - ܐܶܠܦ̈ܐ ܛܒܰ̈ܥ ܒܝܰܡܳܐ

I sank in my sorrow - ܛܒܥܶܬ ܒܝܰܡܳܐ ܕܟܰܪܝ

We sank in heavy sleep - ܛܒܰܥܢ ܒܫܶܢܬܳܐ ܥܡܺܝܩܬܳܐ

forget ܛܥܐ ܛܥܵܐ

ܙܒ݂ܢܵܐ ܩܘܼܕܡܵܝܵܐ	ܦܪ̈ܨܘܿܦܹܐ	ܙܒ݂ܢܵܐ ܕܩܵܐܹܡ
ܛܥܹܐ: ܛܥܝܵܐ	ܡܡܲܠܠܵܢܵܐ	ܛܵܥܝܹܢ: ܛܵܥܝܵܢ \ ܛܵܥܹܝܢܲܢ: ܛܵܥܝܵܢܲܢ
ܛܥܹܐ: ܛܥܹܝܠܵܗ̇	ܡܲܕܪܵܫܵܐ	ܛܵܥܹܝܬ: ܛܵܥܝܵܬܝ \ ܛܵܥܹܝܬܘܿܢ: ܛܵܥܝܵܬܘܿܢ
	ܡܫܘܼܬܵܢܵܐ	ܛܵܥܹܐ: ܛܵܥܝܵܐ \ ܛܵܥܹܝܢ: ܛܵܥܝܵܢ

ܙܒ݂ܢܵܐ ܠܵܐ ܡܫܘܼܠܡܵܐ	ܦܪ̈ܨܘܿܦܹܐ	ܙܒ݂ܢܵܐ ܕܥܒ݂ܝܼܪ
ܡܛܥܝܵܐ	ܡܡܲܠܠܵܢܵܐ	ܛܥܹܐ: ܛܥܝܵܐ \ ܛܥܹܝܢ: ܛܥܹܝܢܲܢ
	ܡܲܕܪܵܫܵܐ	ܛܥܹܝܬ: ܛܥܹܝܬܝ \ ܛܥܹܝܬܘܿܢ: ܛܥܹܝܬܘܿܢ
	ܡܫܘܼܬܵܢܵܐ	ܛܥܹܝܠܹܗ: ܛܥܹܝܠܵܗ̇

ܫܡܵܐ ܕܫܘܼܥܠܵܐ	ܦܪ̈ܨܘܿܦܹܐ	ܙܒ݂ܢܵܐ ܕܐܵܬܹܐ
ܛܥܝܵܐ: ܛܥܝܵܬ	ܡܡܲܠܠܵܢܵܐ	ܒܛܵܥܝܹܢ: ܒܛܵܥܝܵܢ \ ܒܛܵܥܹܝܢܲܢ: ܒܛܵܥܝܵܢܲܢ
ܛܥܘܿܢ: ܛܥܘܿܢ	ܡܲܕܪܵܫܵܐ	ܒܛܵܥܹܝܬ: ܒܛܵܥܝܵܬܝ \ ܒܛܵܥܹܝܬܘܿܢ: ܒܛܵܥܝܵܬܘܿܢ
	ܡܫܘܼܬܵܢܵܐ	ܒܛܵܥܹܐ: ܒܛܵܥܝܵܐ

ܫܡܵܐ ܫܘܼܥܠܵܝܵܐ

ܛܥܝܵܬ݂ܵܐ

ܡܸܬ݂ܠܵܐ

We do not forget our promise - ܠܵܐ ܛܵܥܹܝܢܲܢ ܫܘܘܿܕܵܝܲܢ

This man forgets quickly now - ܓܲܒ݂ܪܵܐ ܗܵܢܵܐ ܛܵܥܹܐ ܒܥܓ݂ܲܠ ܗܵܫܵܐ

Do not forget our aim - ܠܵܐ ܛܥܝܘܿܢ ܢܝܼܫܲܢ

forget ܛܥܐ ܛܥܳܐ

ܐܶܢܳܐ ܦܳܥܽܘܠܳܐ	ܦܰܪܨܽܘܦܳܐ	ܙܰܒܢܳܐ ܕܩܳܐܶܡ
ܛܥܺܝ: ܛܥܰܘ	ܡܡܰܠܠܳܐ	ܛܳܥܶܐ: ܛܳܥܶܝܢ \ ܛܳܥܝܳܐ: ܛܳܥܝܳܢ
ܛܥܳܝ: ܛܥܰܝ̈ܢ	ܠܘܳܬܳܢܳܐ	ܛܳܥܶܝܬ: ܛܳܥܶܝܬܽܘܢ \ ܛܳܥܝܳܬܝ: ܛܳܥܝܳܬܶܝܢ
	ܡܰܪܚܩܳܐ	ܛܳܥܶܐ: ܛܳܥܶܝܢ \ ܛܳܥܝܳܐ: ܛܳܥܝܳܢ

ܐܶܢܳܐ ܠܳܐ ܡܫܰܡܠܝܳܐ	ܦܰܪܨܽܘܦܳܐ	ܙܰܒܢܳܐ ܕܥܒܰܪ
ܡܶܛܥܳܐ	ܡܡܰܠܠܳܐ	ܛܥܳܐ: ܛܥܰܘ \ ܛܥܳܬ: ܛܥܰܝ̈
	ܠܘܳܬܳܢܳܐ	ܛܥܰܝܬ: ܛܥܰܝܬܽܘܢ \ ܛܥܰܝܬܝ: ܛܥܰܝܬܶܝܢ
	ܡܰܪܚܩܳܐ	ܛܥܺܝܬ: ܛܥܰܝܢ

ܡܶܠܬܳܐ ܗܳܝ ܕܦܽܘܩܳܕܳܐ	ܦܰܪܨܽܘܦܳܐ	ܙܰܒܢܳܐ ܕܥܳܬܺܝܕ
ܛܳܥܶܐ: ܛܳܥܶܝܢ	ܡܡܰܠܠܳܐ	ܢܶܛܥܶܐ: ܢܶܛܥܽܘܢ \ ܬܶܛܥܶܐ: ܢܶܛܥܝܳܢ
ܛܳܥܝܳܐ: ܛܳܥܝܳܢ	ܠܘܳܬܳܢܳܐ	ܬܶܛܥܶܐ: ܬܶܛܥܽܘܢ \ ܬܶܛܥܶܝܢ: ܬܶܛܥܝܳܢ
	ܡܰܪܚܩܳܐ	ܐܶܛܥܶܐ: ܢܶܛܥܶܐ

ܡܶܠܬܳܐ ܚܰܫܽܘܫܬܳܐ

ܐܶܬܛܥܺܝ

ܡ̈ܬܠܐ

We do not forget our promise - ܠܳܐ ܛܳܥܶܝܢ ܡܽܘܠܟܰܢ

This man forgets quickly now - ܓܰܒܪܳܐ ܗܳܢܳܐ ܛܳܥܶܐ ܒܥܶܓܠܳܐ ܗܳܫܳܐ

Do not forget our aim - ܠܳܐ ܬܶܛܥܽܘܢ ܢܺܝܫܰܢ

ܙܢܵܐ ܦܫܝܼܛܵܐ	ܦܲܪܨܘܿܦܵܐ	ܙܲܒ݂ܢܵܐ ܕܥܒ݂ܝܼܪܵܐ
ܫܩܘܿܠ: ܫܩܘܿܠܘܼܢ	ܡܲܠܝܵܢܵܐ	ܫܩܝܼܠܠܝܼ: ܫܩܝܼܠܵܠܝܼ \ ܫܩܝܼܠܠܲܢ: ܫܩܝܼܠܵܠܲܢ
ܫܩܘܿܠܝ: ܫܩܘܿܠܡܘܿܢ	ܡܲܨܝܵܢܵܐ	ܫܩܝܼܠܠܘܼܟ: ܫܩܝܼܠܠܵܘܟ݂ܝ \ ܫܩܝܼܠܠܘܼܟ݂ܘܿܢ: ܫܩܝܼܠܵܠܘܼܟ݂ܘܿܢ
	ܢܸܦܩܵܢܵܐ	ܫܩܝܼܠܠܹܗ: ܫܩܝܼܠܠܵܗ̇ \ ܫܩܝܼܠܠܗܘܿܢ: ܫܩܝܼܠܵܠܗܘܿܢ

ܙܢܵܐ ܠܐ ܡܫܲܠܡܵܐ	ܦܲܪܨܘܿܦܵܐ	ܙܲܒ݂ܢܵܐ ܕܗܵܫܵܐ
ܫܩܵܠܵܐ	ܡܲܠܝܵܢܵܐ	ܫܵܩܸܠܢ: ܫܵܩܠܵܢ \ ܫܵܩܠܸܚ: ܫܵܩܠܲܚ
	ܡܲܨܝܵܢܵܐ	ܫܵܩܠܸܬ: ܫܵܩܠܵܬܝ \ ܫܵܩܠܝܼܬܘܿܢ: ܫܵܩܠܝܼܬܘܿܢ
	ܢܸܦܩܵܢܵܐ	ܫܵܩܸܠ: ܫܵܩܠܵܐ

ܥܲܠ ܐܝܼܕܵܐ ܕܥܒ݂ܘܿܕܵܐ	ܦܲܪܨܘܿܦܵܐ	ܙܲܒ݂ܢܵܐ ܕܐܵܬܹܐ
ܫܩܝܼܠܵܐ: ܫܩܝܼܠܬܵܐ	ܡܲܠܝܵܢܵܐ	ܒܸܫܵܩܸܠܢ: ܒܸܫܵܩܠܵܢ \ ܒܸܫܵܩܠܸܚ: ܒܸܫܵܩܠܲܚ
ܫܩܝܼܠܹܐ: ܫܩܝܼܠܝܵܬܹܐ	ܡܲܨܝܵܢܵܐ	ܒܸܫܵܩܠܸܬ: ܒܸܫܵܩܠܵܬܝ \ ܒܸܫܵܩܠܝܼܬܘܿܢ: ܒܸܫܵܩܠܝܼܬܘܿܢ
	ܢܸܦܩܵܢܵܐ	ܒܸܫܵܩܸܠ: ܒܸܫܵܩܠܵܐ

ܦܥܵܠܵܐ ܥܒ݂ܘܿܕܵܝܵܐ

ܡܲܫܩܠܵܢܵܐ

ܡܬܠܐ

I lifted something heavy and it hurt my back - ܫܩܝܼܠܠܝܼ ܡܸܢܕܝܼ ܝܲܩܘܼܪܵܐ ܘܟܐܹܒ݂ܠܹܗ ܚܲܨܝ

The boy lifted his sister on his shoulders - ܝܲܠܕܵܐ ܫܩܝܼܠܠܹܗ ܚܵܬ݂ܹܗ ܥܲܠ ܟܲܬ݂ܦܵܬ݂ܹܗ

The workers are lifting wood - ܦܵܠܚܹܐ ܫܵܩܠܝܼ ܩܲܝܣܹܐ

ܐܵܢܝ ܦܘܼܩܕܵܢܹ̈ܐ	ܦܲܪܨܘܿܦܵܐ	ܙܲܒ݂ܢܵܐ ܕܗܵܫܵܐ
ܛܥܘܿܢ: ܛܥܘܿܢܘܿܢ	ܩܲܕܡܵܝܵܐ	ܛܵܥܹܢ: ܛܵܥܢܹܢ \ ܛܵܥܢܵܐ: ܛܵܥܢܲܚ
ܛܥܘܿܢܝ: ܛܥܘܿܢܹܝܢ	ܬܪܲܝܵܢܵܐ	ܛܵܥܢܸܬ: ܛܵܥܢܝܼܬܘܿܢ \ ܛܵܥܢܵܬܝ: ܛܵܥܢܝܼܬܘܿܢ
	ܬܠܝܼܬܵܝܵܐ	ܛܵܥܢܵܐ: ܛܵܥܹܢ \ ܛܵܥܢܵܐ: ܛܵܥܢܝܼ

ܐܢܐ ܠܐ ܡܫܲܠܡܵܢܵܐ	ܦܲܪܨܘܿܦܵܐ	ܙܲܒ݂ܢܵܐ ܕܥܒ݂ܲܪ
ܡܛܥܸܢ	ܩܲܕܡܵܝܵܐ	ܛܥܸܢ: ܛܥܝܼܢܘܿܢ \ ܛܥܝܼܢܵܐ: ܛܥܝܼܢܲܢ
	ܬܪܲܝܵܢܵܐ	ܛܥܝܼܢܘܼܬ: ܛܥܝܼܢܘܼܬܘܿܢ \ ܛܥܝܼܢܵܬܝ: ܛܥܝܼܢܵܬܘܿܢ
	ܬܠܝܼܬܵܝܵܐ	ܛܥܝܼܢܵܐ: ܛܥܝܼܢܹܐ

ܦܩܕ ܡܐ ܕܫܘܼܒ݂ܵܩܵܐ	ܦܲܪܨܘܿܦܵܐ	ܙܲܒ݂ܢܵܐ ܕܐܵܬܹܐ
ܛܥܘܿܢ: ܛܥܘܿܢܘܿܢ	ܩܲܕܡܵܝܵܐ	ܢܸܛܥܲܢ: ܢܸܛܥܢܘܼܢ \ ܐܸܛܥܲܢ: ܢܸܛܥܢܘܼܢ
ܛܥܘܿܢܵܐ: ܛܥܘܿܢܘܼܢ	ܬܪܲܝܵܢܵܐ	ܐܸܛܥܲܢ: ܐܸܛܥܢܘܼܢ \ ܐܸܛܥܢܝܼܢ: ܐܸܛܥܢܘܼܢ
	ܬܠܝܼܬܵܝܵܐ	ܐܸܛܥܲܢ: ܢܸܛܥܲܢ

ܡܲܨܕܪܵܐ ܫܡܝܵܢܵܐ

ܐܸܛܥܲܢ

ܡܲܬ݂ܠܹ̈ܐ

I lifted something heavy and it hurt my back - ܛܥܸܢܠܝ ܡܸܢܕܝܼ ܝܲܩܘܼܪܵܐ ܘܟܐܹܒ݂ ܚܲܨܝ

The boy lifted his sister on his shoulders - ܛܠܵܐ ܛܥܸܢܠܹܗ ܚܵܬ݂ܹܗ ܥܲܠ ܟܲܬܦܵܬ݂ܹܗ

The workers are lifting wood - ܦܵܥܠܹ̈ܐ ܛܵܥܢܝܼ ܩܲܝܣܹ̈ܐ

ܙܒܢܐ ܕܩܐܝܡ	ܦܪ̈ܨܘܦܐ	ܙܒܢܐ ܦܩܘܕܐ
ܡܘܕܐ: ܡܘܕܝܐ \ ܡܘܕܝܢܐ: ܡܘܕܝܢܐ	ܡܡܠܠܢܐ	ܐܘܕܝ: ܐܘܕܝܘ
ܡܘܕܝܬ: ܡܘܕܝܬܘܢ \ ܡܘܕܝܬܝ: ܡܘܕܝܬܘܢ	ܡܨܬܝܢܐ	ܐܘܕܝ: ܐܘܕܝܬܘܢ
ܡܘܕܐ: ܡܘܕܝܢ \ ܡܘܕܝܐ: ܡܘܕܝܢ	ܡܬܚܙܝܢܐ	

ܙܒܢܐ ܕܥܒܪ		ܙܒܢܐ ܠܐ ܡܣܝܟܐ
ܐܘܕܝ: ܐܘܕܝܘ \ ܐܘܕܝܬܝ: ܐܘܕܝܢ	ܡܡܠܠܢܐ	ܡܘܕܝܘ
ܐܘܕܝܬ: ܐܘܕܝܬܘܢ \ ܐܘܕܝܬܝ: ܐܘܕܝܬܘܢ	ܡܨܬܝܢܐ	
ܐܘܕܝ: ܐܘܕܝܘ	ܡܬܚܙܝܢܐ	

ܙܒܢܐ ܕܥܬܝܕ		ܡܠܬܐ ܥܒܕܐ ܕܫܘܥܒܕܐ
ܬܘܕܐ: ܬܘܕܝܢ \ ܐܘܕܐ: ܬܘܕܝܢ	ܡܡܠܠܢܐ	-
ܐܘܕܐ: ܐܘܕܝܢ \ ܐܘܕܝܐ: ܐܘܕܝܢ	ܡܨܬܝܢܐ	-
ܐܘܕܐ: ܬܘܕܐ	ܡܬܚܙܝܢܐ	

ܡܠܬܐ ܫܡܥܬܐ

ܡܬܐܘܕܝ

ܡ̈ܬܠܐ

Thank him on my behalf - ܐܘܕܝ ܠܗ ܚܠܦܝ

He thanked his friend for the gift - ܐܘܕܝ ܠܚܒܪܗ ܡܛܠ ܡܘܗܒܬܐ

Thank you - ܡܘܕܝ

ܐ̱ܢܐ ܦܳܥܘܽܠܳܐ	ܦܰܪܨܘܽܦܳܐ	ܐܰܝܟܢܳܐ ܕܩܳܐܶܡ
ܐܶܘܕܶܐ: ܐܶܘܕܶܘܗ	ܠܰܓܒܳܝܳܐ	ܡܰܘܕܶܐ: ܡܰܘܕܶܝܢ \ ܡܰܘܕܝܳܐ: ܡܰܘܕܝܳܢ
ܐܶܘܕܶܝܢ: ܐܶܘܕܝ̈ܳܢ	ܠܰܘܳܝܳܐ	ܡܰܘܕܶܝܬ: ܡܰܘܕܶܝܬܽܘܢ \ ܡܰܘܕܝܳܬܝ: ܡܰܘܕܝܳܬܶܝܢ
	ܩܰܕܡܳܝܳܐ	ܡܰܘܕܶܝܢܳܐ: ܡܰܘܕܶܝܢܰܢ \ ܡܰܘܕܝܳܢܳܐ: ܡܰܘܕܝܳܢܰܢ

ܐ̱ܢܐ ܠܐ ܡܫܰܡܠܝܳܐ		ܐܰܝܟܢܳܐ ܕܥܒܰܪ
ܡܰܘܕܝܳܘܗ̈	ܠܰܓܒܳܝܳܐ	ܐܰܘܕܺܝ: ܐܰܘܕܺܝܘ \ ܐܰܘܕܝܰܬ: ܐܰܘܕܺܝ̈
	ܠܰܘܳܝܳܐ	ܐܰܘܕܺܝܬ: ܐܰܘܕܺܝܬܽܘܢ \ ܐܰܘܕܺܝܬܝ: ܐܰܘܕܺܝܬܶܝܢ
	ܩܰܕܡܳܝܳܐ	ܐܰܘܕܺܝܬ: ܐܰܘܕܺܝܢܰܢ

ܫܡܶܗ ܡܥܠܐ ܕܫܘܽܩܳܠܐ		ܐܰܝܟܢܳܐ ܕܥܳܬܺܝܕ
—	ܠܰܓܒܳܝܳܐ	ܢܰܘܕܶܐ: ܢܰܘܕܽܘܢ \ ܬܶܘܕܶܐ: ܢܰܘܕܝܳܢ
—	ܠܰܘܳܝܳܐ	ܬܶܘܕܶܐ: ܬܶܘܕܽܘܢ \ ܬܶܘܕܶܝܢ: ܬܶܘܕܝܳܢ
	ܩܰܕܡܳܝܳܐ	ܐܶܘܕܶܐ: ܢܰܘܕܶܐ

ܫܡܳܐ ܫܘܽܡܗܳܝܳܐ

ܐܶܬܬܰܘܕܺܝ

ܡ̈ܬܠܐ

Thank him on my behalf - ܐܰܘܕܳܘ ܠܶܗ ܚܠܳܦܰܝ

He thanked his friend for the gift - ܐܰܘܕܺܝ ܠܚܰܒܪܶܗ ܥܰܠ ܡܰܘܗܰܒܬܳܐ

Thank you - ܐܰܘܕܺܝ

ܙܒܢܐ ܦܣܘܩܐ	ܦܪܨܘܦܐ	ܙܒܢܐ ܕܥܒܪ
ܕܥ: ܕܥܘ	ܗܠܝܢܐ	ܝܕܥ: ܝܕܥܬ \ ܝܕܥܘ: ܝܕܥ̈ܝ
ܕܥܝ: ܕܥܝܢ	ܡܨܥܝܐ	ܝܕܥܬ: ܝܕܥܬܘܢ \ ܝܕܥܬܝ: ܝܕܥܬܝܢ
	ܡܡܠܠܢܐ	ܝܕܥܬ: ܝܕܥܢ \ ܝܕܥܬ: ܝܕܥܢ

ܙܒܢܐ ܠܐ ܡܣܝܟܐ	ܦܪܨܘܦܐ	ܙܒܢܐ ܕܐܬܐ
ܡܕܥ	ܗܠܝܢܐ	ܢܕܥ: ܢܕܥܘܢ \ ܬܕܥ: ܢܕܥ̈ܢ
	ܡܨܥܝܐ	ܬܕܥ: ܬܕܥܘܢ \ ܬܕܥܝܢ: ܬܕܥ̈ܢ
	ܡܡܠܠܢܐ	ܐܕܥ: ܢܕܥ

ܫܡܐ ܥܒܕܐ ܕܫܡܥܘܢܐ	ܦܪܨܘܦܐ	ܙܒܢܐ ܕܩܐܡ
ܝܕܘܥ: ܝܕܘܥܝܢ	ܗܠܝܢܐ	ܝܕܥ: ܝܕܥܝܢ \ ܝܕܥܐ: ܝܕܥ̈ܢ
ܝܕܘܥܬܐ: ܝܕܘܥ̈ܢ	ܡܨܥܝܐ	ܝܕܥ: ܝܕܥܝܢ \ ܝܕܥܐ: ܝܕܥ̈ܢ
	ܡܡܠܠܢܐ	ܝܕܥ: ܝܕܥ

ܫܡܐ ܚܫܘܫܐ

ܝܬܝܕܥ

ܡ̈ܬܠܐ

I don’t know them - ܠܐ ܝܕܥܢܐ ܠܗܘܢ

I want to know more information - ܨܒܝܢܐ ܠܡܕܥ ܝܬܝܪ ܡܘܕܥܢܘܬܐ

Bar Hebraeus is well known - ܒܪ ܥܒܪܝܐ ܝܕܝܥ ܗܘ

ܫܡܐ ܦܥܘܠܐ	ܦܪܨܘܦܐ	ܙܒܢܐ ܕܩܐܡ
ܝܕܥ: ܝܕܥܐ	ܬܠܝܬܝܐ	ܝܕܥ: ܝܕܥܝܢ \ ܝܕܥܐ: ܝܕܥܢ
ܝܕܥܝܢ: ܝܕܥܢ	ܬܪܝܢܐ	ܝܕܥܬ: ܝܕܥܝܬܘܢ \ ܝܕܥܬܝ: ܝܕܥܬܝܢ
	ܩܕܡܝܐ	ܝܕܥܢܐ: ܝܕܥܝܢܢ \ ܝܕܥܢܐ: ܝܕܥܢܢ

ܫܡܐ ܠܐ ܡܫܡܠܝܐ		ܙܒܢܐ ܕܥܒܪ
ܝܕܝܥ	ܬܠܝܬܝܐ	ܝܕܥ: ܝܕܥܘ \ ܝܕܥܬ: ܝܕܥܝ
	ܬܪܝܢܐ	ܝܕܥܬ: ܝܕܥܬܘܢ \ ܝܕܥܬܝ: ܝܕܥܬܝܢ
	ܩܕܡܝܐ	ܝܕܥܬ: ܝܕܥܢ

ܡܠܟ ܦܩܕܐ ܘܫܘܐܠܐ		ܙܒܢܐ ܕܥܬܝܕ
ܝܕܘܥ: ܝܕܥܝ	ܬܠܝܬܝܐ	ܢܕܥ: ܢܕܥܘܢ \ ܬܕܥ: ܢܕܥܢ
ܝܕܘܥܘ: ܝܕܥܝܢ	ܬܪܝܢܐ	ܬܕܥ: ܬܕܥܘܢ \ ܬܕܥܝܢ: ܬܕܥܢ
	ܩܕܡܝܐ	ܐܕܥ: ܢܕܥ

ܡܨܕܪܐ ܫܡܘܫܝܐ

ܠܡܕܥ

ܡܬ̈ܠܐ

I don’t know them - ܠܐ ܝܕܥܢܐ ܠܗܘܢ

I want to know more information - ܒܥܝܐ ܠܡܕܥ ܝܬܝܪ ܡܘܕܥܢܘܬܐ

Bar Hebraeus is well known - ܒܪ ܥܒܪܝܐ ܝܕܝܥ ܗܘ

ܙܒܢܐ ܩܡܝܐ	ܦܪܨܘܦܐ	ܙܒܢܐ ܕܩܐܡ
ܗܒ: ܗܒܘܢ	ܡܡܠܠܢܐ	ܝܗܒܢ: ܝܗܒܢ \ ܝܗܒܢ: ܝܗܒܚ
ܗܒܝ: ܗܒܝܢ	ܡܨܬܢܐ	ܝܗܒܬ: ܝܗܒܬܘܢ \ ܝܗܒܬܝ: ܝܗܒܬܘܢ
	ܡܕܟܪܢܐ	ܝܗܒ: ܝܗܒܝ \ ܝܗܒܐ: ܝܗܒܝ

ܙܒܢܐ ܠܐ ܡܫܡܠܝܐ		ܙܒܢܐ ܕܥܒܪ
ܝܗܒ	ܡܡܠܠܢܐ	ܝܗܒ: ܝܗܒܗ \ ܝܗܒܝ: ܝܗܒܢ
	ܡܨܬܢܐ	ܝܗܒܬ: ܝܗܒܬܘܢ \ ܝܗܒܬܝ: ܝܗܒܬܘܢ
	ܡܕܟܪܢܐ	ܝܗܒܐ: ܝܗܒܝ

ܫܡܐ ܕܫܘܡܠܐ		ܙܒܢܐ ܕܥܬܝܕ
ܝܗܝܒ: ܝܗܝܒܐ	ܡܡܠܠܢܐ	ܒܝܗܠ: ܒܝܗܠܢ \ ܒܝܗܠ: ܒܝܗܠܚ
ܝܗܝܒܐ: ܝܗܝܒܐ	ܡܨܬܢܐ	ܒܝܗܠ: ܒܝܗܠܢ \ ܒܝܗܠܝ: ܒܝܗܠܚ
	ܡܕܟܪܢܐ	ܒܝܗܠ: ܒܝܗܠ

ܡܠܬܐ ܫܘܡܠܝܐ

ܝܗܝܘܒ

ܡܬܠܐ

The teacher gave a pen to the student - ܡܠܦܢܐ ܝܗܒ ܩܢܝܐ ܠܬܠܡܝܕܐ

Don't give the keys to someone else - ܠܐ ܝܗܒܠܘܢ ܩܠܝܕܐ ܠܚܢܕܢܐ

Give me fresh fruits - ܗܒ ܠܝ ܦܐܪܐ ܪܛܝܒܐ

give ܝܗܒ ܝܗܒ

ܙܒܢܐ ܥܒܝܪܐ	ܦܪܨܘܦܐ	ܐܟܢܐ ܕܩܕܡ
ܗܒ: ܗܒܘܢ	ܩܕܡܝܐ	ܝܗܒ: ܝܗܒܢ \ ܝܗܒܐ: ܝܗܒܢ
ܗܒܝ: ܗܒܝܢ	ܬܪܝܢܐ	ܝܗܒܬ: ܝܗܒܬܘܢ \ ܝܗܒܬܝ: ܝܗܒܬܘܢ
	ܬܠܝܬܝܐ	ܝܗܒܐ: ܝܗܒܝ \ ܝܗܒܐ: ܝܗܒܝ

ܙܒܢܐ ܠܐ ܡܫܠܡܐ		ܐܟܢܐ ܕܗܕܢ
ܬܬܠ	ܩܕܡܝܐ	ܝܗܒ: ܝܗܒܘ \ ܝܗܒܬ: ܝܗܒܢ
	ܬܪܝܢܐ	ܝܗܒܬ: ܝܗܒܬܘܢ \ ܝܗܒܬܝ: ܝܗܒܬܘܢ
	ܬܠܝܬܝܐ	ܝܗܒܬ: ܝܗܒܝ

ܦܩܕ ܗܕܐ ܘܫܘܡܠܝܐ		ܐܟܢܐ ܕܒܬܪ
ܝܗܒ: ܝܗܒܢ	ܩܕܡܝܐ	ܢܬܠ: ܢܬܠܘܢ \ ܬܬܠ: ܢܬܠܢ
ܝܗܒܐ: ܝܗܒܬܢ	ܬܪܝܢܐ	ܬܬܠ: ܬܬܠܘܢ \ ܬܬܠܝ: ܬܬܠܢ
	ܬܠܝܬܝܐ	ܬܬܠ: ܢܬܠ

ܦܩܕܐ ܫܘܡܠܝܐ

ܐܬܝܗܒ

ܡܬ̈ܠܐ

The teacher gave a pen to the student - ܡܠܦܢܐ ܝܗܒ ܩܢܝܐ ܠܬܠܡܝܕܐ

Don’t give the keys to someone else - ܠܐ ܬܬܠܘܢ ܩܠܝܕ̈ܐ ܠܐܚܪܢܐ

Give me fresh fruits - ܗܒ ܠܝ ܦܐܪ̈ܐ ܪ̈ܛܝܒܐ

ܝܙܦ ܝܙܦ borrow

ܙܒܢܐ ܩܕܡܝܐ	ܦܪܨܘܦܐ	ܙܒܢܐ ܕܗܫܐ
ܝܙܦ: ܝܙܦܗ	ܡܡܠܠܢܐ	ܝܙܦ: ܝܙܦܢ \ ܝܙܦܐ: ܝܙܦܢ
ܝܙܦܐ: ܝܙܦܬܢ	ܡܨܝܬܢܐ	ܝܙܦܬ: ܝܙܦܬܘܢ \ ܝܙܦܬܝ: ܝܙܦܬܝܢ
	ܒܕܡܢܐ	ܝܙܦܝ: ܝܙܦܚ \ ܝܙܦܝ: ܝܙܦܚ

ܙܒܢܐ ܠܐ ܡܫܠܡܐ		ܙܒܢܐ ܕܐܬܐ
ܝܙܘܦ	ܡܡܠܠܢܐ	ܒܝܙܦ: ܒܝܙܦܢ \ ܒܝܙܦܐ: ܒܝܙܦܢ
	ܡܨܝܬܢܐ	ܒܝܙܦܬ: ܒܝܙܦܬܘܢ \ ܒܝܙܦܬܝ: ܒܝܙܦܬܝܢ
	ܒܕܡܢܐ	ܒܝܙܦܝ: ܒܝܙܦܚ

ܡܠܬܐ ܥܡܐ ܕܫܡܗܐ		ܙܒܢܐ ܕܥܒܪ
ܝܘܝܦ: ܝܘܝܦܢ	ܡܡܠܠܢܐ	ܝܙܘܦ: ܝܙܘܦܗ \ ܦܝܙܘܦ: ܝܙܘܦܢ
ܝܘܝܦܐ: ܝܘܦܢ	ܡܨܝܬܢܐ	ܦܝܙܘܦ: ܦܝܙܘܦܗ \ ܦܝܙܘܦܢ: ܦܝܙܘܦܢ
	ܒܕܡܢܐ	ܝܙܘܦ: ܝܙܘܦ

ܡܠܬܐ ܫܡܗܝܐ

ܝܙܝܦܐ

ܡܬܠܐ

I borrowed money from my father - ܝܙܦܠܝ ܙܘܙܐ ܡܢ ܒܒܝ

Do not borrow if you will not return - ܠܐ ܝܙܦܬ ܐܢ ܠܐ ܦܪܥܬ

This man is borrowing without permission - ܝܙܦ ܗܢܐ ܓܒܪܐ ܕܠܐ ܦܣܩܐ

ܐܢܐ ܦܥܘܠܐ	ܦܪܨܘܦܐ	ܐܟܢܐ ܕܡܐܬܐ
ܫܐܶܠ، ܫܐܶܠܘܗܝ	ܠܟܒܝܪܐ	ܫܐܶܠ، ܫܐܶܠܝ \ ܫܐܠܐ، ܫܐܠܝ
ܫܐܶܠ، ܫܐܶܠܬܝ	ܠܐܘܟܝܐ	ܫܐܠܬ، ܫܐܠܬܘܗܝ \ ܫܐܠܬ، ܫܐܠܬܝ
	ܡܨܥܝܐ	ܫܐܠܢܐ، ܫܐܠܢܝ \ ܫܐܠܢܐ، ܫܐܠܢܝ

ܐܢܐ ܠܐ ܡܫܡܠܝܐ		ܐܟܢܐ ܕܥܒܕ
ܡܫܐܶܠ	ܠܟܒܝܪܐ	ܫܐܶܠ، ܫܐܠܘ \ ܫܐܠܬ، ܫܐܠܬ
	ܠܐܘܟܝܐ	ܫܐܠܬ، ܫܐܠܬܘܗܝ \ ܫܐܠܬ، ܫܐܠܬܝ
	ܡܨܥܝܐ	ܫܐܠܢ، ܫܐܠܢ

ܦܩܕ ܗܘܐ ܕܫܡܥܐ		ܐܟܢܐ ܕܥܒܕ
ܫܐܠ، ܫܐܠܝ	ܠܟܒܝܪܐ	ܢܫܐܶܠ، ܢܫܐܠܘܗܝ \ ܬܫܐܶܠ، ܢܫܐܠܝ
ܫܐܠܐ، ܫܐܠܝ	ܠܐܘܟܝܐ	ܬܫܐܶܠ، ܬܫܐܠܘܗܝ \ ܬܫܐܠܝ، ܬܫܐܠܝ
	ܡܨܥܝܐ	ܐܫܐܶܠ، ܢܫܐܶܠ

ܡܨܕܪܐ ܫܡܝܬܐ

ܬܫܐܶܠ

ܡ̈ܬܠܐ

I borrowed money from my father - ܫܐܠܬ ܟܣܦܐ ܡܢ ܐܒܝ

Do not borrow if you will not return - ܠܐ ܬܫܐܶܠ، ܐܢ ܠܐ ܡܗܦܟܬ

This man is borrowing without permission - ܫܐܶܠ ܗܢܐ ܓܒܪܐ ܕܠܐ ܦܘܣܩܢܐ

lend ܝܙܦ ܝܵܙܹܦ

ܙܒܢܐ ܩܘܝܡܐ	ܦܲܪܨܘܿܦܵܐ	ܙܒܢܐ ܕܥܒܝܪ
ܝܵܙܹܦ: ܝܵܙܦܵܐ	ܡܡܲܠܠܵܢܵܐ	ܝܙܝܼܦ: ܝܙܝܼܦܵܐ \ ܝܙܝܼܦܵܐ: ܝܙܝܼܦܸܬ
ܝܵܙܦܝܼ: ܝܵܙܦܝܼܬܘܿܢ	ܡܨܲܢܬܵܢܵܐ	ܝܙܝܼܦܘܿܢ: ܝܙܝܼܦܘܿܢܘܿܢ \ ܝܙܝܼܦܸܬܝ: ܝܙܝܼܦܹܬܘܿܢ
	ܒܝܼܕ ܡܢܝܵܢܵܐ	ܝܙܝܼܦܵܐ: ܝܙܝܼܦܵܐ \ ܝܙܝܼܦܵܐ: ܝܙܝܼܦܵܐ

ܙܒܢܐ ܠܐ ܡܫܘܡܠܝܐ	ܦܲܪܨܘܿܦܵܐ	ܙܒܢܐ ܕܐܬܐ
ܝܵܙܦܘܿܢ	ܡܡܲܠܠܵܢܵܐ	ܝܵܙܹܦ: ܝܵܙܦܘܿܢ \ ܝܵܙܦܵܐ: ܝܵܙܦܵܢ
	ܡܨܲܢܬܵܢܵܐ	ܝܵܙܦܘܿܬ: ܝܵܙܦܘܿܬܘܿܢ \ ܝܵܙܦܵܬ: ܝܵܙܦܵܬܘܿܢ
	ܒܝܼܕ ܡܢܝܵܢܵܐ	ܝܵܙܦܝܼ: ܝܵܙܦܝܼ

ܦܘܼܩܕܵܢܵܐ ܕܫܡܗܵܐ	ܦܲܪܨܘܿܦܵܐ	ܙܒܢܐ ܕܦܘܩܕܐ
ܝܙܘܿܦ: ܝܙܘܿܦܝܼ	ܡܡܲܠܠܵܢܵܐ	ܬܝܵܙܹܦ: ܬܝܵܙܦܵܐ \ ܕܝܵܙܹܦ: ܬܝܵܙܦܵܢ
ܝܙܘܿܦܘܼ: ܝܙܘܿܦܘܼܢ	ܡܨܲܢܬܵܢܵܐ	ܕܝܵܙܹܦ: ܕܝܵܙܦܵܐ \ ܕܝܵܙܦܝܼ: ܕܝܵܙܦܵܢ
	ܒܝܼܕ ܡܢܝܵܢܵܐ	ܝܵܙܹܦ: ܬܝܵܙܹܦ

ܫܡܐ ܫܡܗܵܝܵܐ

ܝܸܙܵܦܵܐ

ܡܲܬ̈ܠܹܐ

I will lend you as much as I can - ܝܵܙܹܦ ܠܘܼܟ ܟܡܐ ܕܡܵܨܝܵܢ ܠܝܼ

Do not lend to an ungrateful person - ܠܵܐ ܝܵܙܦܸܬ ܠܐܢܵܫܵܐ ܟܦܘܼܪ ܛܝܒܘܼܬܵܐ

Lenders lend money to the needy - ܝܵܙܘܿܦܹܐ ܝܵܙܦܝܼ ܙܘܼܙܹܐ ܠܡܣܝܼܟܹܢܹܐ

ܐܢܐ ܦܘܩܕܢܐ	ܦܪܨܘܦܐ	ܐܘܢܐ ܕܩܐܡ
ܐܘܙܦ: ܐܘܙܦܘܢ	ܠܚܕܝܐ	ܡܘܙܦ: ܡܘܙܦܢ \ ܡܘܙܦܐ: ܡܘܙܦܢ
ܐܘܙܦܝ: ܐܘܙܦܝܢ	ܠܐܘܬܐ	ܡܘܙܦܬ: ܡܘܙܦܬܘܢ \ ܡܘܙܦܬܝ: ܡܘܙܦܬܝܢ
	ܡܪܝܡܐ	ܡܘܙܦܝܢܐ: ܡܘܙܦܝܢ \ ܡܘܙܦܢܐ: ܡܘܙܦܢ

ܐܢܐ ܠܐ ܡܫܡܫܢܐ	ܦܪܨܘܦܐ	ܐܘܢܐ ܕܥܒܪ
ܡܘܙܦܘ	ܠܚܕܝܐ	ܐܘܙܦ: ܐܘܙܦܘ \ ܐܘܙܦܒ: ܐܘܙܦܢ
	ܠܐܘܬܐ	ܐܘܙܦܠܗ: ܐܘܙܦܠܗܘܢ \ ܐܘܙܦܠܗ: ܐܘܙܦܠܗܝܢ
	ܡܪܝܡܐ	ܐܘܙܦܒ: ܐܘܙܦܢ

ܡܟܝܢ ܫܡܐ ܕܫܘܡܗܐ	ܦܪܨܘܦܐ	ܐܘܢܐ ܕܥܬܝܕ
ܡܘܙܦ: ܡܘܙܦܢ	ܠܚܕܝܐ	ܢܘܙܦ: ܢܘܙܦܘܢ \ ܐܘܙܦ: ܢܘܙܦܢ
ܡܘܙܦܐ: ܡܘܙܦܢ	ܠܐܘܬܐ	ܐܘܙܦ: ܐܘܙܦܘܢ \ ܐܘܙܦܢ: ܐܘܙܦܢ
	ܡܪܝܡܐ	ܐܘܙܦ: ܢܘܙܦ

ܡܚܝܐ ܫܘܡܗܝܐ

ܐܬܐܘܙܦ

ܡܬܠܐ

I will lend you as much as I can - ܐܘܙܦ ܠܘܟ ܗܐ ܕܡܨܝܐ ܠܝ

Do not lend to an ungrateful person - ܠܐ ܐܘܙܦ ܠܟܦܘܪ ܛܝܒܘܬܐ

Lenders lend money to the needy - ܡܘܙܦܢܐ ܡܘܙܦܝ ܙܘܙܐ ܠܡܣܟܢܐ

ܙܒܢܐ ܕܥܒܝܪ	ܦܪܨܘܦܐ	ܙܢܐ ܩܡܝܐ
ܢܝܠܦ: ܢܝܠܦܢ \ ܢܠܦܢ: ܢܠܦܢ	ܡܡܠܠܢܐ	ܝܠܦ: ܝܠܦܐ
ܢܠܦܬ: ܢܠܦܬܘܢ \ ܢܠܦܬ: ܢܠܦܬܝ	ܡܨܬܝܢܐ	ܝܠܦܬ: ܝܠܦܬܝ
ܢܝܠܦܝܢ: ܢܠܦܢ \ ܢܠܦܢ: ܢܠܦܢ	ܡܦܣܝܢܐ	

ܙܒܢܐ ܕܐܬܐ	ܦܪܨܘܦܐ	ܙܢܐ ܠܐ ܡܫܠܡܐ
ܝܠܦ: ܝܠܦܘ \ ܝܠܦܝ: ܝܠܦܬ	ܡܡܠܠܢܐ	ܡܝܠܦ
ܝܠܦܬ: ܝܠܦܬܘܢ \ ܝܠܦܬ: ܝܠܦܬܝ	ܡܨܬܝܢܐ	
ܝܠܦܝ: ܝܠܦܢ	ܡܦܣܝܢܐ	

ܙܒܢܐ ܕܗܫܐ	ܦܪܨܘܦܐ	ܠܝܬ ܥܡܐ ܕܫܡܘܥܐ
ܝܠܦ: ܝܠܦܘܢ \ ܡܝܠܦ: ܝܠܦܢ	ܡܡܠܠܢܐ	ܝܠܦ: ܝܠܦܢ
ܡܝܠܦ: ܡܝܠܦܘܢ \ ܡܝܠܦܢ: ܡܝܠܦܢ	ܡܨܬܝܢܐ	ܝܠܦܢ: ܝܠܦܢ
ܝܠܦ: ܝܠܦ	ܡܦܣܝܢܐ	

ܡܠܬܐ ܫܡܘܥܬܐ

ܡܝܠܦ

ܡܬܠܐ

Students learn in school - ܬܠܡܝܕܐ ܝܠܦܝ ܒܡܕܪܫܬܐ

Today we learned mathematics - ܐܕܝܘܡ ܝܠܦܢ ܡܬܡܛܝܩܐ

Do not learn bad habits - ܠܐ ܡܝܠܦܘܢ ܥܝܕܐ ܒܝܫܐ

learn ܝܠܦ ܝܺܠܶܦ

ܙܢܐ ܦܫܝܛܐ	ܦܪܨܘܦܐ	ܐܟܢܐ ܕܩܐܡ
ܝܶܠܶܦ: ܝܶܠܦܽܘܢ	ܬܠܝܬܝܐ	ܝܳܠܶܦ: ܝܳܠܦܺܝܢ \ ܝܳܠܦܳܐ: ܝܳܠܦܳ̈ܢ
ܝܶܠܦܰܬ: ܝܶܠܦܶ̈ܝ	ܬܪܝܢܐ	ܝܳܠܦܰܬ: ܝܳܠܦܺܝܬܽܘܢ \ ܝܳܠܦܳܬܝ: ܝܳܠܦܳܬܶܝܢ
	ܩܕܡܝܐ	ܝܳܠܶܦܢܳܐ: ܝܳܠܦܺܝܢܰܢ \ ܝܳܠܦܳܢܳܐ: ܝܳܠܦܳܢܰܢ

ܙܢܐ ܠܐ ܡܫܡܠܝܐ		ܐܟܢܐ ܕܥܬܝܕ
ܢܐܠܦ	ܬܠܝܬܝܐ	ܢܶܠܰܦ: ܢܶܠܦܽܘܢ \ ܬܶܠܰܦ: ܢܶܠܦܳܢ
	ܬܪܝܢܐ	ܬܶܠܰܦ: ܬܶܠܦܽܘܢ \ ܬܶܠܦܺܝܢ: ܬܶܠܦܳܢ
	ܩܕܡܝܐ	ܐܶܠܰܦ: ܢܶܠܰܦ

ܡܠܟܐ ܗܘܐ ܕܫܘܩܠܐ		ܐܟܢܐ ܕܗܘܐ
ܝܳܠܶܦ: ܝܳܠܦܺܝܢ	ܬܠܝܬܝܐ	ܢܶܬ݂ܝܠܶܦ: ܢܶܬ݂ܝܠܦܽܘܢ \ ܬܶܬ݂ܝܠܶܦ: ܢܶܬ݂ܝܠܦܳܢ
ܝܳܠܦܳܐ: ܝܳܠܦܳ̈ܢ	ܬܪܝܢܐ	ܬܶܬ݂ܝܠܶܦ: ܬܶܬ݂ܝܠܦܽܘܢ \ ܬܶܬ݂ܝܠܦܺܝܢ: ܬܶܬ݂ܝܠܦܳܢ
	ܩܕܡܝܐ	ܐܶܬ݂ܝܠܶܦ: ܢܶܬ݂ܝܠܶܦ

ܡܠܬܐ ܫܘܠܡܝܬܐ

ܐܶܬ݂ܝܠܶܦ

ܡܬ̈ܠܐ

Students learn in school - ܝܰܠܘ̈ܦܶܐ ܝܳܠܦܺܝܢ ܒܡܰܕ݂ܪܰܫܬܳܐ

Today we learned mathematics - ܝܰܘܡܳܢܳܐ ܝܠܶܦܢ ܚܽܘܫܒܳܢܳܐ

Do not learn bad habits - ܠܳܐ ܬܶܬ݂ܝܰܠܦܽܘܢ ܥܝܳ̈ܕܶܐ ܒܺܝ̈ܫܶܐ

teach ܝܠܦ ܝܰܠܶܦ

ܙܒܢܐ ܥܒܝܪܐ | ܦܪܨܘܦܐ | ܙܒܢܐ ܕܗܫܐ

ܙܒܢܐ ܕܗܫܐ	ܦܪܨܘܦܐ	ܙܒܢܐ ܥܒܝܪܐ
ܡܝܠܦ: ܡܠܦܝܢ \ ܡܠܦܐ: ܡܠܦܢ	ܡܠܒܫܢܐ	ܝܠܦ: ܝܠܦܘܢ
ܡܠܦܬ: ܡܠܦܝܬܘܢ \ ܡܠܦܬܝ: ܡܠܦܬܝܢ	ܡܕܢܢܐ	ܝܠܦܬ: ܝܠܦܬܝܢ
ܡܝܠܦܢܐ: ܡܠܦܝܢܢ \ ܡܠܦܢܐ: ܡܠܦܢܢ	ܡܕܡܢܐ	

ܙܒܢܐ ܕܐܬܐ	ܦܪܨܘܦܐ	ܙܒܢܐ ܕܦܘܩܕܢܐ
ܝܠܦ: ܝܠܦܘܢ \ ܝܠܦܐ: ܝܠܦܢ	ܡܠܒܫܢܐ	ܡܠܦܘܢ
ܝܠܦܬ: ܝܠܦܬܘܢ \ ܝܠܦܬܝ: ܝܠܦܬܝܢ	ܡܕܢܢܐ	
ܝܠܦܢ: ܝܠܦܢܢ	ܡܕܡܢܐ	

ܙܒܢܐ ܕܥܬܝܕ	ܦܪܨܘܦܐ	ܡܠܬܐ ܥܡ ܕܫܡܐ
ܢܝܠܦ: ܢܠܦܘܢ \ ܬܝܠܦ: ܢܠܦܢ	ܡܠܒܫܢܐ	ܡܝܠܦ: ܡܠܦܝܢ
ܬܝܠܦ: ܬܠܦܘܢ \ ܬܠܦܝܢ: ܬܠܦܢ	ܡܕܢܢܐ	ܡܠܦܐ: ܡܠܦܢ
ܐܝܠܦ: ܢܝܠܦ	ܡܕܡܢܐ	

ܡܠܬܐ ܫܡܐ

-

ܡܬܠܐ

A competent teacher teaches diligently - ܡܠܦܢܐ ܡܗܝܪܐ ܡܝܠܦ ܒܚܦܝܛܘܬܐ

Do not teach with negligence - ܠܐ ܬܠܦܘܢ ܒܡܗܡܝܢܘܬܐ

Teach your students - ܝܠܦ ܠܬܠܡܝܕܝܟ

ܙܰܒܢܳܐ ܕܩܳܐܶܡ	ܦܰܪܨܽܘܦܳܐ	ܐܢܐ ܦܥܘܠܐ
ܡܰܠܶܦ؛ ܡܰܠܦܺܝܢ \ ܡܰܠܦܳܐ؛ ܡܰܠܦܳܢ	ܐܰܚܪܳܢܳܐ	ܐܰܠܶܦ؛ ܐܰܠܶܦܘ̱
ܡܰܠܦܰܬ؛ ܡܰܠܦܺܝܬܽܘܢ \ ܡܰܠܦܳܬܝ؛ ܡܰܠܦܳܢܳܬܶܝܢ	ܠܘܳܬܳܐ	ܐܰܠܦܰܬ؛ ܐܰܠܶܦܝ̱
ܡܰܠܦܢܳܐ؛ ܡܰܠܦܺܝܢܰܢ \ ܡܰܠܦܳܢܳܐ؛ ܡܰܠܦܳܢܰܢ	ܡܡܰܠܠܳܐ	

ܙܰܒܢܳܐ ܕܥܒܰܪ		ܐܢܐ ܠܐ ܡܫܰܠܡܐ
ܐܰܠܶܦ؛ ܐܰܠܶܦܘ \ ܐܰܠܦܰܬ؛ ܐܰܠܶܦܝ̈	ܐܰܚܪܳܢܳܐ	ܡܰܠܳܦܽܘ
ܐܰܠܶܦܬ؛ ܐܰܠܶܦܬܽܘܢ \ ܐܰܠܶܦܬܝ؛ ܐܰܠܶܦܬܶܝܢ	ܠܘܳܬܳܐ	
ܐܰܠܦܶܬ؛ ܐܰܠܶܦܢ	ܡܡܰܠܠܳܐ	

ܙܰܒܢܳܐ ܕܥܳܬܺܝܕ		ܡܰܦܩܰܢ ܫܡܐ ܕܫܘܦܪܐ
ܢܰܠܶܦ؛ ܢܰܠܦܽܘܢ \ ܬܰܠܶܦ؛ ܢܰܠܦܳܢ	ܐܰܚܪܳܢܳܐ	ܡܰܠܶܦ؛ ܡܰܠܦܺܝܢ
ܬܰܠܶܦ؛ ܬܰܠܦܽܘܢ \ ܬܰܠܦܺܝܢ؛ ܬܰܠܦܳܢ	ܠܘܳܬܳܐ	ܡܰܠܦܳܐ؛ ܡܰܠܦܳܢ
ܐܰܠܶܦ؛ ܢܰܠܶܦ	ܡܡܰܠܠܳܐ	

ܡܰܠܦܳܢܽܘܬܳܐ ܫܡܗܝܬܐ

—

ܡܬܠܐ

A competent teacher teaches diligently - ܡܰܠܦܳܢܳܐ ܚܟܺܝܡܳܐ ܡܰܠܶܦ ܒܚܦܺܝܛܽܘܬ

Do not teach with negligence - ܠܳܐ ܬܰܠܦܽܘܢ ܒܫܰܡܝܰܢܽܘܬܐ

Teach your students - ܐܰܠܶܦ ܠܬܰܠܡܺܝܕܰܝܟ

ܙܒܢܐ ܥܒܝܪܐ	ܦܪ̈ܨܘܦܐ	ܙܒܢܐ ܕܗܫܐ
ܐܘܩܕ: ܐܘܩܕܘܗܝ	ܬܠܝܬܝܐ	ܡܘܩܕ: ܡܘܩܕܐ \ ܡܘܩܕܐ: ܡܘܩܕ̈ܝ
ܐܘܩܕܝ: ܐܘܩܕܬܘܢ	ܬܪܝܢܐ	ܡܘܩܕܬ: ܡܘܩܕܝܬܘܢ \ ܡܘܩܕܬܝ: ܡܘܩܕܬܘܢ
	ܩܕܡܝܐ	ܡܘܩܕܢܐ: ܡܘܩܕܝܢܢ \ ܡܘܩܕܢܐ: ܡܘܩܕ̈ܝܢܢ

ܙܒܢܐ ܠܐ ܡܫܘܡܠܝܐ	ܦܪ̈ܨܘܦܐ	ܙܒܢܐ ܕܐܬܐ
ܡܘܩܕܘ	ܬܠܝܬܝܐ	ܐܘܩܕ: ܐܘܩܕܘ \ ܐܘܩܕܐ: ܐܘܩܕܝ
	ܬܪܝܢܐ	ܐܘܩܕܬ: ܐܘܩܕܬܘܢ \ ܐܘܩܕܬܝ: ܐܘܩܕܬܘܢ
	ܩܕܡܝܐ	ܐܘܩܕܢ: ܐܘܩܕܝܢ

ܡܠܬܐ ܥܒܕܐ ܕܦܘܩܕܢܐ	ܦܪ̈ܨܘܦܐ	ܙܒܢܐ ܕܡܚܝܒ
ܡܘܩܕ: ܡܘܩܕܝܢ	ܬܠܝܬܝܐ	ܬܐܘܩܕ: ܬܐܘܩܕܘܢ \ ܬܐܘܩܕ: ܬܐܘܩܕ̈ܝ
ܡܘܩܕܐ: ܡܘܩܕ̈ܝ	ܬܪܝܢܐ	ܬܐܘܩܕ: ܬܐܘܩܕܘܢ \ ܬܐܘܩܕܝܢ: ܬܐܘܩܕ̈ܝ
	ܩܕܡܝܐ	ܐܘܩܕ: ܬܐܘܩܕ

ܡܠܬܐ ܫܡܝܢܐ

ܝܡܬܘܩܕ

ܡܬܠܐ

The enemies burned the city with fury - ܒܥܠܕܒ̈ܒܐ ܐܘܩܕܘܗ̇ ܠܡܕܝܢ̈ܬܐ ܒܚܡܬܐ

The fire burned the child's hand - ܢܘܪܐ ܐܘܩܕܠܗ̇ ܐܝܕܐ ܕܝܠܘܕܐ

Do not burn the forest - ܠܐ ܬܐܘܩܕܘܢ ܠܗ ܥܒܐ

burn ܝܩܕ ܐܰܘܩܶܕ

ܙܒܢܐ ܕܩܐܡ	ܦܪܨܘܦܐ	ܐܢܐ ܦܥܘܠܐ
ܡܰܘܩܶܕ: ܡܰܘܩܕܳܐ \ ܡܰܘܩܕܺܝܢ: ܡܰܘܩܕܳܢ	ܩܰܕܡܳܝܳܐ	ܐܰܘܩܶܕ: ܐܰܘܩܕܶܗ
ܡܰܘܩܕܰܬ: ܡܰܘܩܕܳܢܬܘܢ \ ܡܰܘܩܕܳܬܝ: ܡܰܘܩܕܳܢܬܝܢ	ܬܪܰܝܳܢܳܐ	ܐܰܘܩܶܕܝ: ܐܰܘܩܶܕܝܢ
ܡܰܘܩܕܳܢܳܐ: ܡܰܘܩܕܺܝܢܰܢ \ ܡܰܘܩܕܳܢܳܐ: ܡܰܘܩܕܳܢܰܢ	ܬܠܺܝܬܳܝܳܐ	

ܙܒܢܐ ܕܥܒܪ		ܐܢܐ ܠܐ ܡܫܡܠܝܐ
ܐܰܘܩܶܕ: ܐܰܘܩܶܕܘ \ ܐܰܘܩܕܰܬ: ܐܰܘܩܶܕ̈	ܩܰܕܡܳܝܳܐ	ܡܰܘܩܳܕܘ
ܐܰܘܩܶܕܬ: ܐܰܘܩܶܕܬܘܢ \ ܐܰܘܩܶܕܬܝ: ܐܰܘܩܶܕܬܶܝܢ	ܬܪܰܝܳܢܳܐ	
ܐܰܘܩܕܶܬ: ܐܰܘܩܶܕܢ	ܬܠܺܝܬܳܝܳܐ	

ܙܒܢܐ ܕܥܬܝܕ		ܡܠܬܐ ܗܢܐ ܕܫܘܚܠܦܐ
ܢܰܘܩܶܕ: ܢܰܘܩܕܘܢ \ ܬܰܘܩܶܕ: ܢܰܘܩܕܳܢ	ܩܰܕܡܳܝܳܐ	ܡܰܘܩܰܕ: ܡܰܘܩܕܺܝܢ
ܬܰܘܩܶܕ: ܬܰܘܩܕܘܢ \ ܬܰܘܩܕܺܝܢ: ܬܰܘܩܕܳܢ	ܬܪܰܝܳܢܳܐ	ܡܰܘܩܕܳܐ: ܡܰܘܩܕܳܢ
ܐܰܘܩܶܕ: ܢܰܘܩܶܕ	ܬܠܺܝܬܳܝܳܐ	

ܡܠܬܐ ܫܘܚܠܦܐ

ܐܶܬܬܰܘܩܰܕ

ܡ̈ܬܠܐ

The enemies burned the city with fury - ܒܥܶܠܕܒ̈ܳܒܳܐ ܐܰܘܩܶܕܘ ܠܡܕܺܝܢ݇ܬܳܐ ܒܚܶܡܬܳܐ

The fire burned the child’s hand - ܢܘܼܪܳܐ ܐܰܘܩܕܰܬ ܐܺܝܕܳܐ ܕܛܰܠܝܳܐ

Do not burn the forest - ܠܳܐ ܐܰܘܩܶܕܘܢ ܠܶܗ ܥܳܒܳܐ

ܙܢܐ ܦܘܩܕܢܝܐ	ܦܪܨܘܦܐ	ܙܒܢܐ ܕܗܫܐ
ܬܒ: ܬܒܘ	ܬܠܝܬܝܐ	ܝܬܒ: ܝܬܒܝܢ \ ܝܬܒܐ: ܝܬܒܢ
ܬܒܝ: ܬܒܝܢ	ܬܪܝܢܐ	ܝܬܒܬ: ܝܬܒܝܬܘܢ \ ܝܬܒܬܝ: ܝܬܒܬܝܢ
	ܩܕܡܝܐ	ܝܬܒܢܐ: ܝܬܒܝܢܢ \ ܝܬܒܢܐ: ܝܬܒܢܢ

ܙܢܐ ܠܐ ܡܬܚܡܢܐ		ܙܒܢܐ ܕܥܒܪ
ܡܬܒ	ܬܠܝܬܝܐ	ܝܬܒ: ܝܬܒܘ \ ܝܬܒܬ: ܝܬܒܝ
	ܬܪܝܢܐ	ܝܬܒܬ: ܝܬܒܬܘܢ \ ܝܬܒܬܝ: ܝܬܒܬܝܢ
	ܩܕܡܝܐ	ܝܬܒܬ: ܝܬܒܢ

ܫܡܐ ܕܫܘܡܠܝܐ		ܙܒܢܐ ܕܥܬܝܕ
ܝܬܝܒ: ܝܬܝܒܝܢ	ܬܠܝܬܝܐ	ܢܬܒ: ܢܬܒܘܢ \ ܬܬܒ: ܢܬܒܢ
ܝܬܝܒܐ: ܝܬܝܒܢ	ܬܪܝܢܐ	ܬܬܒ: ܬܬܒܘܢ \ ܬܬܒܝܢ: ܬܬܒܢ
	ܩܕܡܝܐ	ܐܬܒ: ܢܬܒ

ܡܠܬܐ ܫܘܚܠܦܬܐ

-

ܡܬ̈ܠܐ

Sit and eat with us - ܬܒ ܘܐܟܘܠ ܥܡܢ

We are sitting on the riverside - ܝܬܒܝܢܢ ܥܠ ܓܦ ܢܗܪܐ

Nineveh sits on the Tigris river - ܢܝܢܘܐ ܝܬܒܐ ܥܠ ܢܗܪܐ ܕܕܩܠܬ

sit ܝܬܒ ܝܬܶܒ

ܐܢܐ ܦܥܘܠܐ | ܦܪܨܘܦܐ | ܐܒܢܐ ܕܡܠܐ

ܝܬܒ؛ ܝܬܒܘܢ | ܩܕܡܝܐ | ܝܬܒܬ؛ ܝܬܒܬ \ ܝܬܒܬ؛ ܝܬܒܢ
ܝܬܒ؛ ܝܬܒܝܢ | ܬܪܝܢܐ | ܝܬܒܬ؛ ܝܬܒܬܘܢ \ ܝܬܒܬܝ؛ ܝܬܒܬܝܢ
| ܬܠܝܬܝܐ | ܝܬܒܢܐ؛ ܝܬܒܢ \ ܝܬܒܢܐ؛ ܝܬܒܢ

ܐܢܐ ܠܐ ܡܫܡܠܝܐ | | ܐܒܢܐ ܕܒܥܕ

ܬܶܒ | ܩܕܡܝܐ | ܬܒ؛ ܝܬܒܘ \ ܬܒܬ؛ ܝܬܒܝ
| ܬܪܝܢܐ | ܝܬܒܬ؛ ܝܬܒܬܘܢ \ ܝܬܒܬܝ؛ ܝܬܒܬܝܢ
| ܬܠܝܬܝܐ | ܬܒܬ؛ ܬܒܢ

ܡܬܒ ܗܫܐ ܕܫܥܬܐ | | ܐܒܢܐ ܕܒܬܪ

ܝܳܬܶܒ؛ ܝܳܬܒܺܝܢ | ܩܕܡܝܐ | ܢܬܒ؛ ܢܬܒܘܢ \ ܬܬܒ؛ ܢܬܒܢ
ܝܳܬܒܳܐ؛ ܝܳܬܒܳܢ | ܬܪܝܢܐ | ܬܬܒ؛ ܬܬܒܘܢ \ ܬܬܒܝܢ؛ ܬܬܒܢ
| ܬܠܝܬܝܐ | ܐܬܒ؛ ܢܬܒ

ܡܛܠܐ ܫܥܬܢܝܐ

—

ܡܬܠܐ

Sit and eat with us - ܬܶܒ ܘܐܟܘܿܠ ܥܰܡܰܢ

We are sitting on the riverside - ܝܳܬܒܺܝܢܰܢ ܥܰܠ ܓܶܦ ܢܰܗܪܳܐ

Nineveh sits on the Tigris river - ܢܺܝܢܘܶܐ ܝܳܬܒܳܐ ܥܰܠ ܢܰܗܪܳܐ ܕܕܶܩܠܰܬ

ܟܬܒ ܟܬܒ write

ܙܒܢܐ ܕܥܒܪ	ܦܪܨܘܦܐ	ܙܢܐ ܦܫܝܛܐ
ܟܬܒܹܬ: ܟܬܲܒܢ \ ܟܬܒܹܬ: ܟܬܲܒܢ	ܡܠܝܠܬܐ	ܟܬܘܿܒ: ܟܬܘܿܒܘܿܢ
ܟܬܲܒܬ: ܟܬܲܒܬܘܿܢ \ ܟܬܲܒܬܝ: ܟܬܲܒܬܹܝܢ	ܡܕܢܢܐ	ܟܬܘܿܒܝ: ܟܬܘܿܒܹܝܢ
ܟܬܲܒ: ܟܬܲܒܘ \ ܟܶܬܒܲܬ: ܟܬܲܒܝ	ܡܕܥܢܐ	

ܙܒܢܐ ܕܦܩܕܐ		ܙܢܐ ܠܐ ܡܫܡܠܝܐ
ܟܬܒ: ܟܬܒܘ \ ܟܬܒܝ: ܟܬܒܢ	ܡܠܝܠܬܐ	ܡܟܬܒ
ܟܬܒܬ: ܟܬܒܬܘܢ \ ܟܬܒܬܝ: ܟܬܒܬܝܢ	ܡܕܢܢܐ	
ܟܬܒܬ: ܟܬܒܢ	ܡܕܥܢܐ	

ܙܒܢܐ ܕܐܬܐ		ܫܡܐ ܥܒܕܐ ܕܫܘܥܠܐ
ܢܟܬܘܿܒ: ܢܟܬܒܘܿܢ \ ܬܟܬܘܿܒ: ܢܟܬܒܢ	ܡܠܝܠܬܐ	ܟܬܝܼܒ: ܟܬܝܼܒܝܼܢ
ܬܟܬܘܿܒ: ܬܟܬܒܘܿܢ \ ܬܟܬܒܝܢ: ܬܟܬܒܢ	ܡܕܢܢܐ	ܟܬܝܼܒܐ: ܟܬܝܼܒܢ
ܐܶܟܬܘܿܒ: ܢܶܟܬܘܿܒ	ܡܕܥܢܐ	

ܫܡܐ ܫܘܥܠܐ
ܠܡܟܬܒ

ܡܬܠܐ

She wrote a letter and not a book - ܟܬܒܼܲܬ ܐܸܓܪܬܵܐ ܘܠܵܐ ܟܬܵܒܵܐ

Write on the blackboard - ܟܬܘܿܒܘܿܢ ܥܲܠ ܠܘܼܚܵܐ ܐܘܼܟܡܵܐ

Different verbs are written here - ܡܸܠܹܐ ܦܥܠܵܢܝܵܬܵܐ ܟܬܝܼܒܵܢ ܗܵܪܟܵܐ

write ܟܬܒ ܟܬܰܒ

ܐܝܟܢܐ ܕܩܐܡ	ܦܪܨܘܦܐ	ܙܢܐ ܦܩܘܕܐ
ܟܬܼܒ: ܟܬܒܝܢ \ ܟܬܒܐ: ܟܬܒ̈ܝ	ܠܒܪܝܐ	ܟܬܘܒ: ܟܬܘܒܘܢ
ܟܬܒܬ: ܟܬܒܬܘܢ \ ܟܬܒܬܝ: ܟܬܒܬ̈ܝ	ܠܘܬܝܐ	ܟܬܘܒ: ܟܬܘ̈ܒܝ
ܟܬܒܢܐ: ܟܬܒܝܢ \ ܟܬܒܢܐ: ܟܬ̈ܒܝܢ	ܩܪܝܒܐ	

ܐܝܟܢܐ ܕܥܒܪ		ܙܢܐ ܠܐ ܡܫܠܡܢܐ
ܟܬܒ: ܟܬܒܗ \ ܟܬ̈ܒܗ: ܟܬܒ̈ܗ	ܠܒܪܝܐ	ܡܟܬܒ
ܟܬܒܬ: ܟܬܒܬܘܢ \ ܟܬܒܬܝ: ܟܬܒ̈ܬܝ	ܠܘܬܝܐ	
ܟܬ̈ܒܢ: ܟܬܒܢ	ܩܪܝܒܐ	

ܐܝܟܢܐ ܕܥܒܕܝܢ		ܦܬܓܡ ܦܩܕܐ ܕܫܡܫܐ
ܢܟܬܘܒ: ܢܟܬܒܘܢ \ ܐܟܬܘܒ: ܢܟܬ̈ܒܝ	ܠܒܪܝܐ	ܟܬܝܒ: ܟܬܝܒܝܢ
ܐܟܬܘܒ: ܐܟܬܒܘܢ \ ܐܟܬܒܝܢ: ܐܟܬ̈ܒܝ	ܠܘܬܝܐ	ܟܬܝܒܐ: ܟܬܝ̈ܒܐ
ܐܟܬܘܒ: ܢܟܬܘܒ	ܩܪܝܒܐ	

ܡܠܬܐ ܫܡܫܢܝܬܐ

ܐܬܟܬܒ

ܡܬ̈ܠܐ

She wrote a letter and not a book - ܟܬܒܠܗ̇ ܐܓܪܬܐ ܘܠܐ ܟܬܒܐ

Write on the blackboard - ܟܬܘܒܘܢ ܥܠ ܠܘܚܐ ܐܘܟܡܐ

Different verbs are written here - ܦ̈ܥܠܐ ܦܪ̈ܝܫܐ ܟܬܝ̈ܒܝ ܗܪܟܐ

ܙܲܒ݂ܢܵܐ ܩܲܕ݂ܡܵܝܵܐ	ܦܲܪܨܘܿܦܵܐ	ܙܲܒ݂ܢܵܐ ܕܗܵܫܵܐ
ܠܒ݂ܘܿܫ: ܠܒ݂ܘܿܫܘܿܢ	ܡܡܲܠܠܵܢܵܐ	ܟܠܵܒ݂ܸܫ: ܟܠܵܒ݂ܫܝܼܢ \ ܟܠܵܒ݂ܫܵܐ: ܟܠܵܒ݂ܫܵܢ
ܠܒ݂ܘܿܫܝ: ܠܒ݂ܘܿܫܡܘܿܢ	ܡܕܲܢܝܵܢܵܐ	ܟܠܵܒ݂ܫܸܬ: ܟܠܵܒ݂ܫܝܼܬܘܿܢ \ ܟܠܵܒ݂ܫܵܬܝ: ܟܠܵܒ݂ܫܵܬܘܿܢ
	ܡܫܲܡܥܵܢܵܐ	ܟܠܵܒ݂ܫܵܢܵܐ: ܟܠܵܒ݂ܫܝܼܵܢ \ ܟܠܵܒ݂ܫܵܢܵܐ: ܟܠܵܒ݂ܫܵܢܵܢ

ܙܲܒ݂ܢܵܐ ܕ ܡܦܲܩܕܵܢܵܐ		ܙܲܒ݂ܢܵܐ ܕܥܒ݂ܝܼܪ
ܡܠܒ݂ܵܫ	ܡܡܲܠܠܵܢܵܐ	ܠܒ݂ܝܼܫ: ܠܒ݂ܝܼܫܘܿܢ \ ܠܒ݂ܝܼܫܝ: ܠܒ݂ܝܼܫܸܢ
	ܡܕܲܢܝܵܢܵܐ	ܠܒ݂ܝܼܫܘܿܬ: ܠܒ݂ܝܼܫܘܿܬܘܿܢ \ ܠܒ݂ܝܼܫܘܿܬܝ: ܠܒ݂ܝܼܫܘܿܬܘܿܢ
	ܡܫܲܡܥܵܢܵܐ	ܠܒ݂ܝܼܫܝܼ: ܠܒ݂ܝܼܫܸܢ

ܡܸܠܬܵܐ ܥܲܡ ܕܫܲܡܵܗܵܐ		ܙܲܒ݂ܢܵܐ ܕܥܬܝܼܕ
ܠܒ݂ܝܼܫ: ܠܒ݂ܝܼܫܝܼܢ	ܡܡܲܠܠܵܢܵܐ	ܝܠܵܒ݂ܸܫ: ܝܠܵܒ݂ܫܘܿܢ \ ܗ݇ܠܵܒ݂ܸܫ: ܝܠܵܒ݂ܫܵܢ
ܠܒ݂ܝܼܫܵܐ: ܠܒ݂ܝܼܫܵܢ	ܡܕܲܢܝܵܢܵܐ	ܗ݇ܠܵܒ݂ܸܫ: ܗ݇ܠܵܒ݂ܫܘܿܢ \ ܗ݇ܠܵܒ݂ܫܝܼܢ: ܗ݇ܠܵܒ݂ܫܵܢ
	ܡܫܲܡܥܵܢܵܐ	ܝܠܵܒ݂ܸܫ: ܝܠܵܒ݂ܸܫ

ܡܸܠܬܵܐ ܫܲܡܵܗܵܐ

ܝܗ݇ܠܒ݂ܝܼܫ

ܡܬ̈ܠܐ

The girls wore beautiful clothes - ܟܲܠܘܿܬ̈ܐ ܠܒ݂ܝܼܫܝ ܠܒ݂ܘܼܫܹ̈ܐ ܫܲܦܝܼܪܹ̈ܐ

The workers wear hats in the rain - ܦܵܠܚܹ̈ܐ ܟܠܵܒ݂ܫܝܼܢ ܟܘܼܦܝܵܬ݂ܵܐ ܒܡܸܛܪܵܐ

I wore gloves in the cold - ܠܒ݂ܝܼܫܠܝܼ ܟܦܵܢ̈ܐ ܕܐܝܼܕܵܐ ܒܩܘܼܪܵܫܵܐ

wear ܠܒܫ ܠܒܫ

ܐܢܐ ܦܥܘܠܐ	ܦܪܨܘܦܐ	ܙܒܢܐ ܕܥܒܪ
ܠܒܫ؛ ܠܒܫܗ̇	ܬܠܝܬܝܐ	ܠܒܫ؛ ܠܒܫܬ ∖ ܠܒܫܘ؛ ܠܒܫ̈ܝ
ܠܒܫ؛ ܠܒܫܬܐ	ܬܪܝܢܐ	ܠܒܫܬ؛ ܠܒܫܬܝ ∖ ܠܒܫܬܘܢ؛ ܠܒܫܬܝܢ
	ܩܕܡܝܐ	ܠܒܫܬ؛ ܠܒܫܬ ∖ ܠܒܫܢ؛ ܠܒܫܢ

ܐܢܐ ܠܐ ܡܫܠܡܢܐ		ܙܒܢܐ ܕܐܬܐ
ܡܠܒܫ	ܬܠܝܬܝܐ	ܠܒܫ؛ ܠܒܫܘ ∖ ܠܒܫܝ؛ ܠܒܫܬ
	ܬܪܝܢܐ	ܠܒܫܝ؛ ܠܒܫܝܗ ∖ ܠܒܫܝܢ؛ ܠܒܫܝܬ
	ܩܕܡܝܐ	ܠܒܫܝ؛ ܠܒܫܢ

ܡܠܬܐ ܗܢܐ ܕܫܡܫܐ		ܙܒܢܐ ܕܩܐܡ
ܠܒܫ؛ ܠܒܫܐ	ܬܠܝܬܝܐ	ܢܠܒܫ؛ ܢܠܒܫܘܢ ∖ ܐܠܒܫ؛ ܢܠܒܫܢ
ܠܒܫܝܢ؛ ܠܒܫܢ	ܬܪܝܢܐ	ܐܠܒܫ؛ ܐܠܒܫܘܢ ∖ ܐܠܒܫܝܢ؛ ܐܠܒܫܢ
	ܩܕܡܝܐ	ܐܠܒܫ؛ ܢܠܒܫ

ܦܩܕܐ ܫܘܡܠܝܐ

ܐܠܒܫ

ܡܬ̈ܠܐ

The girls wore beautiful clothes - ܒܢ̈ܬܐ ܠܒܫ̈ܝ ܠܒܘ̈ܫܐ ܫܦܝܪ̈ܐ

The workers wear hats in the rain - ܦܥ̈ܠܐ ܠܒܫܝܢ ܟܘܒ̈ܥܐ ܒܡܛܪܐ

I wore gloves in the cold - ܠܒܫܬ ܒܝ̈ܬ ܐܝ̈ܕܐ ܒܩܘܪܫܐ

ܫܡܐ ܦܥܘܠܐ | ܦܪ̈ܨܘܦܐ | ܙܒܢܐ ܕܥܒܝܪ

ܡܝܬܐ: ܡܝܬܬܐ — ܩܕܡܝܐ — ܡܝܬܝ: ܡܝܬܢ \ ܡܝܬܬܝ: ܡܝܬܬܢ
ܡܝ̈ܬܐ: ܡܝ̈ܬܐ — ܬܪܝܢܐ — ܡܝܬܘܟ: ܡܝܬܟܘܢ \ ܡܝܬܬܟܝ: ܡܝܬܟܝܢ
— ܬܠܝܬܝܐ — ܡܝܬܐ: ܡܝܬܝܢ \ ܡܝܬܐ: ܡܝ̈ܬܝܢ

ܫܡܐ ܕܠܐ ܡܫܘܚܬܐ | ܙܒܢܐ ܕܥܬܝܕ

ܡܡܬܐ — ܩܕܡܝܐ — ܡܝܬ: ܡܝܬܘ \ ܡܝܬܬ: ܡܝܬܬܢ
— ܬܪܝܢܐ — ܡܝܬܬ: ܡܝܬܬܘܢ \ ܡܝܬܬܝ: ܡܝܬܬܝܢ
— ܬܠܝܬܝܐ — ܡܝܬܐ: ܡܝܬܝ

ܫܡܐ ܕܫܘܡܠܝܐ | ܙܒܢܐ ܕܦܩܘܕܐ

ܡܝܬ: ܡܝܬܬܐ — ܩܕܡܝܐ — ܢܡܘܬ: ܢܡܘܬܘܢ \ ܬܡܘܬ: ܢܡܘܬܢ
ܡܝ̈ܬܐ: ܡܝ̈ܬܐ — ܬܪܝܢܐ — ܬܡܘܬ: ܬܡܘܬܘܢ \ ܬܡܘܬܝܢ: ܬܡܘܬܢ
— ܬܠܝܬܝܐ — ܢܡܘܬ: ܢܡܘܬ

ܡܠܬܐ ܫܘܡܠܝܐ

ܕܡܡܝܬ

ܡܬܠܐ

Do not die — ܠܐ ܡܡܝܬܬ

Many people will die in the war - ܒ̈ܢܝܢܫܐ ܣܓܝ̈ܐܐ ܒܡܝܬܝ ܒܩܪܒܐ

Thousands are dying because of the plague - ܐܠܦ̈ܐ ܒܡܝܬܝ ܡܛܠ ܡܘܬܢܐ

die ܡܝܬ ܡܺܝܬ

ܙܢܳܐ ܦܽܘܩܳܕܳܐ	ܦܰܪܨܽܘܦܳܐ	ܙܰܒ݂ܢܳܐ ܕܩܳܐܶܡ
ܡܽܘܬ: ܡܽܘܬܽܘܢ	ܬܠܺܝܬܳܝܳܐ	ܡܳܐܶܬ: ܡܳܝܬܺܝܢ \ ܡܳܝܬܳܐ: ܡܳܝܬܳܢ
ܡܽܘܬܝ: ܡܽܘܬܶܝܢ	ܬܪܰܝܳܢܳܐ	ܡܳܐܬܰܬ: ܡܳܝܬܺܝܬܽܘܢ \ ܡܳܝܬܳܬܝ: ܡܳܝܬܳܬܶܝܢ
	ܩܰܕܡܳܝܳܐ	ܡܳܐܬܢܳܐ: ܡܳܝܬܺܝܢܰܢ \ ܡܳܝܬܳܢܳܐ: ܡܳܝܬܳܢܰܢ

ܙܢܳܐ ܠܳܐ ܡܣܰܝܟܳܐ		ܙܰܒ݂ܢܳܐ ܕܥܒ݂ܰܪ
ܡܡܳܬ	ܬܠܺܝܬܳܝܳܐ	ܡܺܝܬ: ܡܺܝܬܘ \ ܡܺܝܬܰܬ: ܡܺܝܬ̈
	ܬܪܰܝܳܢܳܐ	ܡܺܝܬܬ: ܡܺܝܬܬܽܘܢ \ ܡܺܝܬܬܝ: ܡܺܝܬܬܶܝܢ
	ܩܰܕܡܳܝܳܐ	ܡܺܝܬܶܬ: ܡܺܝܬܢ

ܡܶܠܰܬ ܫܡܳܐ ܘܫܽܘܡܳܗܳܐ		ܙܰܒ݂ܢܳܐ ܕܥܬܺܝܕ
ܡܺܝܬ: ܡܺܝܬܺܝܢ	ܬܠܺܝܬܳܝܳܐ	ܢܡܽܘܬ: ܢܡܽܘܬܽܘܢ \ ܬܡܽܘܬ: ܢܡܽܘܬܳܢ
ܡܺܝܬܳܐ: ܡܺܝܬܳܢ	ܬܪܰܝܳܢܳܐ	ܬܡܽܘܬ: ܬܡܽܘܬܽܘܢ \ ܬܡܽܘܬܺܝܢ: ܬܡܽܘܬܳܢ
	ܩܰܕܡܳܝܳܐ	ܐܶܡܽܘܬ: ܢܡܽܘܬ

ܡܶܠܬܳܐ ܫܡܳܗܳܝܬܳܐ

ܐܶܬܬܡܺܝܬ

ܡܬܠܐ

Do not die – ܠܳܐ ܬܡܽܘܬܺܝܢ

Many people will die in the war - ܐ̱ܢܳܫܶܐ ܣܰܓܺܝܐܶܐ ܢܡܽܘܬܽܘܢ ܒܩܪܳܒܳܐ

Thousands are dying because of the plague - ܐܰܠܦܶܐ ܡܳܝܬܺܝܢ ܡܶܛܽܠ ܡܰܘܬܳܢܳܐ

hit ܡܚܐ ܡܚܵܐ

ܙܢܐ ܦܫܝܛܐ	ܦܪܨܘܦܐ	ܙܒܢܐ ܕܩܐܡ
ܡܚܝܬ: ܡܚܝܢܢ	ܩܕܡܝܐ	ܡܚܝܢ: ܡܚܝܢ \ ܡܚܝܢ: ܡܚܝܢܢ
ܡܚܐ: ܡܚܝܠܗܘܢ	ܬܪܝܢܐ	ܡܚܝܬ: ܡܚܝܬܘܢ \ ܡܚܝܬܝ: ܡܚܝܬܘܢ
	ܬܠܝܬܝܐ	ܡܚܝܐ: ܡܚܝܐ \ ܡܚܝܢܐ: ܡܚܝܢܝ

ܙܢܐ ܠܐ ܡܣܝܟܐ		ܙܒܢܐ ܕܐܬܐ
ܡܡܚܐ	ܩܕܡܝܐ	ܡܚܐ: ܡܚܝܗ \ ܡܚܝܐ: ܡܚܝܢ
	ܬܪܝܢܐ	ܡܚܝܬ: ܡܚܝܬܘܢ \ ܡܚܝܬܝ: ܡܚܝܬܝܢ
	ܬܠܝܬܝܐ	ܡܚܝܐ: ܡܚܝܢܝ

ܡܠܬܐ ܥܡܐ ܕܦܘܩܕܢܐ		ܙܒܢܐ ܕܡܛܝܐ
ܡܚܝ: ܡܚܝܢ	ܩܕܡܝܐ	ܝܡܚܐ: ܝܡܚܘܢ \ ܝܡܚܝܐ: ܝܡܚܝܢܢ
ܡܚܝܢ: ܡܚܝܢܢ	ܬܪܝܢܐ	ܬܡܚܐ: ܬܡܚܘܢ \ ܬܡܚܝܢ: ܬܡܚܝܢܢ
	ܬܠܝܬܝܐ	ܢܡܚܐ: ܢܡܚܐ

ܡܠܬܐ ܦܘܩܕܢܐ

ܡܚܵܝܵܐ

ܡܬܠܐ

The thieves hit the poor man - ܓܢܒ̈ܐ ܡܚܘܗ ܠܡܣܟܢܐ

Do not hit children - ܠܐ ܬܡܚܘܢ ܛܠܝ̈ܐ

Two enemies hit each other - ܬܪܝܢ ܒܥܠܕܒܒ̈ܐ ܡܚܝܢ ܚܕ̈ܕܐ

ܐܢܐ ܦܩܘܕܐ	ܦܪܨܘܦܐ	ܐܟܢܐ ܕܩܐܡ
ܡܚܝ؛ ܡܚܘ	ܐܟܒܪܐ	ܡܚܐ؛ ܡܚܝ \ ܡܚܝܐ؛ ܡܚܝܢ
ܡܚܘ؛ ܡܚܘܬܘܢ	ܐܘܢܐ	ܡܚܝܬ؛ ܡܚܝܬܘܢ \ ܡܚܝܬ؛ ܡܚܝܬܝܢ
	ܩܕܡܐ	ܡܚܝܢܐ؛ ܡܚܝܚ \ ܡܚܝܢܐ؛ ܡܚܝܢܚ

ܐܢܐ ܠܐ ܡܣܝܡܐ		ܐܟܢܐ ܕܥܒܪ
ܡܡܚܝܐ	ܐܟܒܪܐ	ܡܚܐ؛ ܡܚܘ \ ܡܚܝܒ؛ ܡܚܝܢ
	ܐܘܢܐ	ܡܚܝܬ؛ ܡܚܝܬܘܢ \ ܡܚܝܬ؛ ܡܚܝܬܝܢ
	ܩܕܡܐ	ܡܚܝܒ؛ ܡܚܝܚ

ܫܡܐ ܡܫܘܚܠܦܐ		ܐܟܢܐ ܕܥܬܝܕ
ܡܚܝܐ؛ ܡܚܝܝ	ܐܟܒܪܐ	ܢܡܚܐ؛ ܢܡܚܘܢ \ ܐܡܚܐ؛ ܢܡܚܝܢ
ܡܚܝܐ؛ ܡܚܝܢ	ܐܘܢܐ	ܐܡܚܐ؛ ܐܡܚܘܢ \ ܐܡܚܝ؛ ܐܡܚܝܢ
	ܩܕܡܐ	ܐܡܚܐ؛ ܢܡܚܐ

ܨܒܝܬܐ ܫܘܡܫܐ

ܐܬܡܚܝ

ܡܬܠܐ

The thieves hit the poor man - ܓܢܒܐ ܡܚܘ ܠܡܣܟܢܐ

Do not hit children - ܠܐ ܐܡܚܝܬܘܢ ܠܝܠܘܕܐ

Two enemies hit each other - ܬܪܝܢ ܒܥܠܕܒܒܐ ܡܚܝ ܚܕܕܐ

ܙܢܵܐ ܦܫܝܼܛܵܐ	ܦܲܪܨܘܿܦܵܐ	ܙܲܒܢܵܐ ܕܩܵܐܹܡ
ܡܲܠܸܠ: ܡܲܠܸܠܘܼܗܝ	ܬܠܝܼܬܵܝܵܐ	ܡܡܲܠܸܠ: ܡܡܲܠܠܵܐ \ ܡܡܲܠܠܝܼ: ܡܡܲܠܠܵܢ
ܡܲܠܸܠ: ܡܲܠܸܠܬܘܿܢ	ܬܪܲܝܵܢܵܐ	ܡܡܲܠܠܹܬ: ܡܡܲܠܠܵܬܝ \ ܡܡܲܠܠܹܬܘܿܢ: ܡܡܲܠܠܵܬܹܢ
	ܩܲܕܡܵܝܵܐ	ܡܡܲܠܸܠܢܵܐ: ܡܡܲܠܠܵܢ \ ܡܡܲܠܠܵܢܵܐ: ܡܡܲܠܠܵܢ

ܙܢܵܐ ܠܵܐ ܡܫܘܼܚܠܦܵܐ	ܦܲܪܨܘܿܦܵܐ	ܙܲܒܢܵܐ ܕܥܒܼܝܼܪܵܐ
ܡܡܲܠܠܘܼ	ܬܠܝܼܬܵܝܵܐ	ܡܲܠܸܠ: ܡܲܠܸܠܗ̇ \ ܡܲܠܸܠܝ: ܡܲܠܸܠܬܹ
	ܬܪܲܝܵܢܵܐ	ܡܲܠܸܠܬ: ܡܲܠܸܠܬܘܿܢ \ ܡܲܠܸܠܬܝ: ܡܲܠܸܠܬܹܝܢ
	ܩܲܕܡܵܝܵܐ	ܡܲܠܸܠܬ: ܡܲܠܸܠܢ

ܠܹܗ ܥܡܵܐ ܕܢܵܥܘܿܬܵܐ	ܦܲܪܨܘܿܦܵܐ	ܙܲܒܢܵܐ ܕܐܵܬܹܐ
ܡܲܠܸܠ: ܡܡܲܠܠܝܼ	ܬܠܝܼܬܵܝܵܐ	ܢܡܲܠܸܠ: ܢܡܲܠܠܘܼܢ \ ܬܡܲܠܸܠ: ܢܡܲܠܠܵܢ
ܡܲܠܸܠܘܼ: ܡܡܲܠܠܵܢ	ܬܪܲܝܵܢܵܐ	ܬܡܲܠܸܠ: ܬܡܲܠܠܘܼܢ \ ܬܡܲܠܠܝܼ: ܬܡܲܠܠܵܢ
	ܩܲܕܡܵܝܵܐ	ܐܸܡܲܠܸܠ: ܢܡܲܠܸܠ

ܡܸܠܬܵܐ ܦܘܼܩܕܵܢܵܐ

ܐܸܬܡܲܠܸܠ

ܡܬܠܐ

He spoke with a loud voice - ܡܲܠܸܠ ܒܩܵܠܵܐ ܪܵܡܵܐ

They are speaking with each other - ܡܡܲܠܠܝܼ ܥܲܡ ܚܕܵܕܹܐ

We will speak in the evening - ܒܪܲܡܫܵܐ ܢܡܲܠܸܠ

ܙܰܒܢܳܐ ܕܥܒܰܪ	ܦܰܪ̈ܨܽܘܦܳܐ	ܐܢܳܐ ܦܥܡܘܪܐ
ܡܡܰܠܶܠ: ܡܡܰܠܠܺܝܢ \ ܡܡܰܠܠܳܐ: ܡܡܰܠܠܳܢ	ܐܰܟ݂ܚܕ݂ܳܐ	ܡܰܠܶܠ: ܡܰܠܠܶܗ̇
ܡܡܰܠܠܰܬ݂: ܡܡܰܠܠܳܬ݂ܝ \ ܡܡܰܠܠܺܝܬܽܘܢ: ܡܡܰܠܠܳܢܶܬܶܝܢ	ܐܘܼܬ݂ܳܐ	ܡܰܠܶܠܬ݂: ܡܰܠܶܠܬܶܝ
ܡܡܰܠܠܰܢܳܐ: ܡܡܰܠܠܳܢܳܐ \ ܡܡܰܠܠܺܝܢܰܢ: ܡܡܰܠܠܳܢܰܢ	ܩܽܕ݂ܡܳܐ	

ܙܰܒܢܳܐ ܕܗܳܫܳܐ		ܐܢܳܐ ܠܐ ܡܫܡܠܝܐ
ܡܰܠܶܠ: ܡܰܠܠܰܬ݂ \ ܡܰܠܶܠܘ: ܡܰܠܶܠܝ	ܐܰܟ݂ܚܕ݂ܳܐ	ܡܡܰܠܠܽܘ
ܡܰܠܶܠܬ݂: ܡܰܠܶܠܬܶܝ \ ܡܰܠܶܠܬܽܘܢ: ܡܰܠܶܠܬܶܝܢ	ܐܘܼܬ݂ܳܐ	
ܡܰܠܶܠܬ݂: ܡܰܠܠܰܢ	ܩܽܕ݂ܡܳܐ	

ܙܰܒܢܳܐ ܕܥܳܬܺܝܕ		ܫܡܳܐ ܗܘܳܐ ܘܫܡܘܥܳܐ
ܢܡܰܠܶܠ: ܬܡܰܠܶܠ \ ܢܡܰܠܠܽܘܢ: ܢܡܰܠܠܳܢ	ܐܰܟ݂ܚܕ݂ܳܐ	ܡܡܰܠܶܠ: ܡܡܰܠܠܳܢܳܐ
ܬܡܰܠܶܠ: ܬܡܰܠܠܺܝܢ \ ܬܡܰܠܠܽܘܢ: ܬܡܰܠܠܳܢ	ܐܘܼܬ݂ܳܐ	ܡܡܰܠܠܽܘ: ܡܡܰܠܠܳܢܽܘܬܳܐ
ܐܡܰܠܶܠ: ܢܡܰܠܶܠ	ܩܽܕ݂ܡܳܐ	

ܫܡܳܐ ܡܫܰܡܗܳܐ

ܐܶܬ݂ܡܰܠܰܠ

ܡ̈ܬܠܐ

He spoke with a loud voice - ܒܩܳܠܳܐ ܪܳܡܳܐ ܡܰܠܶܠ

They are speaking with each other - ܥܰܡ ܚܕ݂ܳܕ݂ܶܐ ܡܡܰܠܠܺܝܢ

We will speak in the evening - ܒܪܰܡܫܳܐ ܢܡܰܠܶܠ

ܙܒܢܐ ܩܕܡܝܐ	ܦܪܨܘܦܐ	ܙܒܢܐ ܕܥܒܪ
ܡܨܐ: ܡܨܘ	ܡܡܠܠܢܐ	ܡܨܝܬ: ܡܨܝܢ \ ܡܨܝܬ: ܡܨܝܢܢ
ܡܨܝܐ: ܡܨܝ̈ܢ	ܡܨܛܬܢܐ	ܡܨܝܬ: ܡܨܝܬܘܢ \ ܡܨܝܬܝ: ܡܨܝܬܝܢ
	ܢܘܟܪܝܐ	ܡܨܐ: ܡܨܝܢܢ \ ܡܨܝܐ: ܡܨܝ̈ܢܢ

ܐܢܐ ܠܐ ܡܫܠܡܐ		ܙܒܢܐ ܕܗܫܐ
ܡܡܨܐ	ܡܡܠܠܢܐ	ܡܨܐ: ܡܨܘ \ ܡܨܝܐ: ܡܨܝ̈ܢ
	ܡܨܛܬܢܐ	ܡܨܝܬ: ܡܨܝܬܘܢ \ ܡܨܝܬܝ: ܡܨܝܬܝܢ
	ܢܘܟܪܝܐ	ܡܨܝܐ: ܡܨܝܢ

ܠܝܬ ܥܒܕܐ ܕܦܘܩܕܢܐ		ܙܒܢܐ ܕܐܬܐ
ܡܨܝ: ܡܨܝܢ	ܡܡܠܠܢܐ	ܢܡܨܐ: ܢܡܨܘܢ \ ܬܡܨܐ: ܢܡܨܝ̈ܢ
ܡܨܝܢܐ: ܡܨܝ̈ܢ	ܡܨܛܬܢܐ	ܬܡܨܐ: ܬܡܨܘܢ \ ܬܡܨܝܢ: ܬܡܨܝ̈ܢ
	ܢܘܟܪܝܐ	ܐܡܨܐ: ܢܡܨܐ

ܫܡܐ ܦܥܘܠܐ

ܢܡܨܝܬ

ܡܬܠܐ

She was not able to eat - ܠܐ ܡܨܝܐ ܕܬܐܟܘܠ

I am able to go - ܡܨܝܢܐ ܠܝ ܕܐܙܠ

You will not be able to look - ܠܐ ܬܡܨܘܢ ܠܡܚܙܐ

be able ܡܨܐ ܡܨܐ

ܐܢܐ ܓܡܝܪܐ	ܦܪܨܘܦܐ	ܙܒܢܐ ܕܥܒܪ
ܡܨܝ؛ ܡܨܘ	ܬܠܝܬܝܐ	ܡܨܐ؛ ܡܨܝܢ \ ܡܨܝܐ؛ ܡܨܝ̈ܢ
ܡܨܝ؛ ܡܨܝ̈ܢ	ܬܪܝܢܐ	ܡܨܝܬ؛ ܡܨܝܬܘܢ \ ܡܨܝܬܝ؛ ܡܨܝܬܝܢ
	ܩܕܡܝܐ	ܡܨܝܬ؛ ܡܨܝܢ \ ܡܨܝܬ؛ ܡܨܝܢ

ܐܢܐ ܠܐ ܡܫܡܠܝܐ		ܙܒܢܐ ܕܗܫܐ
ܡܡܨܐ	ܬܠܝܬܝܐ	ܡܨܐ؛ ܡܨܘ \ ܡܨܝܐ؛ ܡܨܝ̈ܢ
	ܬܪܝܢܐ	ܡܨܝܬ؛ ܡܨܝܬܘܢ \ ܡܨܝܬܝ؛ ܡܨܝܬܝܢ
	ܩܕܡܝܐ	ܡܨܝܢ؛ ܡܨܝܢܢ

ܡܟܝܢ ܗܘܐ ܕܢܗܘܐ		ܙܒܢܐ ܕܥܬܝܕ
ܡܨܐ؛ ܡܨܝܢ	ܬܠܝܬܝܐ	ܢܡܨܐ؛ ܢܡܨܘܢ \ ܬܡܨܐ؛ ܢܡܨܝ̈ܢ
ܡܨܝܐ؛ ܡܨܝ̈ܢ	ܬܪܝܢܐ	ܬܡܨܐ؛ ܬܡܨܘܢ \ ܬܡܨܝܢ؛ ܬܡܨܝ̈ܢ
	ܩܕܡܝܐ	ܐܡܨܐ؛ ܢܡܨܐ

ܡܦܩܕܢܝܬܐ

ܐܬܡܨܝ

ܡܬܠܐ

She was not able to eat - ܠܐ ܡܨܝܐ ܕܬܐܟܘܠ

I am able to go - ܡܨܝܐ ܟܢ ܕܐܙܠ

You will not be able to look - ܠܐ ܬܡܨܘܢ ܠܡܚܙܐ

ܙܢܐ ܦܩܘܕܝܐ	ܦܪܨܘܦܐ	ܙܒܢܐ ܕܥܒܪ
ܡܫܘܚ: ܡܫܘܚܝ	ܡܡܠܠܢܐ	ܡܫܚܬ: ܡܫܚܢ \ ܡܫܚܬ: ܡܫܚܢ
ܡܫܘܚܘ: ܡܫܘܚܝܢ	ܡܨܝܬܢܐ	ܡܫܚܬ: ܡܫܚܬܘܢ \ ܡܫܚܬܝ: ܡܫܚܬܝܢ
	ܐܚܪܢܐ	ܡܫܚܐ: ܡܫܚܘ \ ܡܫܚܬ: ܡܫܚܝ

ܙܢܐ ܠܐ ܡܣܝܟܐ		ܙܒܢܐ ܕܩܐܡ
ܠܡܫܚ	ܡܡܠܠܢܐ	ܡܫܚ: ܡܫܚܐ \ ܡܫܚܢ: ܡܫܚܢ
	ܡܨܝܬܢܐ	ܡܫܚܬ: ܡܫܚܬܘܢ \ ܡܫܚܬܝ: ܡܫܚܬܝܢ
	ܐܚܪܢܐ	ܡܫܚܐ: ܡܫܚܝܢ

ܡܠܬܐ ܫܡܐ ܕܫܘܡܗܐ		ܙܒܢܐ ܕܥܬܝܕ
ܡܫܝܚ: ܡܫܝܚܐ	ܡܡܠܠܢܐ	ܢܡܫܘܚ: ܢܡܫܘܚܘܢ \ ܬܡܫܘܚ: ܢܡܫܚܢ
ܡܫܝܚܬܐ: ܡܫܝܚܬܐ	ܡܨܝܬܢܐ	ܬܡܫܘܚ: ܬܡܫܚܘܢ \ ܬܡܫܚܝܢ: ܬܡܫܚܢ
	ܐܚܪܢܐ	ܐܡܫܘܚ: ܢܡܫܘܚ

ܡܠܬܐ ܫܘܡܗܐ

ܒܡܫܚ

ܡܦܠܬܐ

He measured the length of the land - ܡܫܚ ܐܘܪܟܐ ܕܐܪܥܐ

Measure the height of the building - ܡܫܘܚ ܪܘܡܐ ܕܒܢܝܢܐ

He cannot measure - ܠܐ ܡܨܐ ܠܗ ܠܡܡܫܚ

measure ܡܫܚ ܡܫܰܚ

		ܐܢܐ ܦܽܘܩܳܕܳܐ	ܦܰܪ̈ܨܽܘܦܶܐ	ܐܰܟܢܳܐ ܕܩܳܐܶܡ
ܡܫܽܘܚ: ܡܫܽܘܚܘ	ܠܰܓܒܳܐ	ܡܳܫܰܚ: ܡܳܫܚܺܝܢ \ ܡܳܫܚܳܐ: ܡܳܫܚܳܢ
ܡܫܽܘܚܝ: ܡܫܽܘܚܶܝܢ	ܠܘܳܬܳܐ	ܡܳܫܰܚܬ: ܡܳܫܚܺܝܬܽܘܢ \ ܡܳܫܚܳܬ: ܡܳܫܚܳܬܶܝܢ
	ܩܰܪܺܝܒܳܐ	ܡܳܫܚܳܐ: ܡܳܫܚܺܝܢܰܢ \ ܡܳܫܚܳܐ: ܡܳܫܚܳܢܰܢ

ܐܢܐ ܠܳܐ ܡܫܰܠܡܳܐ		ܐܰܟܢܳܐ ܕܥܒܰܪ
ܡܫܰܚ	ܠܰܓܒܳܐ	ܡܫܰܚ: ܡܫܰܚܘ \ ܡܶܫܚܰܬ: ܡܫܰܚ̈ܝ
	ܠܘܳܬܳܐ	ܡܫܰܚܬ: ܡܫܰܚܬܽܘܢ \ ܡܫܰܚܬܝ: ܡܫܰܚܬܶܝܢ
	ܩܰܪܺܝܒܳܐ	ܡܶܫܚܶܬ: ܡܫܰܚܢ

ܡܶܠܬܳܐ ܗܳܝ ܕܦܳܥܠܳܐ		ܐܰܟܢܳܐ ܕܥܳܬܺܝܕ
ܡܫܺܝܚ: ܡܫܺܝܚܺܝܢ	ܠܰܓܒܳܐ	ܢܶܡܫܽܘܚ: ܢܶܡܫܚܽܘܢ \ ܬܶܡܫܽܘܚ: ܢܶܡܫܚܳܢ
ܡܫܺܝܚܳܐ: ܡܫܺܝ̈ܚܳܢ	ܠܘܳܬܳܐ	ܬܶܡܫܽܘܚ: ܬܶܡܫܚܽܘܢ \ ܬܶܡܫܚܺܝܢ: ܬܶܡܫܚܳܢ
	ܩܰܪܺܝܒܳܐ	ܐܶܡܫܽܘܚ: ܢܶܡܫܽܘܚ

ܡܶܠܬܳܐ ܫܡܳܗܳܝܬܳܐ

ܐܶܬܡܫܰܚ

ܡܬܠܐ

He measured the length of the land - ܡܫܰܚ ܐܽܘܪܟܳܐ ܕܐܰܪܥܳܐ

Measure the height of the building - ܡܫܽܘܚ ܪܽܘܡܳܐ ܕܒܶܢܝܳܢܳܐ

He cannot measure - ܠܳܐ ܡܳܨܶܐ ܗ̱ܘ ܕܢܶܡܫܽܘܚ

keep ܢܛܪ ܢܛܪ

ܙܒܢܐ ܕܩܐܝܡ	ܦܪ̈ܨܘܦܐ	ܙܒܢܐ ܦܫܝܛܐ
ܢܛܪ: ܢܛܪܢ \ ܢܛܪ̈ܐ: ܢܛܪ̈ܢ	ܡܠܠܢܐ	ܢܛܪ: ܢܛܪܘܗܝ
ܢܛܪܬ: ܢܛܪܝܬܘܢ \ ܢܛܪܬܝ: ܢܛܪ̈ܬܘܢ	ܡܨܬܢܢܐ	ܢܛܪܝ: ܢܛܪ̈ܝܢ
ܢܛܪܐ: ܢܛܪܝܐ \ ܢܛܪ̈ܐ: ܢܛܪ̈ܝ	ܥܕܡܢܢܐ	

ܙܒܢܐ ܕܥܒܪ		ܙܒܢܐ ܠܐ ܡܫܡܠܝܐ
ܢܛܪ: ܢܛܪܗ \ ܢܛܪܗ̇: ܢܛܪܝ	ܡܠܠܢܐ	ܡܢܛܪ
ܢܛܪܬ: ܢܛܪܬܘܢ \ ܢܛܪܬܝ: ܢܛܪܬܘܢ	ܡܨܬܢܢܐ	
ܢܛܪܘ: ܢܛܪܝ	ܥܕܡܢܢܐ	

ܙܒܢܐ ܕܐܬܝܕ		ܡܠܬܐ ܥܡܐ ܕܦܘܩܕܢܐ
ܢܛܪ: ܢܛܪܘܢ \ ܢܛܪ: ܢܛܪ̈ܢ	ܡܠܠܢܐ	ܢܛܘܪ: ܢܛܘܪܝܢ
ܢܛܪ: ܢܛܪܘܢ \ ܢܛܪܝ: ܢܛܪ̈ܢ	ܡܨܬܢܢܐ	ܢܛܘܪ̈: ܢܛܘܪ̈ܘܢ
ܢܛܪ: ܢܛܪ	ܥܕܡܢܢܐ	

ܡܠܬܐ ܦܘܩܕܢܝܬܐ

ܕܢܛܪ

ܡܬܠܐ

You must keep (abide by) the law - ܘܠܗ ܕܢܛܪ ܠܢܡܘܣܐ

Keep the key with you - ܢܛܘܪ ܡܦܬܚܐ ܓܒܟ

He didn’t keep his promise - ܠܐ ܢܛܪ ܠܫܘܘܕܝܗ

ܙܒܢܐ ܓܡܝܪܐ	ܦܰܪ̈ܨܘܦܐ	ܐܰܚܢܳܐ ܕܥܒܳܕ
ܢܛܰܪ: ܢܛܰܪܗ̇	ܩܰܕܡܳܝܳܐ	ܢܛܰܪ: ܢܶܛܪܰܬ݂ \ ܢܛܰܪܘ: ܢܛܰܪ̈ܝ
ܢܛܰܪܝ: ܢܛܰܪ̈ܝܢ	ܬܪܰܝܳܢܳܐ	ܢܛܰܪܬ: ܢܛܰܪܬܶܗ̇ \ ܢܛܰܪܬܘܢ: ܢܛܰܪܬܶܝܢ
	ܬܠܺܝܬܳܝܳܐ	ܢܛܰܪܬ݂: ܢܶܛܪܶܬ݂ \ ܢܛܰܪܢ: ܢܛܰܪ̈ܢ

ܙܒܢܐ ܠܐ ܡܫܰܠܡܳܐ	ܦܰܪ̈ܨܘܦܐ	ܐܰܚܢܳܐ ܕܥܒܳܕ
ܢܶܛܰܪ	ܩܰܕܡܳܝܳܐ	ܢܶܛܰܪ: ܢܶܛܪܘܢ \ ܬܶܛܰܪ: ܢܶܛܪ̈ܢ
	ܬܪܰܝܳܢܳܐ	ܢܶܛܪܘܢ: ܢܶܛܪܳܢܶܗ̇ \ ܢܶܛܪܳܢ: ܢܶܛܪܳܢܶܝܢ
	ܬܠܺܝܬܳܝܳܐ	ܬܶܛܰܪ: ܢܶܛܪܳܢ

ܦܘܩܕܢܐ ܘܫܡܐ	ܦܰܪ̈ܨܘܦܐ	ܐܰܚܢܳܐ ܕܥܒܳܕ
ܢܳܛܰܪ: ܢܳܛܪܳܢ	ܩܰܕܡܳܝܳܐ	ܬܶܛܰܪ: ܬܶܛܪܘܢ \ ܐܶܛܰܪ: ܬܶܛܪ̈ܢ
ܢܳܛܪܳܐ: ܢܳܛܪ̈ܢ	ܬܪܰܝܳܢܳܐ	ܐܶܛܰܪ: ܐܶܛܪܘܢ \ ܐܶܛܪܳܢ: ܐܶܛܪ̈ܢ
	ܬܠܺܝܬܳܝܳܐ	ܐܶܛܰܪ: ܬܶܛܰܪ

ܡܰܟܒܳܐ ܫܡܥܝܳܐ

ܐܶܬ݂ܢܛܰܪ

ܡܬ̈ܠܐ

You must keep (abide by) the law - ܠܳܙܶܡ ܕܢܶܛܰܪ ܠܢܳܡܽܘܣܳܐ

Keep the key with you - ܢܛܘܿܪ ܩܠܺܝܕܳܐ ܥܰܡܳܟ

He didn't keep his promise - ܠܳܐ ܢܛܰܪ ܠܫܽܘܘܕܳܝܶܗ

ܙܒܢܐ ܩܡܘܝܐ	ܦܪܨܘܦܐ	ܙܒܢܐ ܕܥܒܝܪ
ܦܝܠ܇ ܦܝܠܗ	ܗܠܒܝܢܐ	ܢܦܝܠ܇ ܢܦܠܝܢ \ ܢܦܠܬ܇ ܢܦܠܢ
ܦܝܠܐ܇ ܦܝܠܬܐ	ܗܕܢܢܐ	ܢܦܠܬ܇ ܢܦܠܝܬܘܢ \ ܢܦܠܬܝ܇ ܢܦܠܬܝܢ
	ܒܕܡܢܐ	ܢܦܝܠܢܐ܇ ܢܦܠܝܢܢ \ ܢܦܠܢܐ܇ ܢܦܠܢܢ

ܙܒܢܐ ܠܐ ܡܫܡܫܢܐ		ܙܒܢܐ ܕܚܕܐ
ܦܘܠ	ܗܠܒܝܢܐ	ܢܦܠ܇ ܢܦܠܗ \ ܢܦܠܝ܇ ܢܦܠܬ
	ܗܕܢܢܐ	ܢܦܠܗ܇ ܢܦܠܗܘܢ \ ܢܦܠܗ܇ ܢܦܠܗܝܢ
	ܒܕܡܢܐ	ܢܦܠܝ܇ ܢܦܠܢ

ܠܐ ܥܒܕܐ ܕܫܡܫܐ		ܙܒܢܐ ܕܐܬܐ
ܢܦܝܠ܇ ܢܦܝܠܐ	ܗܠܒܝܢܐ	ܝܦܠ܇ ܝܦܠܢ \ ܬܦܠ܇ ܝܦܠܢ
ܢܦܝܠܐ܇ ܢܦܝܠܬܐ	ܗܕܢܢܐ	ܬܦܠ܇ ܬܦܠܘܢ \ ܬܦܠܢ܇ ܬܦܠܢ
	ܒܕܡܢܐ	ܢܦܠ܇ ܝܦܠ

ܡܠܬܐ ܫܡܫܢܝܬܐ

-

ܡܬܠܐ

A fallen tree - ܐܝܠܢܐ ܢܦܝܠܐ

The city fell to the enemies - ܡܕܝܢܬܐ ܢܦܠܝ ܠܒܥܠܕܒܒܐ

You will fall from the roof - ܬܦܠܘܢ ܡܢ ܐܓܪܐ

ܙܒܢܐ ܕܐܬܐ	ܦܪܨܘܦܐ	ܐܢܐ ܦܘܩܕܢܐ
ܢܶܦܶܠ: ܢܶܦܠܽܘܢ \ ܬܶܦܶܠ: ܢܶܦܠܳܢ	ܩܰܕܡܳܝܳܐ	ܦܶܠ: ܦܶܠܘ
ܬܶܦܶܠ: ܬܶܦܠܽܘܢ \ ܬܶܦܠܺܝܢ: ܬܶܦܠܳܢ	ܬܪܰܝܳܢܳܐ	ܦܶܠܝ: ܦܶܠܶܝܢ
ܐܶܦܶܠ: ܢܶܦܶܠ \ ܐܶܦܶܠ: ܢܶܦܶܠ	ܬܠܺܝܬܳܝܳܐ	

ܙܒܢܐ ܕܥܒܪ	ܦܪܨܘܦܐ	ܐܢܐ ܠܐ ܡܫܬܡܠܝܐ
ܢܦܰܠ: ܢܦܰܠܘ \ ܢܦܰܠܬ: ܢܦܰܠܝ	ܩܰܕܡܳܝܳܐ	ܢܦܰܠ
ܢܦܰܠܬ: ܢܦܰܠܬܘܢ \ ܢܦܰܠܬܝ: ܢܦܰܠܬܶܝܢ	ܬܪܰܝܳܢܳܐ	
ܢܦܰܠܬ: ܢܦܰܠܢ	ܬܠܺܝܬܳܝܳܐ	

ܙܒܢܐ ܕܗܫܐ	ܦܪܨܘܦܐ	ܫܡܐ ܕܡܥܒܕܢܘܬܐ
ܢܳܦܶܠ: ܢܳܦܠܺܝܢ \ ܢܳܦܠܳܐ: ܢܳܦܠܳܢ	ܩܰܕܡܳܝܳܐ	ܢܳܦܶܠ: ܢܳܦܠܺܝܢ
ܢܳܦܶܠ: ܢܳܦܠܺܝܢ \ ܢܳܦܠܳܐ: ܢܳܦܠܳܢ	ܬܪܰܝܳܢܳܐ	ܢܳܦܠܳܐ: ܢܳܦܠܳܢ
ܢܳܦܶܠ: ܢܳܦܠܺܝܢ	ܬܠܺܝܬܳܝܳܐ	

ܡܠܬܐ ܫܡܝܫܬܐ

–

ܡܬܠܐ

A fallen tree - ܐܺܝܠܳܢܳܐ ܢܦܺܝܠܳܐ

The city fell to the enemies - ܡܕܺܝܢܬܳܐ ܢܦܰܠܬ ܠܒܥܶܠܕܒܳܒܶܐ

You will fall from the roof - ܬܶܦܶܠ ܡܶܢ ܐܶܓܳܪܳܐ

breathe ܢܫܡ ܢܫܡ

ܙܒܢܐ ܦܣܘܩܐ	ܦܪܨܘܦܐ	ܙܒܢܐ ܕܩܝܡܐ
ܫܘܡ: ܫܘܡܘܢ	ܩܕܡܝܐ	ܢܝܫܡ: ܢܫܡܢ \ ܢܫܡܐ: ܢܫܡܢ
ܫܘܡܝ: ܫܘܡܝܬܘܢ	ܬܪܝܢܐ	ܢܫܡܬ: ܢܫܡܝܬܘܢ \ ܢܫܡܬܝ: ܢܫܡܬܘܢ
	ܬܠܝܬܝܐ	ܢܝܫܡܐ: ܢܫܡܝܢ \ ܢܫܡܐ: ܢܫܡܝ

ܙܒܢܐ ܠܐ ܡܫܠܡܐ		ܙܒܢܐ ܕܥܒܪܐ
ܡܢܫܡ	ܩܕܡܝܐ	ܢܫܡ: ܢܫܡܘ \ ܢܫܡܝ: ܢܫܡܢ
	ܬܪܝܢܐ	ܢܫܡܘ: ܢܫܡܘܢ \ ܢܫܡܝ: ܢܫܡܝܢ
	ܬܠܝܬܝܐ	ܢܫܡܝ: ܢܫܡܢ

ܡܠܬܐ ܫܡܐ ܕܫܡܘܥܐ		ܙܒܢܐ ܕܦܩܕܐ
-	ܩܕܡܝܐ	ܢܫܘܡ: ܢܫܡܘܢ \ ܫܘܡ: ܢܫܡܢ
-	ܬܪܝܢܐ	ܫܘܡ: ܫܡܘܢ \ ܫܡܝ: ܫܡܢ
	ܬܠܝܬܝܐ	ܢܫܘܡ: ܢܫܘܡ

ܡܠܬܐ ܫܡܥܬܐ

ܢܫܝܡܐ

ܡܬܠܐ

Fish breathe in water - ܢܘܢܐ ܢܫܡܝ ܒܡܝܐ

Do not breathe in polluted air - ܠܐ ܫܡܘܢ ܐܐܪ ܛܢܦܐ

Breathe gently - ܫܘܡܝ ܒܢܝܚܐ

breathe ܢܦܫ ܢܦܫ

ܐܢܐ ܦܥܘܠܐ	ܦܪܘܫܐ	ܐܚܢܐ ܕܩܐܡ
ܦܘܫ: ܦܘܫܘܢ	ܐܟܝܕܢܐ	ܢܦܫ: ܢܦܫܝܢ \ ܢܦܫܐ: ܢܦܫܢ
ܦܘܫܝ: ܦܘܫܝܢ	ܐܘܢܐ	ܢܦܫܬ: ܢܦܫܬܘܢ \ ܢܦܫܬܝ: ܢܦܫܬܝܢ
	ܩܪܝܢܐ	ܢܦܫܢܐ: ܢܦܫܝܢܢ \ ܢܦܫܢܐ: ܢܦܫܢܢ

ܐܢܐ ܠܐ ܡܫܡܫܐ		ܐܚܢܐ ܥܒܕܢ
ܡܢܦܫ	ܐܟܝܕܢܐ	ܢܦܫ: ܢܦܫܘ \ ܢܦܫܬ: ܢܦܫܝ
	ܐܘܢܐ	ܢܦܫܬ: ܢܦܫܬܘܢ \ ܢܦܫܬܝ: ܢܦܫܬܝܢ
	ܩܪܝܢܐ	ܢܦܫܬ: ܢܦܫܢ

ܦܩܕܐ ܡܢܐ ܕܫܘܠܛܐ		ܐܚܢܐ ܥܒܕܝܢ
-	ܐܟܝܕܢܐ	ܢܦܘܫ: ܢܦܫܘܢ \ ܐܦܘܫ: ܢܦܫܢ
-	ܐܘܢܐ	ܐܦܘܫ: ܐܦܫܘܢ \ ܐܦܫܝܢ: ܐܦܫܢ
	ܩܪܝܢܐ	ܐܦܘܫ: ܢܦܘܫ

ܡܠܬܐ ܫܘܚܠܦܐ

ܐܬܢܦܫ

ܡܬܠܐ

Fish breathe in water - ܢܘܢܐ ܢܦܫܝܢ ܒܡܝܐ

Do not breathe in polluted air - ܠܐ ܐܦܫܘܢ ܐܐܪ ܙܗܡܐ

Breathe gently - ܦܘܫܘܢ ܒܢܝܚܘ

think ܚܫܒ ܚܫܒ

ܙܒ̈ܢܐ ܕܩܕܝܡ	ܦܪ̈ܨܘܦܐ	ܙܒ̈ܢܐ ܦܫܝܛ̈ܐ
ܚܫܒ: ܚܫܒܢ / ܚܫܒ̈ܐ: ܚܫܒ̈ܢ	ܡܡܠܠܢܐ	ܚܫܒ: ܚܫܒܗ
ܚܫܒܬ: ܚܫܒܬܘܢ / ܚܫܒܬܝ: ܚܫܒ̈ܬܝܢ	ܡܨ̈ܝܬܢܐ	ܚܫܒܝ: ܚܫܒ̈ܝܢ
ܚܫܒ̈ܬܐ: ܚܫܒܬܢ / ܚܫܒ̈ܬܐ: ܚܫܒ̈ܢ	ܥܒܕ̈ܢܐ	

ܙܒ̈ܢܐ ܕܐܬܐ		ܙܒ̈ܢܐ ܠܐ ܡܫܡܠܝܐ
ܚܫܒ: ܚܫܒܘ / ܚܫܒܝ: ܚܫܒ̈ܝ	ܡܡܠܠܢܐ	ܡܚܫܒ
ܚܫܒܬ: ܚܫܒܬܘܢ / ܚܫܒܬܝ: ܚܫܒ̈ܬܝܢ	ܡܨ̈ܝܬܢܐ	
ܚܫܒܬ: ܚܫܒܬܢ	ܥܒܕ̈ܢܐ	

ܙܒ̈ܢܐ ܕܡܬܝܕ		ܡܠܬܐ ܥܡܐ ܕܫܘܠܛܢܐ
ܢܚܫܒ: ܢܚܫܒܘܢ / ܬܚܫܒ: ܢܚܫܒ̈ܢ	ܡܡܠܠܢܐ	ܚܫܒܝ: ܚܫܒܝܢ
ܬܚܫܒ: ܬܚܫܒܘܢ / ܬܚܫܒܝ: ܬܚܫܒ̈ܢ	ܡܨ̈ܝܬܢܐ	ܚܫܒ̈ܐ: ܚܫܒ̈ܢ
ܢܚܫܒ: ܢܚܫܒ	ܥܒܕ̈ܢܐ	

ܡܝܠܬܐ ܫܡܘܥܬܐ

ܢܬܚܫܒ

ܡܬܠܐ

I thought he had gone - ܚܫܒܬ ܕܐܙܠ

Think about the state of your nation - ܚܫܘܒܘ ܥܠ ܐܘܚܕܢܐ ܕܐܘܡܬܟܘܢ

The king thinks deeply - ܡܠܟܐ ܚܫܒ ܥܡܝܩܐܝܬ

think ܣܒܪ ܣܒܰܪ

ܐܚܪ̈ܢܐ ܘܡ̈ܠܐ	ܦܰܪܨܽܘܦܳܐ	ܙܰܒܢܳܐ ܥܒ݂ܺܝܪܳܐ
ܣܽܒܰܪ: ܣܽܒܪܶܬ \ ܣܽܒܪܳܐ: ܣܽܒܪ̈ܶܝ	ܠܚܽܘܕܳܝܳܐ	ܣܒܰܪ: ܣܒܰܪܘܗܝ
ܣܽܒܰܪܬ: ܣܽܒܪܰܬܘܗܝ \ ܣܽܒܪܬܝ: ܣܽܒܪ̈ܬܝܢ	ܠܬܽܘܢܳܐ	ܣܒܰܪܝ: ܣܒܰܪ̈ܝܢ
ܣܽܒܰܪܢܳܐ: ܣܽܒܪܶܢ \ ܣܽܒܪ̈ܢܳܐ: ܣܽܒܪ̈ܶܢ	ܡܰܓ݂ܽܘܢܳܐ	

ܐܚܪ̈ܢܐ ܘܣܒܪ		ܐܢܐ ܠܐ ܡܫܠܡܢܐ
ܣܒܰܪ: ܣܒܰܪܘ \ ܣܒܰܪ̈ܝ: ܣܒܰܪ̈ܝ	ܠܚܽܘܕܳܝܳܐ	ܡܣܒܰܪ
ܣܒܰܪܬ: ܣܒܰܪܬܘܗܝ \ ܣܒܰܪܬܝ: ܣܒܰܪ̈ܬܝܢ	ܠܬܽܘܢܳܐ	
ܣܒܰܪ̈ܝ: ܣܒܰܪ̈ܝܢ	ܡܰܓ݂ܽܘܢܳܐ	

ܐܚܪ̈ܢܐ ܘܣܒܪܝܢ		ܡܠܬܐ ܗܘܐ ܘܢܗܘܐ
ܢܶܣܒܰܪ: ܢܶܣܒܪܘܗܝ \ ܐܶܣܒܰܪ: ܢܶܣܒ̈ܪܘܢ	ܠܚܽܘܕܳܝܳܐ	ܣܳܒܰܪ: ܣܳܒܪܺܝܢ
ܐܶܣܒܰܪ: ܐܶܣܒܪܘܗܝ \ ܐܶܣܒܪܝܢ: ܐܶܣܒ̈ܪܘܢ	ܠܬܽܘܢܳܐ	ܣܳܒܪܳܐ: ܣܳܒ̈ܪܢ
ܐܶܣܒܰܪ: ܢܶܣܒܰܪ	ܡܰܓ݂ܽܘܢܳܐ	

ܡܠܬܐ ܢܩܫܬܐ

ܐܶܣܬܰܒܰܪ

ܡܬܠܐ

I thought he had gone - ܣܒܰܪ̈ܬ ܕܐܙܰܠ

Think about the state of your nation - ܣܒܰܪܘܗܝ ܥܰܠ ܐܰܘܟܳܢܘܬܳܐ ܕܥܰܡܳܟ݂

The king thinks deeply - ܡܰܠܟܳܐ ܣܳܒܰܪ ܒܥܽܘܡܩܳܐܝܬ

ܙܒܢܐ ܦܫܝܛܐ ܦܪܨܘܦܐ ܙܒܢܐ ܕܥܒܪ

ܣܡ: ܣܡܘ	ܬܠܝܬܝܐ	ܣܝܡ: ܣܝܡܝܢ \ ܣܝܡܐ: ܣܝ̈ܡܢ
ܣܡܬ: ܣܡ̈ܝ	ܬܪܝܢܝܐ	ܣܝܡܬ: ܣܝܡܬܘܢ \ ܣܝܡܬܝ: ܣܝܡܬܝܢ
	ܩܕܡܝܐ	ܣܝܡܢܐ: ܣܝܡܝܢܢ \ ܣܝܡܢܐ: ܣܝ̈ܡܢܢ

ܙܢܐ ܠܐ ܡܫܠܡܐ ܙܒܢܐ ܕܗܫܐ

ܣܐܡ	ܬܠܝܬܝܐ	ܣܐܡ: ܣܐܡܝܢ \ ܣܐܡܐ: ܣܐ̈ܡܢ
	ܬܪܝܢܝܐ	ܣܐܡܬ: ܣܐܡܝܬܘܢ \ ܣܐܡܬܝ: ܣܐܡܝܬܝܢ
	ܩܕܡܝܐ	ܣܐܡܢܐ: ܣܐܡܝܢܢ

ܠܐ ܥܒܕܐ ܕܫܠܡܐ ܙܒܢܐ ܕܥܬܝܕ

ܣܝܡ: ܣܝܡܘܢ	ܬܠܝܬܝܐ	ܢܣܝܡ: ܢܣܝܡܘܢ \ ܬܣܝܡ: ܢܣܝ̈ܡܢ
ܣܝܡܝ: ܣܝ̈ܡܢ	ܬܪܝܢܝܐ	ܬܣܝܡ: ܬܣܝܡܘܢ \ ܬܣܝܡܝܢ: ܬܣܝ̈ܡܢ
	ܩܕܡܝܐ	ܐܣܝܡ: ܢܣܝܡ

ܦܠܓܐ ܕܥܒܕܐ

ܐܬܬܣܝܡ

ܡܬܠܐ

He put a letter under a stone - ܐܓܪܬܐ ܬܚܝܬ ܟܐܦܐ ܣܡ

Put your pen on the table - ܩܢܝܟ ܥܠ ܦܬܘܪܐ ܣܝܡ

You will put your article on the internet - ܡܐܡܪܟ ܒܫܘܠܐ ܕܐܢܛܪܢܝܛ ܬܣܝܡ

ܐܢܳܐ ܦܽܘܩܳܕܳܐ　　ܦܪܽܘܫܳܐ　　ܐܰܒܢܳܐ ܕܩܳܐܶܡ

ܣܳܝܶܡ: ܣܳܝܡܳܘ　　ܠܰܚܕܽܘܢܳܐ　　ܣܳܐܶܡ: ܣܳܝܡܺܝܢ \ ܣܳܝܡܳܐ: ܣܳܝ̈ܡܳܢ
ܣܳܝܡܺܝ: ܣܳܝ̈ܡܶܝܢ　　ܠܰܐܘܽܢܳܐ　　ܣܳܝܡܰܬ: ܣܳܝܡܰܬܘܽܢ \ ܣܳܝܡܰܬܝ: ܣܳܝܡܳܬ݂ܶܝܢ
　　ܡܰܕܡܽܢܳܐ　　ܣܳܐܡܺܝܢܰܢ: ܣܳܝܡܺܝܢܰܢ \ ܣܳܝܡܳܢܰܢ: ܣܳܝ̈ܡܳܢܰܢ

ܐܢܳܐ ܠܳܐ ܡܫܰܡܠܝܳܐ　　ܐܰܒܢܳܐ ܕܥܒܰܪ

ܣܳܡ　　ܠܰܚܕܽܘܢܳܐ　　ܣܳܡ: ܣܳܡܘ \ ܣܳܡܰܬ: ܣܳܡܝ
　　ܠܰܐܘܽܢܳܐ　　ܣܳܡܬ: ܣܳܡܬܘܽܢ \ ܣܳܡܬܝ: ܣܳܡܬܶܝܢ
　　ܡܰܕܡܽܢܳܐ　　ܣܳܡܢ: ܣܳܡܢܰܢ

ܡܶܟܺܝܠ ܗܳܫܳܐ ܘܠܗܠ　　ܐܰܒܢܳܐ ܕܥܬܺܝܕ

ܣܺܝܡ: ܣܺܝܡܘ　　ܠܰܚܕܽܘܢܳܐ　　ܢܣܺܝܡ: ܢܣܺܝܡܘܽܢ \ ܬܣܺܝܡ: ܢܣܺܝ̈ܡܳܢ
ܣܺܝܡܝ: ܣܺܝ̈ܡܶܝܢ　　ܠܰܐܘܽܢܳܐ　　ܬܣܺܝܡ: ܬܣܺܝܡܘܽܢ \ ܬܣܺܝܡܺܝܢ: ܬܣܺܝ̈ܡܳܢ
　　ܡܰܕܡܽܢܳܐ　　ܐܣܺܝܡ: ܢܣܺܝܡ

ܡܶܠܬܳܐ ܡܫܰܚܠܦܬܳܐ

ܐܶܬܬܣܺܝܡ

ܡܶܬ̈ܠܶܐ

He put a letter under a stone - ܣܳܡ ܐܶܓܰܪܬܳܐ ܬܚܶܝܬ ܟܺܐܦܳܐ
Put your pen on the table - ܣܺܝܡ ܩܰܢܝܳܟ ܥܰܠ ܦܳܬܽܘܪܳܐ
You will put your article on the internet - ܬܣܺܝܡ ܡܰܐܡܪܳܟ ܒܰܫܒ݂ܳܐ ܐܶܢܛܶܪܢܶܛ

ܙܒܢܐ ܕܗܫܐ	ܦܪܨܘܦܐ	ܙܢܐ ܦܘܩܕܢܐ
ܫܵܝܡ: ܫܵܝܡܢ \ ܫܵܡܵܐ: ܫܵܡܵܢ	ܡܡܠܠܢܐ	ܫܘܡ: ܫܘܡܘܢ
ܫܵܝܡܬ: ܫܵܝܡܝܬܘܢ \ ܫܵܡܬ: ܫܵܡܬܝ	ܡܫܬܥܝܢܐ	ܫܘܡ: ܫܘܡܝܬܘܢ
ܫܵܝܡܐ: ܫܵܝܡܝ \ ܫܵܡܐ: ܫܵܡܝ	ܡܬܟܪܢܐ	

ܙܒܢܐ ܕܥܒܪ		ܙܢܐ ܠܐ ܡܫܠܡܢܐ
ܫܡ: ܫܡܘ \ ܫܡܝ: ܫܡܢ	ܡܡܠܠܢܐ	ܡܫܡܐ
ܫܡܬ: ܫܡܬܘܢ \ ܫܡܬ: ܫܡܬܝ	ܡܫܬܥܝܢܐ	
ܫܡܝ: ܫܡܝ	ܡܬܟܪܢܐ	

ܙܒܢܐ ܕܐܬܐ		ܡܠܬܐ ܥܡܐ ܕܫܡܘܥܝܐ
ܒܫܘܡ: ܒܫܘܡܘܢ \ ܕܫܘܡ: ܒܫܘܡܝ	ܡܡܠܠܢܐ	-
ܕܫܘܡ: ܕܫܘܡܘܢ \ ܕܫܘܡܝ: ܕܫܘܡܝ	ܡܫܬܥܝܢܐ	-
ܢܫܘܡ: ܒܫܘܡ	ܡܬܟܪܢܐ	

ܡܠܬܐ ܫܡܘܥܝܐ

ܢܫܡܫܡܐ

ܡܬܠܐ

They smelt a pleasant smell - ܫܡܘ ܪܝܚܐ ܒܣܝܡܬܐ

She doesn’t want to smell the flower - ܠܐ ܒܥܝܐ ܠܡܫܡܫ ܘܪܕܐ

They are smelling plants in the garden - ܫܡܫܝ ܝܪܩܢܐ ܒܓܢܬܐ

ܙܢܐ ܦܥܘܠܐ	ܦܰܪܨܽܘܦܳܐ	ܐܰܝܟܢܳܐ ܕܩܳܐܶܡ
ܫܳܡ: ܫܳܡܘ݂ܝ	ܬܠܺܝܬܳܝܳܐ	ܫܳܐܶܡ: ܫܳܝܡܳܐ \ ܫܳܝܡܺܝܢ: ܫܳܝ̈ܡܳܢ
ܫܳܡܬ: ܫܳܡ̈ܝ	ܬܪܰܝܳܢܳܐ	ܫܳܐܡܰܬ: ܫܳܝܡܳܬܝ \ ܫܳܝܡܺܝܬܽܘܢ: ܫܳܝܡܳܢܶܝܢ
	ܩܰܕܡܳܝܳܐ	ܫܳܐܶܡܢܳܐ: ܫܳܝܡܳܢܳܐ \ ܫܳܝܡܺܝܢܰܢ: ܫܳܝ̈ܡܳܢܰܢ

ܙܢܐ ܠܐ ܡܫܰܠܡܢܐ		ܐܰܝܟܢܳܐ ܕܥܒܰܪ
ܡܫܽܘܡ	ܬܠܺܝܬܳܝܳܐ	ܫܳܡ: ܫܳܡܘ \ ܫܳܡܰܬ: ܫܳܡ̈ܝ
	ܬܪܰܝܳܢܳܐ	ܫܳܡܬ: ܫܳܡܬܘܢ \ ܫܳܡܬܝ: ܫܳܡܬܶܝܢ
	ܩܰܕܡܳܝܳܐ	ܫܳܡܶܬ: ܫܳܡܢ

ܡܟܒ ܡܢܐ ܕܫܘܡܐ		ܐܰܝܟܢܳܐ ܕܥܳܬܺܝܕ
–	ܬܠܺܝܬܳܝܳܐ	ܢܫܽܘܡ: ܢܫܽܘܡܘܢ \ ܬܫܽܘܡ: ܢܫܽܘ̈ܡܢ
–	ܬܪܰܝܳܢܳܐ	ܬܫܽܘܡ: ܬܫܽܘܡܘܢ \ ܬܫܽܘܡܝܢ: ܬܫܽܘ̈ܡܢ
	ܩܰܕܡܳܝܳܐ	ܐܶܫܽܘܡ: ܢܫܽܘܡ

ܡܫܒܐ ܫܘܡܝܐ

ܐܶܬܬܫܺܝܡ

ܡ̈ܬܠܐ

They smelt a pleasant smell - ܫܳܡܘ ܪܺܝܚܳܐ ܒܰܣܺܝܡܳܐ

She doesn't want to smell the flower - ܠܳܐ ܒܳܥܝܳܐ ܠܡܶܫܰܡ ܘܰܪܕܳܐ

They are smelling plants in the garden - ܫܳܝܡܺܝܢ ܥܶܣ̈ܒܶܐ ܒܓܰܢܬܳܐ

ܫܡܐ ܦܥܘܠܐ	ܦܪܨܘܦܐ	ܙܒܢܐ ܕܩܐܡ
ܣܚܝ: ܣܚܝܐ	ܡܡܠܠܢܐ	ܟܣܚܐ: ܟܣܚܝܢ \ ܟܣܚܝܐ: ܟܣܚܝܢ
ܣܚܝܐ: ܣܚܝܬܐ	ܡܨܢܬܢܐ	ܟܣܚܬ: ܟܣܚܬܘܢ \ ܟܣܚܝܬ: ܟܣܚܝܬܘܢ
	ܢܘܟܪܝܐ	ܟܣܚܐ: ܟܣܚܝܐ \ ܟܣܚܝܐ: ܟܣܚܝ

ܫܡܐ ܠܐ ܡܫܠܡܢܐ	ܦܪܨܘܦܐ	ܙܒܢܐ ܕܥܒܪ
ܡܣܚܝܐ	ܡܡܠܠܢܐ	ܣܚܐ: ܣܚܝܐ \ ܣܚܝܐ: ܣܚܝܢ
	ܡܨܢܬܢܐ	ܣܚܝܬ: ܣܚܝܬܘܢ \ ܣܚܝܬܝ: ܣܚܝܬܘܢ
	ܢܘܟܪܝܐ	ܣܚܝܠܗ: ܣܚܝܠܗܘܢ

ܡܠܬܐ ܥܒܕܐ ܕܦܘܩܕܢܐ	ܦܪܨܘܦܐ	ܙܒܢܐ ܕܥܬܝܕ
—	ܡܡܠܠܢܐ	ܢܣܚܐ: ܢܣܚܘܢ \ ܢܣܚܝܐ: ܢܣܚܝܢ
—	ܡܨܢܬܢܐ	ܬܣܚܐ: ܬܣܚܘܢ \ ܬܣܚܝܐ: ܬܣܚܝܢ
	ܢܘܟܪܝܐ	ܢܣܚܐ: ܢܣܚܝ

ܡܠܬܐ ܦܘܩܕܢܝܬܐ
-

ܡܬܠܐ

Swimmers swim in the sea - ܣܚܝܢܐ ܟܣܚܝ ܒܝܡܐ

She swims since her childhood - ܟܣܚܝܐ ܡܢ ܛܠܝܘܬܗ̇

Do not swim in the river - ܠܐ ܬܣܚܘܢ ܒܢܗܪܐ

swim ܣܚܐ ܣܚܐ

ܫܡܐ ܦܥܘܠܐ	ܦܪܨܘܦܐ	ܙܒܢܐ ܕܩܐܡ
ܣܚܐ؛ ܣܚܝܐ	ܐܚܪܝܐ	ܣܚܢܐ؛ ܣܚܝܢܢ \ ܣܚܝܢܐ؛ ܣܚܝܢܢ
ܣܚܝܢ؛ ܣܚܝܢ	ܡܨܥܝܐ	ܣܚܝܬ؛ ܣܚܝܬܘܢ \ ܣܚܝܐܬܝ؛ ܣܚܝܢܬܝܢ
	ܩܕܡܝܐ	ܣܚܝܐ؛ ܣܚܝܢ \ ܣܚܝܐ؛ ܣܚܝܢ

ܫܡܐ ܠܐ ܡܫܚܠܦܐ	ܦܪܨܘܦܐ	ܙܒܢܐ ܕܥܒܪ
ܡܣܚܐ	ܐܚܪܝܐ	ܣܚܝܬ؛ ܣܚܝܢ \ ܣܚܝܬ؛ ܣܚܝܢ
	ܡܨܥܝܐ	ܣܚܝܬ؛ ܣܚܝܬܘܢ \ ܣܚܝܬܝ؛ ܣܚܝܬܝܢ
	ܩܕܡܝܐ	ܣܚܐ؛ ܣܚܘ

ܡܠܬܐ ܕܦܘܩܕܢܐ	ܦܪܨܘܦܐ	ܙܒܢܐ ܕܥܬܝܕ
–	ܐܚܪܝܐ	ܬܣܚܐ؛ ܬܣܚܘܢ \ ܐܣܚܐ؛ ܬܣܚܝܢ
–	ܡܨܥܝܐ	ܐܣܚܐ؛ ܐܣܚܘܢ \ ܐܣܚܝ؛ ܐܣܚܝܢ
	ܩܕܡܝܐ	ܐܣܚܐ؛ ܬܣܚܐ

ܡܠܬܐ ܫܘܥܒܕܝܬܐ

-

ܡܬܠ̈ܐ

Swimmers swim in the sea - ܣܚܘܬܐ ܣܚܝܢ ܒܝܡܐ

She swims since her childhood - ܣܚܝܐ ܡܢ ܛܠܝܘܬܗ

Do not swim in the river - ܠܐ ܬܣܚܘܢ ܒܢܗܪܐ

climb ܣܠܩ ܣܠܸܩ

ܙܒܢܐ ܦܩܘܕܐ	ܦܪܨܘܦܐ	ܙܒܢܐ ܕܩܐܡ
ܣܩܘܠ: ܣܩܘܠܘܢ	ܩܕܡܝܐ	ܣܠܝܩ: ܣܠܩܝܢ \ ܣܠܩܢ: ܣܠܩܚ
ܣܩܘܠܝ: ܣܩܘܠܘܢ	ܬܪܝܢܐ	ܣܠܩܬ: ܣܠܩܝܬܘܢ \ ܣܠܩܬܝ: ܣܠܩܝܬܘܢ
	ܬܠܝܬܝܐ	ܣܠܩܝ: ܣܠܩܝܢ \ ܣܠܩܐ: ܣܠܩܝܢ

ܐ ܠܐ ܡܫܡܠܝܐ	ܦܪܨܘܦܐ	ܙܒܢܐ ܕܥܒܪ
ܡܣܠܩ	ܩܕܡܝܐ	ܣܠܝܩ: ܣܠܝܩܘ \ ܣܠܝܩܝ: ܣܠܝܩܝ
	ܬܪܝܢܐ	ܣܠܝܩܐ: ܣܠܝܩܘܢ \ ܣܠܝܩܐ: ܣܠܝܩܘܢ
	ܬܠܝܬܝܐ	ܣܠܝܩܐ: ܣܠܩܝ

ܠܗ ܥܡܐ ܕܫܪܘܥܐ	ܦܪܨܘܦܐ	ܙܒܢܐ ܕܐܬܐ
-	ܩܕܡܝܐ	ܒܣܠܩ: ܒܣܠܩܘܢ \ ܒܣܠܩ: ܒܣܠܩܝ
-	ܬܪܝܢܐ	ܒܣܠܩ: ܒܣܠܩܘܢ \ ܒܣܠܩܢ: ܒܣܠܩܝ
	ܬܠܝܬܝܐ	ܒܣܠܩ: ܒܣܠܩ

ܡܠܬܐ ܫܪܘܥܐ

-

ܡܬ̈ܠܐ

Climbers climb up the mountain - ܣܠܘܩܐ ܣܠܩܝܢ ܠܗ ܛܘܪܐ

Climb up the tree - ܣܩܘܠ ܠܐܝܠܢܐ

You climbed up from the well - ܣܠܝܩܠܘܟ ܡܢ ܒܝܪܐ

climb ܣܠܩ ܣܠܩ

ܙܢܐ ܦܘܩܕܐ	ܦܪܨܘܦܐ	ܙܒܢܐ ܕܩܐܡ
ܣܩ: ܣܩܘ	ܬܠܝܬܝܐ	ܣܠܩ: ܣܠܩܝܢ \ ܣܠܩܐ: ܣܠܩ̈ܢ
ܣܩܝ: ܣܩ̈ܝܢ	ܬܪܝܢܐ	ܣܠܩܬ: ܣܠܩܝܬܘܢ \ ܣܠܩܬܝ: ܣܠܩ̈ܬܝܢ
	ܩܕܡܝܐ	ܣܠܩܢܐ: ܣܠܩܝܢܢ \ ܣܠܩܢܐ: ܣܠܩ̈ܢܢ

ܙܢܐ ܠܐ ܡܫܡܠܝܐ	ܦܪܨܘܦܐ	ܙܒܢܐ ܕܥܒܪ
ܡܣܩ	ܬܠܝܬܝܐ	ܣܠܩ: ܣܠܩܘ \ ܣܠܩܬ: ܣܠ̈ܩܝ
	ܬܪܝܢܐ	ܣܠܩܬ: ܣܠܩܬܘܢ \ ܣܠܩܬܝ: ܣܠܩ̈ܬܝܢ
	ܩܕܡܝܐ	ܣܠܩܬ: ܣܠܩܢ

ܫܡܐ ܕܦܥܘܠܐ	ܦܪܨܘܦܐ	ܙܒܢܐ ܕܥܬܝܕ
–	ܬܠܝܬܝܐ	ܢܣܩ: ܢܣܩܘܢ \ ܬܣܩ: ܢܣ̈ܩܢ
–	ܬܪܝܢܐ	ܬܣܩ: ܬܣܩܘܢ \ ܬܣܩܝܢ: ܬܣ̈ܩܢ
	ܩܕܡܝܐ	ܐܣܩ: ܢܣܩ

ܫܡܐ ܡܫܡܗܝܐ

–

ܡܬܠܐ

Climbers climb up the mountain - ܣܠܘ̈ܩܐ ܣܠܩܝܢ ܠܗ ܠܛܘܪܐ

Climb up the tree - ܣܩܝ ܠܐܝܠܢܐ

You climbed up from the well - ܣܠܩܬܘܢ ܡܢ ܒܐܪܐ

ܙܒܢܐ ܦܣܝܩܐ	ܦܪܨܘܦܐ	ܙܒܢܐ ܕܩܕܝܡ
ܥܒܶܕ: ܥܒܶܕܘܢ	ܬܠܝܬܝܐ	ܟܥܒܶܕ: ܟܥܒܕܝܢ \ ܟܥܒܕܐ: ܟܥܒܕܢ
ܥܒܶܕܝ: ܥܒܶܕܬܘܢ	ܬܪܝܢܝܐ	ܟܥܒܕܬ: ܟܥܒܕܝܬܘܢ \ ܟܥܒܕܬܝ: ܟܥܒܕܬܘܢ
	ܩܕܡܝܐ	ܟܥܒܕܢܐ: ܟܥܒܕܝܢܢ \ ܟܥܒܕܢܐ: ܟܥܒܕܢܢ

ܙܒܢܐ ܠܐ ܡܫܡܠܝܐ	ܦܪܨܘܦܐ	ܙܒܢܐ ܕܥܒܪ
ܡܥܒܕ	ܬܠܝܬܝܐ	ܥܒܶܕ: ܥܒܕܗ \ ܥܒܕܗ̇: ܥܒܕܗ̈
	ܬܪܝܢܝܐ	ܥܒܕܠܟ: ܥܒܕܠܘܟܘܢ \ ܥܒܕܠܟܝ: ܥܒܕܠܘܟܘܢ
	ܩܕܡܝܐ	ܥܒܕܠܝ: ܥܒܕܠܢ

ܡܠܬܐ ܥܡܐ ܕܫܡܘܥܐ	ܦܪܨܘܦܐ	ܙܒܢܐ ܕܐܬܐ
ܥܒܝܕ: ܥܒܝܕܝܢ	ܬܠܝܬܝܐ	ܝܥܒܕ: ܝܥܒܕܘܢ \ ܬܥܒܕ: ܝܥܒܕ̈ܢ
ܥܒܝܕܐ: ܥܒܝܕ̈ܢ	ܬܪܝܢܝܐ	ܬܥܒܕ: ܬܥܒܕܘܢ \ ܬܥܒܕܝܢ: ܬܥܒܕ̈ܢ
	ܩܕܡܝܐ	ܐܥܒܕ: ܢܥܒܕ

ܡܠܬܐ ܫܡܘܥܐ

ܢܬܥܒܕ

ܡܬܠܐ

He did crimes against humanity - ܥܒܶܕ ܗܘܕܫܝܢ ܠܘܩܒܠ ܐܢܫܘܬܐ

Do not do evil - ܠܐ ܬܥܒܕܝܢ ܒܝܫܬܐ

This door is made from wood - ܗܢܐ ܬܪܥܐ ܥܒܝܕ ܡܢ ܩܝܣܐ

do ܥܒܕ ܥܒܰܕ

ܐܢܐ ܦܥܘܿܠܐ	ܦܰܪܨܘܿܦܳܐ	ܐܰܟ݂ܝܳܐ ܕܩܳܐܶܡ
ܥܒܶܕ: ܥܒܶܕܘܢ	ܐܰܟ݂ܚܕ݂ܳܐ	ܥܒܶܕܬ: ܥܒܶܕܬܘܢ \ ܥܒܶܕܬܳܐ: ܥܒܶܕܬܘܢ
ܥܒܶܕܰܬ: ܥܒܶܕܶܝܢ	ܐܢ̈ܬܳܐ	ܥܒܶܕܬܳܐ: ܥܒܶܕܬܶܝܢܝܗܘܢ \ ܥܒܶܕܬܝ: ܥܒܶܕܬܶܝܢ
	ܕܶܟ݂ܪܳܐ	ܥܒܶܕܢܳܐ: ܥܒܶܕܢܰܢ \ ܥܒܶܕܢܳܐ: ܥܒܶܕܢܰܢ

ܐܢܐ ܠܐ ܡܫܰܠܡܳܐ	ܦܰܪܨܘܿܦܳܐ	ܐܰܟ݂ܝܳܐ ܕܥܒܰܕ
ܡܥܒܰܕ	ܐܰܟ݂ܚܕ݂ܳܐ	ܥܒܰܕ: ܥܒܰܕܘ \ ܥܒܰܕܬ: ܥܒܰܕܬ
	ܐܢ̈ܬܳܐ	ܥܒܰܕܳܐ: ܥܒܰܕܳܐܘܿܢ \ ܥܒܰܕܳܐ: ܥܒܰܕܳܐܶܝܢ
	ܕܶܟ݂ܪܳܐ	ܥܒܰܕܳܐ: ܥܒܰܕܰܢ

ܦܬܳܓ݂ܡܐ ܗܘܐ ܕܣܘܥܪܢܐ	ܦܰܪܨܘܿܦܳܐ	ܐܰܟ݂ܝܳܐ ܕܥܒܳܕ
ܥܒܶܕ: ܥܒܶܕܝܢ	ܐܰܟ݂ܚܕ݂ܳܐ	ܢܥܒܶܕ: ܢܥܒܶܕܘܿܢ \ ܐܶܥܒܶܕ: ܢܥܒܶܕܘܢ
ܥܒܶܕܳܐ: ܥܒܶܕܘܿܢ	ܐܢ̈ܬܳܐ	ܐܶܥܒܶܕ: ܐܶܥܒܶܕܘܿܢ \ ܐܶܥܒܶܕܝܢ: ܐܶܥܒܶܕܘܢ
	ܕܶܟ݂ܪܳܐ	ܐܶܥܒܶܕ: ܢܥܒܶܕ

ܦܬܳܓ݂ܡܳܐ ܣܘܥܪܢܝܐ

ܐܶܬ݂ܥܒܶܕ

ܡܬܠܐ

He did crimes against humanity - ܥܒܰܕ ܥܰܘ̈ܠܳܐ ܠܥܘܡܪܳܐ ܐ̱ܢܳܫܳܝܳܐ

Do not do evil - ܠܳܐ ܬܶܥܒܶܕ ܒܺܝܫܬ݂ܳܐ

This door is made from wood - ܗܳܢܳܐ ܬܰܪܥܳܐ ܥܒܺܝܕ ܡܶܢ ܩܰܝܣܳܐ

ܙܒܢܐ ܦܩܘܕܐ	ܦܪܨܘܦܐ	ܙܒܢܐ ܕܩܐܡ
ܥܕܰܪ: ܥܕܰܪܘ	ܬܠܝܬܝܐ	ܡܥܕܪ: ܡܥܕܪܝܢ \ ܡܥܕܪܐ: ܡܥܕܪ̈ܢ
ܥܕܰܪܝ: ܥܕܰܪ̈ܝܢ	ܬܪ̈ܝܢܐ	ܡܥܕܪܬ: ܡܥܕܪܝܬܘܢ \ ܡܥܕܪܬܝ: ܡܥܕܪ̈ܢܬܝܢ
	ܩܕܡܝܐ	ܡܥܕܪܢܐ: ܡܥܕܪܝܢܢ \ ܡܥܕܪ̈ܢܐ: ܡܥܕܪ̈ܢܢ

ܙܒܢܐ ܠܐ ܡܫܠܡܐ		ܙܒܢܐ ܕܥܒܪ
ܡܥܕܳܪܘ	ܬܠܝܬܝܐ	ܥܕܰܪ: ܥܕܰܪܘ \ ܥܶܕܪܰܬ: ܥܕܰܪ̈ܝ
	ܬܪ̈ܝܢܐ	ܥܕܰܪܬ: ܥܕܰܪܬܘܢ \ ܥܕܰܪܬܝ: ܥܕܰܪܬܶܝܢ
	ܩܕܡܝܐ	ܥܶܕܪܶܬ: ܥܕܰܪܢ

ܡܠܬܐ ܥܡܐ ܕܫܡܗܐ		ܙܒܢܐ ܕܥܬܝܕ
ܡܥܕܪ: ܡܥܕܪܝܢ	ܬܠܝܬܝܐ	ܢܥܕܪ: ܢܥܕܪܘܢ \ ܬܥܕܪ: ܢܥܕܪ̈ܢ
ܡܥܕܪ̈ܐ: ܡܥܕܪ̈ܢ	ܬܪ̈ܝܢܐ	ܬܥܕܪ: ܬܥܕܪܘܢ \ ܬܥܕܪܝܢ: ܬܥܕܪ̈ܢ
	ܩܕܡܝܐ	ܐܥܕܪ: ܢܥܕܪ

ܡܠܬܐ ܫܡܗܝܬܐ

ܐܬܥܕܪ

ܡܬܠܐ

She wants to help her friend - ܨܒܝܐ ܠܡܥܕܪܘ ܚܒܪܬܗ

Help your neighbours - ܥܕܰܪܘ ܫܒ̈ܒܝܟܘܢ

You helped me in time of oppression - ܥܕܰܪܬ ܠܝ ܒܙܒܢ ܐܘܠܨܢܐ

ܐܢܐ ܦܥܘܠܐ	ܦܰܪܨܽܘܦܳܐ	ܐܶܕܳܢܳܐ ܕܩܳܐܶܡ
ܥܰܕܰܪ؛ ܥܰܕܪܽܘܗ̄	ܩܰܕܡܳܝܳܐ	ܡܥܰܕܰܪ؛ ܡܥܰܕܪܺܝܢ \ ܡܥܰܕܪܳܐ؛ ܡܥܰܕܪ̈ܳܢ
ܥܰܕܰܪܝ؛ ܥܰܕܰܪ̈ܝܢ	ܬܪܰܝܳܢܳܐ	ܡܥܰܕܪܰܬ؛ ܡܥܰܕܪܺܝܬܽܘܢ \ ܡܥܰܕܪܳܬܝ؛ ܡܥܰܕܪ̈ܳܬܶܝܢ
	ܬܠܺܝܬܳܝܳܐ	ܡܥܰܕܪܳܢܳܐ؛ ܡܥܰܕܪܺܝܢܰܢ \ ܡܥܰܕܪܳܢܳܐ؛ ܡܥܰܕܪ̈ܳܢܰܢ

ܐܢܐ ܠܐ ܡܫܰܠܡܳܐ		ܐܶܕܳܢܳܐ ܕܥܒܰܪ
ܡܥܰܕܳܪܽܘ	ܩܰܕܡܳܝܳܐ	ܥܰܕܰܪ؛ ܥܰܕܰܪܘ \ ܥܰܕܪܰܬ؛ ܥܰܕܰܪ̈ܝ
	ܬܪܰܝܳܢܳܐ	ܥܰܕܰܪܬ؛ ܥܰܕܰܪܬܽܘܢ \ ܥܰܕܰܪܬܝ؛ ܥܰܕܰܪܬܶܝܢ
	ܬܠܺܝܬܳܝܳܐ	ܥܰܕܪܶܬ؛ ܥܰܕܰܪܢ

[illegible]		ܐܶܕܳܢܳܐ ܕܐܳܬܶܐ
ܡܥܰܕܪܳܢ؛ ܡܥܰܕܪܳܝܳܐ	ܩܰܕܡܳܝܳܐ	ܢܥܰܕܰܪ؛ ܢܥܰܕܪܽܘܢ \ ܬܥܰܕܰܪ؛ ܢܥܰܕܪ̈ܳܢ
ܡܥܰܕܪܳܐ؛ ܡܥܰܕܪ̈ܳܢ	ܬܪܰܝܳܢܳܐ	ܬܥܰܕܰܪ؛ ܬܥܰܕܪܽܘܢ \ ܬܥܰܕܪܺܝܢ؛ ܬܥܰܕܪ̈ܳܢ
	ܬܠܺܝܬܳܝܳܐ	ܐܥܰܕܰܪ؛ ܢܥܰܕܰܪ

[illegible]

ܐܶܬܥܰܕܰܪ

ܡܬܠܐ

She wants to help her friend - ܨܒܝܐ ܠܡܥܕܪܘܗ̇ ܠܚܒܪܬܗ̇

Help your neighbours - ܥܰܕܰܪܘ ܠܡܩܰܪ̈ܒܰܝܟܽܘܢ

You helped me in time of oppression - ܥܰܕܰܪܬ ܠܝ ܒܥܶܕܳܢ ܐܽܘܠܨܳܢܳܐ

flee ܥܪܩ ܥܪܩ

ܫܡܐ ܦܥܘܠܐ	ܦܪ̈ܨܘܦܐ	ܙܒܢܐ ܥܒܝܪܐ
ܥܪܘܩܐ: ܥܪܘܩܘܬܐ	ܗܠܝܢܐ	ܥܪܩ: ܥܪܩܝܢ \ ܥܪܩܬ: ܥܪ̈ܩܝ
ܥܪܘܩܐ: ܥܪܘܩܝܬܐ	ܗܕܢܐ	ܥܪܩܬ: ܥܪܩܬܘܢ \ ܥܪܩܬܝ: ܥܪ̈ܩܬܝܢ
	ܡܡܠܠܢܐ	ܥܪܩܬ: ܥܪܩܢ \ ܥܪ̈ܩܬ: ܥܪ̈ܩܢ

ܫܡܐ ܠܐ ܡܫܡܠܝܐ	ܦܪ̈ܨܘܦܐ	ܙܒܢܐ ܕܦܩܕܐ
ܡܥܪܩ	ܗܠܝܢܐ	ܥܪܘܩ: ܥܪܘܩܘ \ ܥܪܘܩܝ: ܥܪܘܩ
	ܗܕܢܐ	ܥܪܘܩܘ: ܥܪܘܩܘܢ \ ܥܪܘܩܝ: ܥܪܘܩܝܢ
	ܡܡܠܠܢܐ	ܥܪܘܩܝ: ܥܪܘܩܢ

ܟܠ ܙܒܢܐ ܕܫܪܫܐ	ܦܪ̈ܨܘܦܐ	ܙܒܢܐ ܕܐܬܐ
ܥܪܝܩܐ: ܥܪܝܩܝܢ	ܗܠܝܢܐ	ܢܥܪܘܩ: ܢܥܪܩܘܢ \ ܬܥܪܘܩ: ܢܥܪ̈ܩܢ
ܥܪܝܩܬܐ: ܥܪ̈ܝܩܢ	ܗܕܢܐ	ܬܥܪܘܩ: ܬܥܪܩܘܢ \ ܬܥܪܩܝܢ: ܬܥܪ̈ܩܢ
	ܡܡܠܠܢܐ	ܐܥܪܘܩ: ܢܥܪܘܩ

ܡܠܬܐ ܫܪܫܢܝܬܐ

-

ܡܬܠ̈ܐ

The thief flees from the house-owner - ܓܢܒܐ ܥܪܩ ܡܢ ܡܪܐ ܒܝܬܐ

The king and his army have fled - ܡܠܟܐ ܘܚܝܠܗ ܥܪܝܩܝܢ

We will flee before the start of the war - ܢܥܪܘܩ ܩܕܡ ܫܘܪܝܐ ܕܩܪܒܐ

flee ܥܪܩ ܥܪܰܩ

ܐܰܟܢܳܐ ܕܩܳܐܶܡ	ܦܰܪܨܽܘܦܳܐ	ܙܰܒܢܳܐ ܦܫܺܝܛܳܐ
ܥܪܰܩ: ܥܪܰܩܘ \ ܥܶܪܩܰܬ: ܥܪ̈ܰܩܝ	ܩܰܕܡܳܝܳܐ	ܥܪܽܘܩ: ܥܪܽܘܩܘܢ
ܥܪܰܩܬ: ܥܪܰܩܬܘܢ \ ܥܪܰܩܬܝ: ܥܪܰܩܬܶܝܢ	ܬܪܰܝܳܢܳܐ	ܥܪܽܘܩܝ: ܥܪܽܘܩܶܝܢ
ܥܶܪܩܶܬ: ܥܪܰܩܢ \ ܥܶܪܩܶܬ: ܥܪܰܩܢ	ܬܠܺܝܬܳܝܳܐ	

ܐܰܟܢܳܐ ܕܟܰܕ		ܐܢܐ ܠܐ ܡܫܰܡܠܝܐ
ܥܪܰܩ: ܥܪܰܩܘ \ ܥܪܩܰܬ: ܥܪ̈ܰܩ	ܩܰܕܡܳܝܳܐ	ܡܥܪܰܩ
ܥܪܰܩܬ: ܥܪܰܩܬܘܢ \ ܥܪܰܩܬܝ: ܥܪܰܩܬܶܝܢ	ܬܪܰܝܳܢܳܐ	
ܥܪܰܩܬ: ܥܪܰܩܢ	ܬܠܺܝܬܳܝܳܐ	

ܐܰܟܢܳܐ ܕܢܶܥܒܶܕ		ܡܕܰܒܪ ܫܡܐ ܕܫܡܘܫܐ
ܢܶܥܪܽܘܩ: ܢܶܥܪܩܽܘܢ \ ܬܶܥܪܽܘܩ: ܢܶܥܪ̈ܩܳܢ	ܩܰܕܡܳܝܳܐ	ܥܳܪܶܩ: ܥܳܪܩܺܝܢ
ܬܶܥܪܽܘܩ: ܬܶܥܪܩܽܘܢ \ ܬܶܥܪܩܺܝܢ: ܬܶܥܪ̈ܩܳܢ	ܬܪܰܝܳܢܳܐ	ܥܳܪܩܳܐ: ܥܳܪ̈ܩܳܢ
ܐܶܥܪܽܘܩ: ܢܶܥܪܽܘܩ	ܬܠܺܝܬܳܝܳܐ	

ܡܕܰܒܪܳܐ ܫܡܘܫܳܐ

-

ܡܬ̈ܠܐ

The thief flees from the house-owner - ܓܰܢܳܒܳܐ ܥܳܪܶܩ ܡܶܢ ܡܳܪܶܐ ܒܰܝܬܳܐ

The king and his army have fled - ܡܰܠܟܳܐ ܘܚܰܝܠܶܗ ܥܪܰܩܘ

We will flee before the start of the war - ܢܶܥܪܽܘܩ ܩܕܳܡ ܫܘܪܳܝܳܐ ܕܩܪܳܒܳܐ

compare ܦܚܡ ܦܚܡ

ܙܲܒ݂ܢܵܐ ܥܒ݂ܝܼܪܵܐ	ܦܲܪܨܘܿܦܵܐ	ܙܲܒ݂ܢܵܐ ܕܩܵܝܹܡ
ܦܚܸܡ: ܦܚܸܡܘܗܝ	ܩܲܕ݇ܡܵܝܵܐ	ܡܦܲܚܸܡ: ܡܦܲܚܡܵܐ \ ܡܦܲܚܡܵܢܵܐ: ܡܦܲܚܡܵܢܵܐ
ܦܚܸܡܵܐ: ܦܚܸܡܬܵܐ	ܬܪܲܝܵܢܵܐ	ܡܦܲܚܡܹܬ: ܡܦܲܚܡܵܬܝ \ ܡܦܲܚܡܵܢܹܐܬ: ܡܦܲܚܡܵܢܹܐܬܘܢ
	ܬܠܝܼܬܵܝܵܐ	ܡܦܲܚܡܵܢܵܐ: ܡܦܲܚܡܵܢܝܼ \ ܡܦܲܚܡܵܢܵܐ: ܡܦܲܚܡܵܢܝܼ

ܙܲܒ݂ܢܵܐ ܠܵܐ ܡܫܘܼܡܠܵܐ	ܦܲܪܨܘܿܦܵܐ	ܙܲܒ݂ܢܵܐ ܕܐܵܬܹܐ
ܡܦܲܚܡܘܼ	ܩܲܕ݇ܡܵܝܵܐ	ܦܚܸܡ: ܦܚܸܡܘܼ \ ܦܚܸܡܝ: ܦܚܸܡܢ
	ܬܪܲܝܵܢܵܐ	ܦܚܸܡܬ: ܦܚܸܡܬܘܿܢ \ ܦܚܸܡܬܝ: ܦܚܸܡܬܘܿܢ
	ܬܠܝܼܬܵܝܵܐ	ܦܚܸܡܗ: ܦܚܸܡܗܝ

ܠܒ ܥܡܐ ܕܫܘܼܥܠܵܐ	ܦܲܪܨܘܿܦܵܐ	ܙܲܒ݂ܢܵܐ ܕܦܘܼܩܕܵܢܵܐ
ܢܦܲܚܸܡ: ܡܦܲܚܡܵܢܝܼ	ܩܲܕ݇ܡܵܝܵܐ	ܢܦܲܚܸܡ: ܢܦܲܚܡܘܼ \ ܐܦܲܚܸܡ: ܢܦܲܚܡܵܢ
ܢܦܲܚܡܵܢ: ܡܦܲܚܡܵܢ	ܬܪܲܝܵܢܵܐ	ܐܦܲܚܸܡ: ܐܦܲܚܡܘܼ \ ܐܦܲܚܡܝ: ܐܦܲܚܡܵܢ
	ܬܠܝܼܬܵܝܵܐ	ܝܦܲܚܸܡ: ܢܦܲܚܸܡ

ܡܸܠܬܵܐ ܫܘܼܥܠܵܝܬܵܐ

ܦܘܼܚܵܡܵܐ

ܡܬܠܐ

We will compare two books - ܢܦܲܚܸܡ ܬܪܹܝܢ ܟܬ݂ܵܒ݂ܹܐ

We are comparing two letters - ܡܦܲܚܡܵܢܲܢ ܬܪܹܝܢ ܐܸܓܲܪ̈ܝܵܬ݂ܵܐ

I compared three cities - ܦܚܸܡܝ ܬܠܵܬ݂ ܡܕ݂ܝܼܢ̈ܵܬ݂ܵܐ

compare ܦܚܡ ܦܰܚܶܡ

ܙܢܳܐ ܦܥܽܘܠܳܐ	ܦܰܪܨܽܘܦܳܐ	ܙܰܒܢܳܐ ܕܩܳܐܶܡ
ܦܰܚܶܡ؛ ܦܰܚܡܽܘܗܝ	ܬܠܺܝܬܳܝܳܐ	ܡܦܰܚܶܡ؛ ܡܦܰܚܡܺܝܢ \ ܡܦܰܚܡܳܐ؛ ܡܦܰܚܡܳܢ
ܦܰܚܡܰܬ؛ ܦܰܚܶܡܬܝ	ܬܪܰܝܳܢܳܐ	ܡܦܰܚܡܰܬ؛ ܡܦܰܚܡܺܝܬܽܘܢ \ ܡܦܰܚܡܳܬܝ؛ ܡܦܰܚܡܳܢܶܝܬܶܝܢ
	ܩܰܕܡܳܝܳܐ	ܡܦܰܚܡܶܢܳܐ؛ ܡܦܰܚܡܺܝܢܰܢ \ ܡܦܰܚܡܳܢܳܐ؛ ܡܦܰܚܡܳܢܰܢ

ܙܢܳܐ ܠܳܐ ܡܫܰܡܠܝܳܐ		ܙܰܒܢܳܐ ܕܥܒܰܪ
ܡܦܰܚܡܳܐ	ܬܠܺܝܬܳܝܳܐ	ܦܰܚܶܡ؛ ܦܰܚܡܘ \ ܦܰܚܡܰܬ؛ ܦܰܚܡܶܝ
	ܬܪܰܝܳܢܳܐ	ܦܰܚܶܡܬ؛ ܦܰܚܶܡܬܽܘܢ \ ܦܰܚܶܡܬܝ؛ ܦܰܚܶܡܬܶܝܢ
	ܩܰܕܡܳܝܳܐ	ܦܰܚܡܶܬ؛ ܦܰܚܶܡܢ

ܫܡܳܐ ܕܡܫܰܡܠܝܳܐ		ܙܰܒܢܳܐ ܕܥܳܬܺܝܕ
ܡܦܰܚܶܡ؛ ܡܦܰܚܡܺܝܢ	ܬܠܺܝܬܳܝܳܐ	ܢܦܰܚܶܡ؛ ܢܦܰܚܡܽܘܢ \ ܬܦܰܚܶܡ؛ ܢܦܰܚܡܳܢ
ܡܦܰܚܡܳܐ؛ ܡܦܰܚܡܳܢ	ܬܪܰܝܳܢܳܐ	ܬܦܰܚܶܡ؛ ܬܦܰܚܡܽܘܢ \ ܬܦܰܚܡܺܝܢ؛ ܬܦܰܚܡܳܢ
	ܩܰܕܡܳܝܳܐ	ܐܦܰܚܶܡ؛ ܢܦܰܚܶܡ

ܫܡܳܐ ܡܫܘܚܠܦܳܐ

ܐܶܬܦܰܚܰܡ

ܡܬܠܐ

We will compare two books - ܢܦܰܚܶܡ ܬܪܶܝܢ ܟܬܳܒܺܝܢ

We are comparing two letters - ܡܦܰܚܡܺܝܢܰܢ ܬܰܪܬܶܝܢ ܐܶܓܰܪܳܢ

I compared three cities - ܦܰܚܡܶܬ ܬܠܳܬ ܡܕܺܝܢܳܢ

work ܦܠܚ ܦܠܚ

ܙܒܢܐ ܥܒܝܪܐ	ܦܪ̈ܨܘܦܐ	ܙܒܢܐ ܕܗܫܐ
ܦܠܚܬ: ܦܠܚܬܘܢ	ܡܕܟܪ̈ܢܐ	ܦܠܚ: ܦܠܚܝܢ \ ܦܠܚܢܐ: ܦܠܚܚܢ
ܦܠܚܬܝ: ܦܠܚܬܝܢ	ܡܘܢ̈ܬܢܐ	ܦܠܚܢܐ:ܦܠܚܝܬܘܢ \ ܦܠܚܢܐ:ܦܠܚܬܘܢ
	ܓܘܡ̈ܢܐ	ܦܠܚܝܢ: ܦܠܚܝܢܢ \ ܦܠܚܢܢ: ܦܠܚܚܢ

ܙܒܢܐ ܠܐ ܡܫܘܡܠܝܐ		ܙܒܢܐ ܕܦܘܩܕܢܐ
ܡܦܠܚ	ܡܕܟܪ̈ܢܐ	ܦܠܚ: ܦܠܚܘ \ ܦܠܘܚܝ: ܦܠܚܘ
	ܡܘܢ̈ܬܢܐ	ܦܠܚܝ: ܦܠܚܝܬܘܢ \ ܦܠܚܝ: ܦܠܚܝܢ
	ܓܘܡ̈ܢܐ	ܦܠܘܚ: ܦܠܚܢ

ܡܠܬܐ ܥܡܐ ܕܫܡܐ		ܙܒܢܐ ܕܥܬܝܕ
ܦܠܚ: ܦܠܚܝܢ	ܡܕܟܪ̈ܢܐ	ܝܦܠܘܚ: ܝܦܠܚܘܢ \ ܬܦܠܘܚ: ܝܦܠܚܢ
ܦܠܚܢܐ: ܦܠܚܢܐ	ܡܘܢ̈ܬܢܐ	ܬܦܠܘܚ:ܬܦܠܚܘܢ \ ܬܦܠܚܝܢ:ܬܦܠܚܢ
	ܓܘܡ̈ܢܐ	ܢܦܠܘܚ: ܝܦܠܘܚ

ܡܠܬܐ ܫܡܗܝܐ

-

ܡܬܠܐ

She works eight hours a day - ܦܠܚܐ ܡܢܝܢ ܬܡܢܐ ܫܥܝܢ ܝܘܡܢܝܐ

You will work till the end of the week - ܬܦܠܚܘܢ ܥܕܡܐ ܠܫܘܠܡ ܫܒܬܐ

The lazy do not work hard - ܚܒܢ̈ܐ ܠܐ ܦܠܚܝܢ ܡܥܢܝܐ

work ܦܠܚ ܦܠܰܚ

ܐܢܳܐ ܦܳܥܘܽܠܳܐ ܙܰܒܢܳܐ ܐܰܚܢܳܐ ܕܩܳܐܶܡ

ܦܳܠܰܚ؛ܦܳܠܚܳܐ ܐܶܟܕܳܐ ܦܠܰܚ؛ ܦܠܰܚܬ \ ܦܠܰܚܬ؛ ܦܠܰܚܬ

ܦܳܠܚܺܝܢ؛ܦܳܠܚܳܢ ܐܘܽܢܳܐ ܦܠܰܚܬ؛ܦܠܰܚܬܽܘܢ \ ܦܠܰܚܬܝ؛ܦܠܰܚܬܶܝܢ

ܡܪܽܢܳܐ ܦܠܰܚܢܰܢ؛ ܦܠܰܚܘ \ ܦܠܰܚܢܰܢ؛ ܦܠܰܚܝ

ܐܢܳܐ ܠܳܐ ܡܫܰܠܡܳܐ ܐܰܚܢܳܐ ܕܥܒܰܪ

ܡܦܰܠܰܚ ܐܶܟܕܳܐ ܦܰܠܰܚ؛ ܦܰܠܚܘ \ ܦܰܠܰܚܝ؛ ܦܰܠܚܶܝܢ

ܐܘܽܢܳܐ ܦܰܠܚܬ؛ ܦܰܠܰܚܬܽܘܢ \ ܦܰܠܚܬܝ؛ ܦܰܠܚܬܶܝܢ

ܡܪܽܢܳܐ ܦܰܠܰܚܝ؛ ܦܰܠܚܘ

ܡܰܟܰܒ ܗܰܘܳܐ ܕܡܫܰܡܠܳܐ ܐܰܚܢܳܐ ܕܥܬܺܝܕ

ܦܠܺܝܚ؛ܦܠܺܝܚܳܐ ܐܶܟܕܳܐ ܢܶܦܠܘܽܚ؛ ܬܶܦܠܘܽܚ \ ܐܶܦܠܘܽܚ؛ ܢܶܦܠܚܘܽܢ

ܦܠܺܝܚܺܝܢ؛ ܦܠܺܝܚܳܢ ܐܘܽܢܳܐ ܬܶܦܠܘܽܚ؛ܬܶܦܠܚܘܽܢ \ ܬܶܦܠܚܺܝܢ؛ܬܶܦܠܚܳܢ

ܡܪܽܢܳܐ ܐܶܦܠܘܽܚ؛ ܢܶܦܠܘܽܚ

ܡܰܟܕܳܐ ܕܡܫܰܡܠܳܐ

—

ܡܬܠܐ

She works eight hours a day - ܦܳܠܚܳܐ ܬܡܳܢܶܐ ܫܳܥܺܝܢ ܒܝܰܘܡܳܐ

You will work till the end of the week - ܬܶܦܠܚܽܘܢ ܥܕܰܡܳܐ ܠܫܽܘܠܳܡ ܫܰܒܬܳܐ

The lazy do not work hard - ܡܰܚܝܳܢܶܐ ܠܳܐ ܦܳܠܚܺܝܢ ܒܚܰܝܠܳܐ

ܦܘܩܕܢܐ	ܦܪܨܘܦܐ	ܙܒܢܐ ܕܗܫܐ
ܦܰܣܶܣ: ܦܰܣܶܣܘ	ܬܠܝܬܝܐ	ܡܦܰܣܶܣ: ܡܦܰܣܣܺܝܢ \ ܡܦܰܣܣܳܐ: ܡܦܰܣܣܳܢ
ܦܰܣܶܣܝ: ܦܰܣܶܣܶܝܢ	ܬܪܝܢܐ	ܡܦܰܣܶܣܬ: ܡܦܰܣܣܺܝܬܘܢ \ ܡܦܰܣܣܳܬܝ: ܡܦܰܣܣܳܬܶܝܢ
	ܩܕܡܝܐ	ܡܦܰܣܶܣܢܳܐ: ܡܦܰܣܣܺܝܢܰܢ \ ܡܦܰܣܣܳܢܳܐ: ܡܦܰܣܣܳܢܰܢ

ܫܡܐ ܕܠܐ ܡܫܡܠܝܐ	ܦܪܨܘܦܐ	ܙܒܢܐ ܕܥܒܪ
ܡܦܰܣܳܣܘ	ܬܠܝܬܝܐ	ܦܰܣܶܣ: ܦܰܣܶܣܘ \ ܦܰܣܣܰܬ: ܦܰܣܶܣ̈
	ܬܪܝܢܐ	ܦܰܣܶܣܬ: ܦܰܣܶܣܬܘܢ \ ܦܰܣܶܣܬܝ: ܦܰܣܶܣܬܶܝܢ
	ܩܕܡܝܐ	ܦܰܣܣܶܬ: ܦܰܣܶܣܢ

ܫܡܐ ܕܡܫܡܠܝܢܘܬܐ	ܦܪܨܘܦܐ	ܙܒܢܐ ܕܐܬܐ
ܡܦܰܣܰܣ: ܡܦܰܣܣܺܝܢ	ܬܠܝܬܝܐ	ܢܦܰܣܶܣ: ܢܦܰܣܣܘܢ \ ܬܦܰܣܶܣ: ܢܦܰܣܣܳܢ
ܡܦܰܣܣܳܐ: ܡܦܰܣܣܳܢ	ܬܪܝܢܐ	ܬܦܰܣܶܣ: ܬܦܰܣܣܘܢ \ ܬܦܰܣܣܺܝܢ: ܬܦܰܣܣܳܢ
	ܩܕܡܝܐ	ܐܦܰܣܶܣ: ܢܦܰܣܶܣ

ܡܠܬܐ ܡܫܡܗܐ

ܬܦܣܝܣܐ

ܡܬܠܐ

Allow me my lord to speak with you - ܦܰܣ ܠܝ ܡܳܪܝ ܕܶܐܡܰܠܶܠ ܥܰܡܳܟ݂

It is not allowed (It is forbidden) - ܠܳܐ ܡܦܰܣ

You allowed your son to go - ܦܰܣܶܣܬ ܠܒ݂ܪܳܟ݂ ܕܢܺܐܙܰܠ

ܐ̱ܢܳܐ ܦܳܥܽܘܠܳܐ	ܦܰܪܨܽܘܦܳܐ	ܐܰܝܟܳܐ ܕܩܳܐܶܡ
ܐܰܦܶܣ: ܐܰܦܶܣܘ̱	ܐܰܚܪܳܢܳܐ	ܡܰܦܶܣ: ܡܰܦܣܺܝܢ \ ܡܰܦܣܳܐ: ܡܰܦܣܳܢ
ܐܰܦܶܣܬ: ܐܰܦܶܣܬܘܢ	ܠܘܳܬܳܐ	ܡܰܦܣܰܬ: ܡܰܦܣܺܝܬܘܢ \ ܡܰܦܣܳܬܝ: ܡܰܦܣܳܬܶܝܢ
	ܡܡܰܠܠܳܐ	ܡܰܦܣܢܳܐ: ܡܰܦܣܺܝܢܰܢ \ ܡܰܦܣܳܢܳܐ: ܡܰܦܣܳܢܰܢ

ܐ̱ܢܳܐ ܠܳܐ ܡܫܰܡܠܝܳܐ		ܐܰܝܟܳܐ ܕܥܒܰܪ
ܡܰܦܣܽܘ	ܐܰܚܪܳܢܳܐ	ܐܰܦܶܣ: ܐܰܦܶܣܘ \ ܐܰܦܣܰܬ: ܐܰܦܶܣܝ
	ܠܘܳܬܳܐ	ܐܰܦܶܣܬ: ܐܰܦܶܣܬܘܢ \ ܐܰܦܶܣܬܝ: ܐܰܦܶܣܬܶܝܢ
	ܡܡܰܠܠܳܐ	ܐܰܦܣܶܬ: ܐܰܦܶܣܢ

ܡܰܟܝܳܢ ܗܳܢܳܐ ܕܢܶܗܘܶܐ		ܐܰܝܟܳܐ ܕܥܬܺܝܕ
ܡܰܦܶܣ: ܡܰܦܣܺܝܢ	ܐܰܚܪܳܢܳܐ	ܢܰܦܶܣ: ܢܰܦܣܘܢ \ ܬܰܦܶܣ: ܢܰܦܣܳܢ
ܡܰܦܣܳܐ: ܡܰܦܣܳܢ	ܠܘܳܬܳܐ	ܬܰܦܶܣ: ܬܰܦܣܘܢ \ ܬܰܦܣܺܝܢ: ܬܰܦܣܳܢ
	ܡܡܰܠܠܳܐ	ܐܰܦܶܣ: ܢܰܦܶܣ

ܡܶܠܬܳܐ ܡܫܰܘܚܠܬܳܐ

ܐܶܬܐܰܦܰܣ

ܡܬ̈ܠܐ

Allow me my lord to speak with you - ܐܰܦܶܣ ܠܝ ܡܳܪܝ ܕܐܡܰܠܶܠ ܥܰܡܳܟ݂

It is not allowed (It is forbidden) - ܠܳܐ ܡܰܦܰܣ

You allowed your son to go - ܐܰܦܶܣܬ ܠܒܪܳܟ݂ ܕܢܐܙܶܠ

ܙܒܢܐ ܦܣܘܩܐ	ܦܪܨܘܦܐ	ܙܒܢܐ ܕܥܒܪ
ܦܣܘܩ: ܦܣܘܩܘܢ	ܩܕܡܝܐ	ܦܣܩܝ: ܦܣܩܢ \ ܦܣܩܢ: ܦܣܩܢܢ
ܦܣܘܩܝ: ܦܣܘܩܝܬܘܢ	ܬܪܝܢܐ	ܦܣܩܘܟ: ܦܣܩܘܟܘܢ \ ܦܣܩܟܝ: ܦܣܩܟܝܬܘܢ
	ܬܠܝܬܝܐ	ܦܣܩܠܗ: ܦܣܩܠܗܘܢ \ ܦܣܩܠܗ̇: ܦܣܩܠܗܘܢ

ܙܒܢܐ ܠܐ ܡܫܠܡܐ		ܙܒܢܐ ܕܗܐܕܐ
ܡܦܣܩ	ܩܕܡܝܐ	ܦܣܩܢ: ܦܣܩܘ \ ܦܣܩܢܝ: ܦܣܩܚ
	ܬܪܝܢܐ	ܦܣܩܬ: ܦܣܩܬܘܢ \ ܦܣܩܬܝ: ܦܣܩܬܘܢ
	ܬܠܝܬܝܐ	ܦܣܩܐ: ܦܣܩܝ

ܡܠܬܐ ܥܒܕܐ ܕܫܪܘܝܬܐ		ܙܒܢܐ ܕܥܬܝܕ
ܦܣܝܩܐ: ܦܣܝܩܝ	ܩܕܡܝܐ	ܒܦܣܘܩܢ: ܒܦܣܘܩܘܢ \ ܒܦܣܘܩܢ: ܒܦܣܩܚ
ܦܣܝܩܬܐ: ܦܣܝܩܬܝ	ܬܪܝܢܐ	ܒܦܣܘܩܬ: ܒܦܣܩܘܢ \ ܒܦܣܩܝܬܝ: ܒܦܣܩܬܘܢ
	ܬܠܝܬܝܐ	ܒܦܣܘܩ: ܒܦܣܘܩܝ

ܡܠܬܐ ܫܪܘܝܬܐ

ܒܕ ܦܣܩ

ܡܬܠܐ

Do not cut the garden trees - ܠܐ ܒܦܣܘܩ ܐܝܠܢܐ ܕܓܢܬܐ

She went and cut the bush - ܐܙܠܗ̇ ܘܦܣܩܠܗ̇ ܠܣܢܝܐ

The wood is cut in two - ܩܝܣܐ ܦܣܝܩܐ ܠܬܪܝܢ

ܙܢܳܐ ܦܳܥܽܘܠܳܐ ܩܢܽܘܡܳܐ ܙܰܒܢܳܐ ܕܩܳܐܶܡ

ܦܣܽܘܩ:ܦܣܽܘܩܘ، ܚܰܕܳܢܳܝܳܐ ܦܳܣܶܩ: ܦܳܣܩܺܝܢ \ ܦܳܣܩܳܐ: ܦܳܣܩܳܢ
ܦܣܽܘܩ:ܦܣܽܘܩܶܝܢ ܬܪܰܝܳܢܳܐ ܦܳܣܩܰܬ: ܦܳܣܩܺܝܬܽܘܢ \ ܦܳܣܩܰܬܝ: ܦܳܣܩܳܬܶܝܢ
ܡܰܕܢܳܝܳܐ ܦܳܣܶܩܢܳܐ: ܦܳܣܩܺܝܢܰܢ \ ܦܳܣܩܳܢܳܐ: ܦܳܣܩܳܢܰܢ

ܙܢܳܐ ܠܳܐ ܡܫܰܠܡܳܢܳܐ ܙܰܒܢܳܐ ܕܥܒܰܪ

ܡܶܦܣܰܩ ܚܰܕܳܢܳܝܳܐ ܦܣܰܩ: ܦܣܰܩܘ \ ܦܶܣܩܰܬ: ܦܣܰܩܝ
ܬܪܰܝܳܢܳܐ ܦܣܰܩܬ: ܦܣܰܩܬܽܘܢ، \ ܦܣܰܩܬܝ: ܦܣܰܩܬܶܝܢ
ܡܰܕܢܳܝܳܐ ܦܶܣܩܶܬ: ܦܣܰܩܢ

ܡܶܬܠܰܒ ܫܡܳܐ ܕܫܽܘܡܳܗܳܐ ܙܰܒܢܳܐ ܕܥܬܺܝܕ

ܦܣܺܝܩ:ܦܣܺܝܩܺܝܢ ܚܰܕܳܢܳܝܳܐ ܢܶܦܣܽܘܩ: ܢܶܦܣܩܽܘܢ، \ ܬܶܦܣܽܘܩ: ܢܶܦܣܩܳܢ
ܦܣܺܝܩܳܐ: ܦܣܺܝܩܳܢ ܬܪܰܝܳܢܳܐ ܬܶܦܣܽܘܩ: ܬܶܦܣܩܽܘܢ، \ ܬܶܦܣܩܺܝܢ: ܬܶܦܣܩܳܢ
ܡܰܕܢܳܝܳܐ ܐܶܦܣܽܘܩ: ܢܶܦܣܽܘܩ

ܡܶܠܬܳܐ ܫܽܘܡܳܗܳܐ

ܐܶܬܦܣܶܩ

ܡܬܠܐ

Do not cut the garden trees - ܠܳܐ ܬܶܦܣܽܘܩ ܐܺܝܠܳܢܶܐ ܕܓܰܢܬܳܐ

She went and cut the bush - ܐܶܙܰܠ ܘܦܶܣܩܰܬ ܠܣܰܢܝܳܐ

The wood is cut in two - ܩܰܝܣܳܐ ܦܣܺܝܩ ܠܬܪܶܝܢ

fly ܦܪܚ ܦܪܲܚ

ܙܢܐ ܦܘܩܕܢܐ	ܦܪܨܘܦܐ	ܙܒܢܐ ܕܥܒܝܪ
ܦܪܘܚ: ܦܪܘܚܘܢ	ܡܡܠܠܢܐ	ܦܪܝܚ: ܦܪܝܚܢ \ ܦܪܝܚܐ: ܦܪܝܚܢ
ܦܪܘܚܝ: ܦܪܘܚܝܢ	ܡܨܢܬܢܐ	ܦܪܝܚܬ: ܦܪܝܚܬܘܢ \ ܦܪܝܚܬܝ: ܦܪܝܚܬܘܢ
	ܒܕܘܡܢܐ	ܦܪܝܚܐ: ܦܪܝܚܝ \ ܦܪܝܚܬܐ: ܦܪܝܚܝ

ܙܢܐ ܠܐ ܡܣܝܟܐ		ܙܒܢܐ ܕܗܫܐ
ܡܦܪܚ	ܡܡܠܠܢܐ	ܦܪܚ: ܦܪܚܘ \ ܦܪܚܝ: ܦܪܚܢ
	ܡܨܢܬܢܐ	ܦܪܚܬ: ܦܪܚܬܘܢ \ ܦܪܚܬ: ܦܪܚܬܘܢ
	ܒܕܘܡܢܐ	ܦܪܚܝ: ܦܪܚܝ

ܡܠܬܐ ܥܡܐ ܕܫܡܫܬܐ		ܙܒܢܐ ܕܥܬܝܕ
ܦܪܝܚܐ: ܦܪܝܚܝ	ܡܡܠܠܢܐ	ܝܦܪܚ: ܝܦܪܚܘܢ \ ܝܦܪܚ: ܝܦܪܚܢ
ܦܪܝܚܬܐ: ܦܪܝܚܝ	ܡܨܢܬܢܐ	ܬܦܪܚ: ܬܦܪܚܘܢ \ ܬܦܪܚܝ: ܬܦܪܚܢ
	ܒܕܘܡܢܐ	ܢܦܪܚ: ܝܦܪܚ

ܡܠܬܐ ܫܡܫܬܐ

-

ܡܬܠܐ

The bat flies at night - ܦܪܚܘܦܪܐ ܦܪܚܐ ܒܠܠܝܐ

My plane flies today - ܛܝܪܬܝ ܕܝܠܝ ܦܪܚܐ ܝܘܡܢܐ

The bird will fly from the birdcage - ܛܝܪܐ ܝܦܪܚ ܡܢ ܩܠܘܒܐ

fly ܦܪܚ ܦܪܰܚ

ܐܢܐ ܦܫܘܩܐ	ܦܪܘܩܐ	ܐܚܢܐ ܘܩܝܡ
ܦܪܰܚ: ܦܪܰܚܬ݂	ܩܰܕܡܳܝܳܐ	ܦܪܰܚ: ܦܪܰܚܬ \ ܦܪܰܚܘ: ܦܪ̈ܰܚܝ
ܦܪܰܚ: ܦܪ̈ܰܚܢ	ܐܚܪܳܝܳܐ	ܦܪܰܚܬ: ܦܪܰܚܬܘܢ \ ܦܪܰܚܬܝ: ܦܪ̈ܰܚܬܝܢ
	ܡܨܰܥܳܝܳܐ	ܦܪܰܚܬܐ: ܦܪܰܚܬ \ ܦܪܰܚܢܐ: ܦܪܰܚܢ

ܐܢܐ ܠܐ ܡܫܠܡܝܐ		ܐܚܢܐ ܘܚܕܢ
ܡܦܪܰܚ	ܩܰܕܡܳܝܳܐ	ܦܪܰܚ: ܦܪܰܚܘ \ ܦܪܰܚܝ: ܦܪ̈ܰܚܢ
	ܐܚܪܳܝܳܐ	ܦܪܰܚܬ: ܦܪܰܚܬܘܢ \ ܦܪܰܚܬܝ: ܦܪܰܚܬܝܢ
	ܡܨܰܥܳܝܳܐ	ܦܪܰܚܝ: ܦܪܰܚܢ

ܡܛܠ ܗܕܐ ܕܢܣܩܐ		ܐܚܢܐ ܘܚܕܝܢ
ܦܪܳܚ: ܦܪ̈ܳܚܝܢ	ܩܰܕܡܳܝܳܐ	ܢܦܪܘܚ: ܢܦܪܚܘܢ \ ܐܦܪܘܚ: ܢܦܪ̈ܚܢ
ܦܪܳܚܐ: ܦܪ̈ܳܚܢ	ܐܚܪܳܝܳܐ	ܐܦܪܘܚ: ܐܦܪܚܘܢ \ ܐܦܪܚܝܢ: ܐܦܪ̈ܚܢ
	ܡܨܰܥܳܝܳܐ	ܐܦܪܘܚ: ܢܦܪܘܚ

ܡܛܠܬܐ ܡܢܩܦܬܐ

—

ܡܬܠܐ

The bat flies at night - ܦܪܰܚܕܘܬܐ ܦܳܪܰܚ ܒܠܠܝܐ

My plane flies today - ܛܝܣܬܐ ܕܝܠܝ ܦܳܪܚܐ ܝܘܡܢܐ

The bird will fly from the birdcage - ܛܝܪܐ ܢܦܪܘܚ ܡܢ ܩܦܘܣܬܐ

ܙܒܢܐ ܦܣܘܩܐ	ܦܪܨܘܦܐ	ܙܒܢܐ ܕܥܒܪ
ܦܬܚ: ܦܬܚܬܘܢ	ܡܠܒܒܢܐ	ܦܬܚ: ܦܬܚܝ \ ܦܬܚܬ: ܦܬܚܬܝ
ܦܬܚ: ܦܬܚܝܢ	ܡܕܢܚܢܐ	ܦܬܚܗ: ܦܬܚܝܗܘܢ \ ܦܬܚܗ̇: ܦܬܚܬܘܢ
	ܡܫܡܥܢܐ	ܦܬܚܬܐ: ܦܬܚܝܢ \ ܦܬܚܬܐ: ܦܬܚܬܝܢ

ܫܡܐ ܠܐ ܡܦܣܩܐ		ܙܒܢܐ ܕܩܢܐ
ܡܦܬܚ	ܡܠܒܒܢܐ	ܦܬܚ: ܦܬܚܘ \ ܦܬܚܝ: ܦܬܚܝܢ
	ܡܕܢܚܢܐ	ܦܬܚܗ: ܦܬܚܗܘܢ \ ܦܬܚܗ̇: ܦܬܚܝܢ
	ܡܫܡܥܢܐ	ܦܬܚܝܢ: ܦܬܚܢ

ܠܐ ܥܡܐ ܕܫܡܗܐ		ܙܒܢܐ ܕܐܬܐ
ܦܬܝܚ: ܦܬܝܚܝܢ	ܡܠܒܒܢܐ	ܢܦܬܚ: ܢܦܬܚܘܢ \ ܬܦܬܚ: ܢܦܬܚܢ
ܦܬܝܚܬܐ: ܦܬܝܚܬܐ	ܡܕܢܚܢܐ	ܬܦܬܚ: ܬܦܬܚܘܢ \ ܬܦܬܚܝܢ: ܬܦܬܚܢ
	ܡܫܡܥܢܐ	ܐܦܬܚ: ܢܦܬܚ

ܡܠܬܐ ܫܡܗܝܐ
ܡܦܬܚ

ܡܬܠܐ

Open your hand - ܦܬܘܚ ܐܝܕܟ

The car door is open - ܬܪܥܐ ܕܥܓܠܬܐ ܦܬܝܚ ܝܠܗ

Do not open the lock - ܠܐ ܦܬܚܬܘܢ ܠܗ ܩܘܦܠܐ

ܪܢܐ ܦܫܘܛܐ	ܦܪܨܘܦܐ	ܙܒܢܐ ܕܩܐܡ
ܦܬܚ: ܦܬܚܘܢ	ܠܓܒܪܐ	ܦܬܚ: ܦܬܚܝܢ \ ܦܬܚܐ: ܦܬ̈ܚܢ
ܦܬܚ: ܦܬ̈ܚܝ	ܠܐܢܬܐ	ܦܬܚܬ: ܦܬܚܝܬܘܢ \ ܦܬܚܬܝ: ܦܬ̈ܚܬܝܢ
	ܡܕܘܡܝܐ	ܦܬܚܢܐ: ܦܬܚܝܢܢ \ ܦܬܚܢܐ: ܦܬ̈ܚܢܢ

ܪܢܐ ܠܐ ܡܫܡܠܝܐ		ܙܒܢܐ ܕܥܒܪ
ܡܦܬܚ	ܠܓܒܪܐ	ܦܬܚ: ܦܬܚܘ \ ܦܬܚܬ: ܦܬ̈ܚ
	ܠܐܢܬܐ	ܦܬܚܬ: ܦܬܚܬܘܢ \ ܦܬܚܬܝ: ܦܬ̈ܚܬܝܢ
	ܡܕܘܡܝܐ	ܦܬܚܬ: ܦܬܚܢ

ܡܠܬܐ ܡܢܐ ܕܫܘܡܠܝܐ		ܙܒܢܐ ܕܥܬܝܕ
ܦܬܝܚ: ܦܬܝܚܝܢ	ܠܓܒܪܐ	ܢܦܬܚ: ܢܦܬܚܘܢ \ ܬܦܬܚ: ܢܦܬ̈ܚܢ
ܦܬܝܚܐ: ܦܬ̈ܝܚܢ	ܠܐܢܬܐ	ܬܦܬܚ: ܬܦܬܚܘܢ \ ܬܦܬܚܝܢ: ܬܦܬ̈ܚܢ
	ܡܕܘܡܝܐ	ܐܦܬܚ: ܢܦܬܚ

ܡܠܬܐ ܫܘܡܠܝܐ

ܐܬܦܬܚ

ܡܬܠܐ

Open your hand - ܦܬܚ ܐܝܕܟ

The car door is open - ܬܪܥܐ ܕܪܕܝܬܐ ܦܬܝܚ ܗܘ

Do not open the lock - ܠܐ ܬܦܬܚܘܗܝ ܠܗ ܩܘܦܠܐ

ܙܒܢܐ ܦܘܩܕܢܐ	ܦܪ̈ܨܘܦܐ	ܙܒܢܐ ܕܩܐܡ
ܨܘܡ: ܨܘܡܘܢ	ܗܠܝܟܬܐ	ܨܐܡ: ܨܝܡܝܢ \ ܨܝܡܐ: ܨܝܡ̈ܢ
ܨܘܡܝ: ܨܘܡܝܢ	ܗܕܢܬܐ	ܨܝܡܬ: ܨܝܡܝܬܘܢ \ ܨܝܡܬܝ: ܨܝܡ̈ܢܬܝܢ
	ܡܕܡܟܬܐ	ܨܐܡܢܐ: ܨܝܡܝܢܢ \ ܨܝܡܢܐ: ܨܝܡ̈ܢܢ

ܙܒܢܐ ܠܐ ܡܬܚܡܐ	ܙܒܢܐ ܕܥܒܪ
ܡܨܐܡ	ܗܠܝܟܬܐ	ܨܡ: ܨܡܘ \ ܨܡܝ: ܨܡ̈ܝ
	ܗܕܢܬܐ	ܨܡܬ: ܨܡܬܘܢ \ ܨܡܬܝ: ܨܡܬܝܢ
	ܡܕܡܟܬܐ	ܨܡܬ: ܨܡܢ

ܡܠܬܐ ܥܡܐ ܕܫܡܗܐ		ܙܒܢܐ ܕܐܬܐ
-	ܗܠܝܟܬܐ	ܢܨܘܡ: ܢܨܘܡܘܢ \ ܬܨܘܡ: ܢܨܘܡ̈ܢ
-	ܗܕܢܬܐ	ܬܨܘܡ: ܬܨܘܡܘܢ \ ܬܨܘܡܝܢ: ܬܨܘܡ̈ܢ
	ܡܕܡܟܬܐ	ܐܨܘܡ: ܢܨܘܡ

ܡܠܬܐ ܫܡܗܝܬܐ

ܨܘܡܐ

ܡܬܠܐ

They fasted from bread and wine - ܨܡܘ ܡܢ ܠܚܡܐ ܘܚܡܪܐ

She fasted for Lent - ܨܡܬ ܡܛܠ ܨܘܡܐ ܪܒܐ

Do not say when you are fasting - ܠܐ ܬܐܡܪ ܟܕ ܨܝܡܬ

ܐܰܟܢܳܐ ܕܥܳܒܰܪ	ܦܰܪܨܽܘܦܳܐ	ܐܢܳܐ ܦܳܥܽܘܠܳܐ
ܨܳܐܶܡ: ܨܳܡܺܝܢ \ ܨܳܡܳܐ: ܨܳܡ̈ܳܢ	ܬܠܺܝܬܳܝܳܐ	ܨܰܘܡ: ܨܰܘܡܶܗ݂
ܨܳܡܰܬ: ܨܳܡܬܽܘܢ \ ܨܳܡܬܝ: ܨܳܡ̈ܬܶܝܢ	ܬܪܰܝܳܢܳܐ	ܨܰܘܡܝܢ: ܨܰܘܡ̈ܶܝܢ
ܨܳܐܡܢܳܐ: ܨܳܡܺܝܢܰܢ \ ܨܳܡܢܳܐ: ܨܳܡ̈ܢܰܢ	ܩܰܕܡܳܝܳܐ	

ܐܰܟܢܳܐ ܕܥܳܬܺܝܕ		ܐܢܳܐ ܠܳܐ ܡܫܰܡܠܝܳܐ
ܨܽܘܡ: ܨܽܘܡܘ \ ܨܽܘܡܝ: ܨܽܘܡ̈ܝܢ	ܬܠܺܝܬܳܝܳܐ	ܡܨܽܘܡ
ܨܽܘܡܬ: ܨܽܘܡܬܘܢ \ ܨܽܘܡܬܝ: ܨܽܘܡ̈ܬܶܝܢ	ܬܪܰܝܳܢܳܐ	
ܨܽܘܡ̈ܝ: ܨܽܘܡܰܢ	ܩܰܕܡܳܝܳܐ	

ܐܰܟܢܳܐ ܕܦܳܩܶܕ		ܦܩܕ ܗܘܐ ܘܫܡܫܐ
ܢܨܽܘܡ: ܢܨܽܘܡܘܢ \ ܬܨܽܘܡ: ܢܨܽܘ̈ܡܢ	ܬܠܺܝܬܳܝܳܐ	—
ܬܨܽܘܡ: ܬܨܽܘܡܘܢ \ ܬܨܽܘܡܝܢ: ܬܨܽܘ̈ܡܢ	ܬܪܰܝܳܢܳܐ	—
ܐܨܽܘܡ: ܢܨܽܘܡ	ܩܰܕܡܳܝܳܐ	

ܦܳܩܕܳܐ ܫܡܫܝܐ

ܐܬܬܨܺܝܡ

ܡܬ̈ܠܐ

They fasted from bread and wine - ܨܳܡܘ ܡܶܢ ܠܰܚܡܳܐ ܘܰܚܡܪܳܐ

She fasted for Lent - ܨܳܡܰܬ ܡܶܛܽܠ ܨܰܘܡܳܐ ܪܰܒܳܐ

Do not say when you are fasting - ܠܳܐ ܬܺܐܡܰܪ ܟܰܕ ܨܳܐܶܡ ܐܢ̱ܬ

ܙܲܒܢܵܐ ܕܩܵܐܹܡ	ܦܲܪ̈ܨܘܿܦܹܐ	ܙܢܵܐ ܦܩܘܼܕܵܝܵܐ
ܨܵܐܹܪ: ܨܵܝܪܹܢ \ ܨܵܝܪܵܐ: ܨܵܝܪܵܢ	ܩܲܕܡܵܝܵܐ	ܨܘܼܪ: ܨܘܼܪܘܼܢ
ܨܵܝܪܸܬ: ܨܵܝܪܝܼܬܘܿܢ \ ܨܵܝܪܵܬܝ: ܨܵܝܪܵܬܘܿܢ	ܬܪܲܝܵܢܵܐ	ܨܘܼܪܝ: ܨܘܼܪܹܝܢ
ܨܵܐܪܝܼ: ܨܵܝܪܝܼ \ ܨܵܝܪܵܐ: ܨܵܝܪܝܼ	ܬܠܝܼܬܵܝܵܐ	

ܙܲܒܢܵܐ ܕܥܒܼܝܼܪ	ܦܲܪ̈ܨܘܿܦܹܐ	ܙܢܵܐ ܠܵܐ ܡܫܘܼܚܠܦܵܐ
ܨܪܝ: ܨܪܘ \ ܨܪܹܝ: ܨܪܝܢ	ܩܲܕܡܵܝܵܐ	ܡܨܵܪ
ܨܪܬ: ܨܪܬܘܢ \ ܨܪܬܝ: ܨܪܬܝܢ	ܬܪܲܝܵܢܵܐ	
ܨܪܹܐ: ܨܪܝܼ	ܬܠܝܼܬܵܝܵܐ	

ܙܲܒܢܵܐ ܕܐܵܬܹܐ	ܦܲܪ̈ܨܘܿܦܹܐ	ܫܡܵܐ ܥܒܼܵܕܵܐ ܕܚܫܘܼܚܬܵܐ
ܒܨܘܼܪ: ܒܨܘܼܪܘܼܢ \ ܗܨܘܼܪ: ܒܨܘܼܪܢ	ܩܲܕܡܵܝܵܐ	ܨܝܼܪܵܐ: ܨܝܼܪܹܐ
ܗܨܘܼܪ: ܗܨܘܼܪܘܼܢ \ ܗܨܘܼܪܝ: ܗܨܘܼܪܢ	ܬܪܲܝܵܢܵܐ	ܨܝܼܪܬܵܐ: ܨܝܼܪ̈ܬܐ
ܢܨܘܼܪ: ܒܨܘܼܪ	ܬܠܝܼܬܵܝܵܐ	

ܫܡܵܐ ܚܫܘܼܚܵܝܵܐ

ܬܲܨܘܝܼܪܵܐ

ܡܬܠܐ

He wants to draw a picture of his lover - ܒܵܥܹܐ ܠܡܨܵܪ ܨܘܼܪܬܵܐ ܕܪܵܚܡܹܗ

You drew a picture of our yard - ܨܪܬܘܿܢ ܨܘܼܪܬܵܐ ܕܕܵܪܬܲܢ

Draw your sister's face - ܨܘܼܪܝ ܦܲܪܨܘܿܦܵܐ ܕܚܵܬܵܟ

ܙܲܒ݂ܢܵܐ ܕܩܵܐܹܡ	ܦܲܪܨܘܿܦܵܐ	ܦܘܼܩܕܵܢܵܐ
ܨܵܐܹܪ: ܨܵܝܪܝܼܢ \ ܨܵܝܪܵܐ: ܨܵܝܪ̈ܢ	ܐܲܟ݂ܕ݂ܪܵܐ	ܨܘܼܪ: ܨܘܼܪܘ
ܨܵܐܹܪܲܬ: ܨܵܝܪܝܼܬܘܿܢ \ ܨܵܝܪܲܬܝ: ܨܵܝܪ̈ܢܵܬܹܝܢ	ܐܘܼܢܬܵܐ	ܨܘܼܪܝ: ܨܘܼܪ̈ܝܢ
ܨܵܐܹܪܢܵܐ: ܨܵܝܪܝܼܢܲܢ \ ܨܵܝܪܵܢܵܐ: ܨܵܝܪ̈ܢܲܢ	ܣܲܓܝܼܐܵܐ	

ܙܲܒ݂ܢܵܐ ܕܥܒܲܪ		ܫܡܐ ܠܐ ܡܣܝܡܐ
ܨܵܪ: ܨܵܪܘ \ ܨܵܪܲܬ: ܨܵܪܝ	ܐܲܟ݂ܕ݂ܪܵܐ	ܡܸܨܵܪ
ܨܵܪܬ: ܨܵܪܬܘܿܢ \ ܨܵܪܬܝ: ܨܵܪܬܹܝܢ	ܐܘܼܢܬܵܐ	
ܨܵܪܬ: ܨܵܪܢ	ܣܲܓܝܼܐܵܐ	

ܙܲܒ݂ܢܵܐ ܕܥܲܬܝܼܕ		ܦܥܠܐ ܡܢܐ ܕܫܡܘܫܐ
ܢܨܘܼܪ: ܢܨܘܼܪܘܿܢ \ ܬܨܘܼܪ: ܢܨܘܼܪ̈ܢ	ܐܲܟ݂ܕ݂ܪܵܐ	ܨܝܼܪ: ܨܝܼܪܝܼܢ
ܬܨܘܼܪ: ܬܨܘܼܪܘܿܢ \ ܬܨܘܼܪܝܼܢ: ܬܨܘܼܪ̈ܢ	ܐܘܼܢܬܵܐ	ܨܝܼܪܵܐ: ܨܝܼܪ̈ܢ
ܐܸܨܘܼܪ: ܢܨܘܼܪ	ܣܲܓܝܼܐܵܐ	

ܦܥܠܐ ܫܡܘܫܝܐ

ܐܸܬ݂ܨܝܼܪ

ܡܬ̈ܠܐ

He wants to draw a picture of his lover - ܒܵܥܸܐ ܠܡܸܨܵܪ ܨܘܼܪܬܵܐ ܕܪܵܚܡܹܗ

You drew a picture of our yard - ܨܵܪܬ ܨܘܼܪܬܵܐ ܕܕܵܪܲܢ

Draw your sister's face - ܨܘܼܪ ܦܵܐܬܵܐ ܕܚܵܬܵܟ݂

pray ܨܠܐ ܨܠܝ

ܙܢܐ ܦܘܩܕܢܝܐ	ܦܪܨܘܦܐ	ܙܒ̈ܢܐ ܕܗܫܐ
ܨܠܝ: ܨܠܘ	ܬܠܝܬܝܐ	ܡܨܠܐ: ܡܨܠܝܐ \ ܡܨܠܝܢܐ: ܡܨܠܝܢ
ܨܠܝ: ܨܠܝܢ	ܬܪܝܢܐ	ܡܨܠܝܬ: ܡܨܠܝܬܘܢ \ ܡܨܠܝܬܝ: ܡܨܠܝܢܬܝܢ
	ܩܕܡܝܐ	ܡܨܠܝܢܐ: ܡܨܠܝܢܢ \ ܡܨܠܝܢܬܐ: ܡܨܠܝܢܢ

ܙܢܐ ܠܐ ܡܫܘܚܠܦܐ		ܙܒ̈ܢܐ ܕܥܒܪ
ܡܨܠܝܘ	ܬܠܝܬܝܐ	ܨܠܐ: ܨܠܝܘ \ ܨܠܝܐ: ܨܠܝܝ
	ܬܪܝܢܐ	ܨܠܝܬ: ܨܠܝܬܘܢ \ ܨܠܝܬܝ: ܨܠܝܬܝܢ
	ܩܕܡܝܐ	ܨܠܝܬ: ܨܠܝܢ

ܠܒ ܥܒܕܐ ܕܡܫܘܚܠܦܐ		ܙܒ̈ܢܐ ܕܐܬܝܕ
-	ܬܠܝܬܝܐ	ܢܨܠܐ: ܢܨܠܘܢ \ ܬܨܠܐ: ܢܨܠܝܢ
-	ܬܪܝܢܐ	ܬܨܠܐ: ܬܨܠܘܢ \ ܬܨܠܝܢ: ܬܨܠܝܢ
	ܩܕܡܝܐ	ܐܨܠܐ: ܢܨܠܐ

ܡܝܠܢܐ ܡܫܘܚܠܦܐ

ܡܨܠܝܢܐ

ܡܬ̈ܠܐ

Pray for your neighbours - ܨܠܘ ܥܠ ܫܒ̈ܒܘܬܟܘܢ

Believers are praying in church - ܡܗܝܡܢ̈ܐ ܡܨܠܝܢ ܒܥܕܬܐ

You will pray for the sake of the world - ܬܨܠܘܢ ܥܠ ܕܒܪ ܥܠܡܐ

pray ܨܠܐ ܨܠܝ

ܐܢܐ ܦܩܘܕܐ	ܦܪܨܘܦܐ	ܙܒܢܐ ܕܩܐܡ
ܨܠܝ؛ ܨܠܘ	ܐܟܣܢܝܐ	ܡܨܠܐ؛ ܡܨܠܝܢ \ ܡܨܠܝܐ؛ ܡܨܠܝܢ
ܨܠܝ؛ ܨܠܝܢ	ܠܘܬܝܐ	ܡܨܠܝܬ؛ ܡܨܠܝܬܘܢ \ ܡܨܠܝܬܝ؛ ܡܨܠܝܢܬܝܢ
	ܡܡܠܠܐ	ܡܨܠܝܢܐ؛ ܡܨܠܝܢ \ ܡܨܠܝܢܐ؛ ܡܨܠܝܢ

ܐܢܐ ܠܐ ܡܫܠܡܢܐ	ܦܪܨܘܦܐ	ܙܒܢܐ ܕܥܒܪ
ܡܨܠܝܘ	ܐܟܣܢܝܐ	ܨܠܝ؛ ܨܠܝܘ \ ܨܠܝܬ؛ ܨܠܝ
	ܠܘܬܝܐ	ܨܠܝܬ؛ ܨܠܝܬܘܢ \ ܨܠܝܬܝ؛ ܨܠܝܬܝܢ
	ܡܡܠܠܐ	ܨܠܝܬ؛ ܨܠܝܢ

ܡܠܬܐ ܗܘܐ ܕܫܘܬܦܐ	ܦܪܨܘܦܐ	ܙܒܢܐ ܕܥܬܝܕ
-	ܐܟܣܢܝܐ	ܢܨܠܐ؛ ܢܨܠܘܢ \ ܬܨܠܐ؛ ܢܨܠܝܢ
-	ܠܘܬܝܐ	ܬܨܠܐ؛ ܬܨܠܘܢ \ ܬܨܠܝܢ؛ ܬܨܠܝܢ
	ܡܡܠܠܐ	ܐܨܠܐ؛ ܢܨܠܐ

ܡܠܬܐ ܫܘܬܦܬܐ

ܐܨܠܝ

ܡܬܠܐ

Pray for your neighbours - ܨܠܘ ܥܠ ܡܩܪܒܝܟܘܢ

Believers are praying in church - ܡܗܝܡܢܐ ܡܨܠܝܢ ܒܥܕܬܐ

You will pray for the sake of the world - ܬܨܠܘܢ ܥܠ ܐܦܝ ܥܠܡܐ

accept ܩܒܠ ܩܒܠ

ܙܒܢܐ ܦܫܝܛܐ	ܦܪܨܘܦܐ	ܙܒܢܐ ܕܥܒܪ
ܩܒܠ: ܩܒܠܘ	ܬܠܝܬܝܐ	ܡܩܒܠ: ܡܩܒܠܝܢ \ ܡܩܒܠܐ: ܡܩܒܠܢ
ܩܒܠܬ: ܩܒܠܬܘܢ	ܬܪܝܢܐ	ܡܩܒܠܬ: ܡܩܒܠܬܘܢ \ ܡܩܒܠܬܝ: ܡܩܒܠܬܝܢ
	ܩܕܡܝܐ	ܡܩܒܠܢܐ: ܡܩܒܠܝܢܢ \ ܡܩܒܠܢܐ: ܡܩܒܠܢܢ

ܙܒܢܐ ܠܐ ܡܫܡܠܝܐ		ܙܒܢܐ ܕܗܫܐ
ܡܩܒܠܘ	ܬܠܝܬܝܐ	ܩܒܠ: ܩܒܠܗ \ ܩܒܠܝ: ܩܒܠܬ
	ܬܪܝܢܐ	ܩܒܠܬ: ܩܒܠܬܘܢ \ ܩܒܠܬܝ: ܩܒܠܬܝܢ
	ܩܕܡܝܐ	ܩܒܠܝ: ܩܒܠܢ

ܡܠܬܐ ܥܡܐ ܕܦܘܩܕܢܐ		ܙܒܢܐ ܕܥܬܝܕ
ܡܩܒܠ: ܡܩܒܠܝܢ	ܬܠܝܬܝܐ	ܢܩܒܠ: ܢܩܒܠܘܢ \ ܬܩܒܠ: ܢܩܒܠܢ
ܡܩܒܠܐ: ܡܩܒܠܢ	ܬܪܝܢܐ	ܬܩܒܠ: ܬܩܒܠܘܢ \ ܬܩܒܠܝܢ: ܬܩܒܠܢ
	ܩܕܡܝܐ	ܐܩܒܠ: ܢܩܒܠ

ܡܠܬܐ ܦܘܩܕܢܐ

ܡܬܩܒܠ

ܡܬܠܐ

Accept this gift from me - ܩܒܠ ܗܢܐ ܩܘܪܒܢܐ ܡܢܝ

Do not accept his bribe - ܠܐ ܡܩܒܠܬ ܫܘܚܕܗ

We must not accept persecution - ܘܠܝ ܕܠܐ ܢܩܒܠ ܪܕܘܦܝܐ

ܙܢܐ ܦܣܘܩܐ	ܦܲܪܨܘܿܦܵܐ	ܓܢܣܐ ܘܡܢܝܢ
ܩܲܒܸܠ: ܩܲܒܸܠܘܿܢ	ܐܲܟ݂ܣܢܵܝܵܐ	ܡܩܲܒܸܠ: ܡܩܲܒܠܝܼܢ \ ܡܩܲܒܠܵܐ: ܡܩܲܒܠܵܢ
ܩܲܒܸܠܬ: ܩܲܒܸܠܬܘܿܢ	ܐܲܘܬܵܝܵܐ	ܡܩܲܒܠܲܬ: ܡܩܲܒܠܝܼܬܘܿܢ \ ܡܩܲܒܠܲܬܝ: ܡܩܲܒܠܵܬܹܝܢ
	ܩܲܪܝܼܒܵܐ	ܡܩܲܒܸܠܢܵܐ: ܡܩܲܒܠܝܼܢܲܢ \ ܡܩܲܒܠܵܢܵܐ: ܡܩܲܒܠܵܢܲܢ

ܙܢܐ ܠܐ ܡܫܲܠܡܵܐ		ܓܢܣܐ ܘܚܕ
ܡܩܲܒܘܼܠܗ̇	ܐܲܟ݂ܣܢܵܝܵܐ	ܩܲܒܸܠ: ܩܲܒܸܠܘ \ ܩܲܒܸܠܝ: ܩܲܒܸܠܝܢ
	ܐܲܘܬܵܝܵܐ	ܩܲܒܸܠܬ: ܩܲܒܸܠܬܘܿܢ \ ܩܲܒܸܠܬܝ: ܩܲܒܸܠܬܹܝܢ
	ܩܲܪܝܼܒܵܐ	ܩܲܒܸܠܝ: ܩܲܒܸܠܢ

ܦܘܩܕ ܡܢܐ ܘܫܘܡܠܝܐ		ܓܢܣܐ ܘܚܕܡܢ
ܡܩܲܒܸܠ: ܡܩܲܒܠܝܼܢ	ܐܲܟ݂ܣܢܵܝܵܐ	ܢܩܲܒܸܠ: ܢܩܲܒܠܘܿܢ \ ܬܩܲܒܸܠ: ܢܩܲܒܠܵܢ
ܡܩܲܒܠܵܐ: ܡܩܲܒܠܵܢ	ܐܲܘܬܵܝܵܐ	ܬܩܲܒܸܠ: ܬܩܲܒܠܘܿܢ \ ܬܩܲܒܠܝܼܢ: ܬܩܲܒܠܵܢ
	ܩܲܪܝܼܒܵܐ	ܐܩܲܒܸܠ: ܢܩܲܒܸܠ

ܦܘܩܕܢܐ ܫܘܡܠܝܐ

ܐܲܩܲܒܸܠ

ܡܬܠܐ

Accept this gift from me - ܩܲܒܸܠ ܗܵܕܐ ܡܘܿܗܲܒ݂ܬܵܐ ܡܸܢܝ

Do not accept his bribe - ܠܵܐ ܬܩܲܒܠܝܼ ܫܘܿܚܕܹܗ

We must not accept persecution - ܘܳܠܐ ܕܠܳܐ ܢܩܲܒܸܠ ܪܕܘܼܦܝܵܐ

wait ܣܟܐ ܣܲܟܹܐ

ܙܢܵܐ ܦܫܝܼܛܵܐ	ܦܲܪ̈ܨܘܿܦܹܐ	ܙܲܒ̣ܢܵܐ ܕܥܒ̣ܝܼܪ
ܣܲܟܝܼ: ܣܲܟܘܼ	ܡܠܝܼܠܵܐ	ܡܣܲܟܹܐ: ܡܣܲܟܝܵܐ \ ܡܣܲܟܹܝܢܵܐ: ܡܣܲܟܝܵܢܹܐ
ܣܲܟܵܐ: ܣܲܟܝܼܬܘܿܢ	ܡܲܦܢܝܵܐ	ܡܣܲܟܹܝܬ: ܡܣܲܟܝܵܬܝ \ ܡܣܲܟܹܝܬܘܿܢ: ܡܣܲܟܝܵܢܹܬܘܿܢ
	ܡܲܨܠܝܵܐ	ܡܣܲܟܹܢ: ܡܣܲܟܝܵܢ \ ܡܣܲܟܹܝܢܲܢ: ܡܣܲܟܝܵܢܲܢ

ܙܢܵܐ ܕ ܡܲܨܕܪܵܐ		ܙܲܒ̣ܢܵܐ ܕܗܵܫܵܐ
ܡܣܲܟܘܼܝܹܐ	ܡܠܝܼܠܵܐ	ܣܲܟܹܐ: ܣܲܟܝܵܐ \ ܣܲܟܹܝܝ: ܣܲܟܝܵܢܹܐ
	ܡܲܦܢܝܵܐ	ܣܲܟܹܝܬ: ܣܲܟܝܵܬܝ \ ܣܲܟܹܝܬ: ܣܲܟܝܵܬܘܿܢ
	ܡܲܨܠܝܵܐ	ܣܲܟܹܝܢ: ܣܲܟܝܵܢ

ܡܸܠܹܐ ܥܲܡ ܕܫܲܡܫܵܐ		ܙܲܒ̣ܢܵܐ ܕܥܵܬ̣ܝܼܕ
–	ܡܠܝܼܠܵܐ	ܢܣܲܟܹܐ: ܢܣܲܟܝܵܐ \ ܗܣܲܟܹܐ: ܢܣܲܟܝܵܢܹܐ
–	ܡܲܦܢܝܵܐ	ܗܣܲܟܹܐ: ܗܣܲܟܝܵܐ \ ܗܣܲܟܹܝܬ: ܗܣܲܟܝܵܢܹܐ
	ܡܲܨܠܝܵܐ	ܢܣܲܟܹܐ: ܢܣܲܟܹܐ

ܡܸܠܹ̈ܐ ܫܲܡܫܵܢܵܝܹ̈ܐ

-

ܡܲܬ̥ܠܹ̈ܐ

Wait here next to me - ܣܲܟܝܼ ܗܲܪܟܵܐ ܓܸܢܒܝܼ

The passengers are waiting for the bus - ܪ̈ܟܵܒܹܐ ܡܣܲܟܝܵܢܹܐ ܠܦܵܣܝܼܩܬܵܐ

You waited two days because of me - ܣܲܟܝܼܠܵܘܟ̣ܘܿܢ ܬܪܹܝܢ ܝܵܘܡܵܢܹ̈ܐ ܡܸܛܠܵܬܝܼ

wait ܣܟܐ ܣܰܟܺܝ

ܙܰܒܢܳܐ ܕܩܳܐܶܡ	ܦܰܪܨܽܘܦܳܐ	ܙܢܳܐ ܦܽܘܩܕܳܢܳܐ
ܡܣܰܟܶܐ: ܡܣܰܟܶܝܢ \ ܡܣܰܟܝܳܐ: ܡܣܰܟܝܳܢ	ܠܰܒܪܳܝܳܐ	ܣܰܟܳܐ: ܣܰܟܰܘ
ܡܣܰܟܶܝܬ: ܡܣܰܟܶܝܬܽܘܢ \ ܡܣܰܟܝܳܬܝ: ܡܣܰܟܝܳܬܶܝܢ	ܠܘܳܬܳܝܳܐ	ܣܰܟܳܝ: ܣܰܟܳܝܶܝܢ
ܡܣܰܟܶܝܢܳܐ: ܡܣܰܟܶܝܢܰܢ \ ܡܣܰܟܝܳܢܳܐ: ܡܣܰܟܝܳܢܰܢ	ܡܡܰܠܠܳܐ	

ܙܰܒܢܳܐ ܕܥܒܰܪ		ܙܢܳܐ ܠܳܐ ܡܣܰܝܟܳܐ
ܣܰܟܺܝ: ܣܰܟܺܝܘ \ ܣܰܟܝܰܬ: ܣܰܟܺܝ	ܠܰܒܪܳܝܳܐ	ܡܣܰܟܳܝܽܘ
ܣܰܟܺܝܬ: ܣܰܟܺܝܬܽܘܢ \ ܣܰܟܺܝܬ: ܣܰܟܺܝܬܶܝܢ	ܠܘܳܬܳܝܳܐ	
ܣܰܟܺܝܬ: ܣܰܟܺܝܢܰܢ	ܡܡܰܠܠܳܐ	

ܙܰܒܢܳܐ ܕܥܳܬܶܝܕ		ܡܶܠܬܳܐ ܗܳܘܝܳܐ ܕܫܡܳܗܳܐ
ܢܣܰܟܶܐ: ܢܣܰܟܽܘܢ \ ܬܣܰܟܶܐ: ܢܣܰܟܝܳܢ	ܠܰܒܪܳܝܳܐ	-
ܬܣܰܟܶܐ: ܬܣܰܟܽܘܢ \ ܬܣܰܟܶܝܢ: ܬܣܰܟܝܳܢ	ܠܘܳܬܳܝܳܐ	-
ܐܣܰܟܶܐ: ܢܣܰܟܶܐ	ܡܡܰܠܠܳܐ	

ܡܶܠܬܳܐ ܫܡܳܗܳܝܳܐ

-

ܡ̈ܬܠܐ

Wait here next to me - ܣܰܟܳܐ ܗܳܪܟܳܐ ܠܓܶܢܒܝ

The passengers are waiting for the bus - ܪ̈ܟܳܒܶܐ ܡܣܰܟܶܝܢ ܠܒܳܣܳܐ

You waited two days because of me - ܣܰܟܺܝܬ ܬܪܶܝܢ ܝܰܘ̈ܡܺܝܢ ܡܶܛܽܠܳܬܝ

ܙܒܢܐ ܦܘܩܕܢܐ	ܦܪܨܘܦܐ	ܙܒܢܐ ܕܩܐܡ
ܩܘܡ: ܩܘܡܘܢ	ܡܠܝܠܢܐ	ܩܐܡ: ܩܝܡܝܢ \ ܩܝܡܐ: ܩܝܡܢ
ܩܘܡܝ: ܩܘܡܝܢ	ܡܨܬܢܐ	ܩܝܡܬ: ܩܝܡܝܬܘܢ \ ܩܝܡܬܝ: ܩܝܡܬܝܢ
	ܡܕܡܟܢܐ	ܩܐܡܢܐ: ܩܝܡܝܢܢ \ ܩܝܡܢܐ: ܩܝܡܢܢ

ܗܘ ܠܐ ܡܫܚܠܦܐ		ܙܒܢܐ ܕܥܒܪ
ܩܝܡ	ܡܠܝܠܢܐ	ܩܡ: ܩܡܘ \ ܩܡܬ: ܩܡܝ
	ܡܨܬܢܐ	ܩܡܬ: ܩܡܬܘܢ \ ܩܡܬܝ: ܩܡܬܝܢ
	ܡܕܡܟܢܐ	ܩܡܬ: ܩܡܢ

ܫܡ ܥܒܕܐ ܕܫܪܝܪܐ		ܙܒܢܐ ܕܐܬܐ
ܩܝܡܐ: ܩܝܡܝܢ	ܡܠܝܠܢܐ	ܢܩܘܡ: ܢܩܘܡܘܢ \ ܬܩܘܡ: ܢܩܘܡܢ
ܩܝܡܬܐ: ܩܝܡܬܐ	ܡܨܬܢܐ	ܬܩܘܡ: ܬܩܘܡܘܢ \ ܬܩܘܡܝܢ: ܬܩܘܡܢ
	ܡܕܡܟܢܐ	ܐܩܘܡ: ܢܩܘܡ

ܡܠܬܐ ܫܪܝܪܬܐ

-

ܡܬܠܐ

The crowd stands before the king - ܟܢܫܐ ܩܐܡ ܩܕܡ ܡܠܟܐ

Stand and do not sit - ܩܘܡܘܢ ܘܠܐ ܬܝܬܒܘܢ

We stood up when we saw the accident - ܩܡܢ ܟܕ ܚܙܝܢ ܠܚܘܕܬܐ

stand ܩܡ ܩܘܼܡ

ܐܢܐ ܦܥܘܿܠܐ	ܦܪܨܘܦܐ	ܙܲܒܢܵܐ ܕܩܵܐܹܡ
ܗܘܿ؛ ܗܢܘܿܢ	ܬܠܝܼܬܵܝܵܐ	ܩܵܐܹܡ؛ ܩܵܝܡܝܼܢ \ ܩܵܝܡܵܐ؛ ܩܵܝ̈ܡܵܢ
ܗܝܼ؛ ܗܢܹ̈ܝܢ	ܬܪܲܝܵܢܵܐ	ܩܵܝܡܲܬ؛ ܩܵܝܡܝܼܬܘܿܢ \ ܩܵܝܡܵܬܝ؛ ܩܵܝ̈ܡܵܬܹܝܢ
	ܩܲܕܡܵܝܵܐ	ܩܵܐܹܡܢܵܐ؛ ܩܵܝܡܝܼܢܲܢ \ ܩܵܝܡܵܢܵܐ؛ ܩܵܝ̈ܡܵܢܲܢ

ܐܢܐ ܠܐ ܡܬܚܡܣܢܐ	ܦܪܨܘܦܐ	ܙܲܒܢܵܐ ܕܥܒܲܪ
ܩܝܼܡ	ܬܠܝܼܬܵܝܵܐ	ܩܵܡ؛ ܩܵܡܘ \ ܩܵܡܲܬ؛ ܩܵܡ̈ܝ
	ܬܪܲܝܵܢܵܐ	ܩܵܡܬ؛ ܩܵܡܬܘܿܢ \ ܩܵܡܬܝ؛ ܩܵܡ̈ܬܹܝܢ
	ܩܲܕܡܵܝܵܐ	ܩܵܡܹܬ؛ ܩܵܡܲܢ

ܫܡܗ ܫܡܐ ܘܫܡܫܐ	ܦܪܨܘܦܐ	ܙܲܒܢܵܐ ܕܥܬܝܼܕ
ܩܵܐܹܡ؛ ܩܵܝܡܝܼܢ	ܬܠܝܼܬܵܝܵܐ	ܢܩܘܿܡ؛ ܢܩܘܿܡܘܿܢ \ ܬܩܘܿܡ؛ ܢܩܘܿ̈ܡܵܢ
ܩܵܝܡܵܐ؛ ܩܵܝ̈ܡܵܢ	ܬܪܲܝܵܢܵܐ	ܬܩܘܿܡ؛ ܬܩܘܿܡܘܿܢ \ ܬܩܘܿܡܝܼܢ؛ ܬܩܘܿ̈ܡܵܢ
	ܩܲܕܡܵܝܵܐ	ܐܩܘܿܡ؛ ܢܩܘܿܡ

ܦܘܼܩܕܵܢܵܐ
ܩܘܿܡ؛ ܩܘܿܡܘ
ܩܘܿܡܝ؛ ܩܘܿ̈ܡܹܝܢ

ܡܬ̈ܠܐ

The crowd stands before the king - ܟܢܫܐ ܩܐܹܡ ܩܕܡ ܡܲܠܟܵܐ

Stand and do not sit - ܩܘܿܡܘ ܘܠܐ ܬܬܒܘܢ

We stood up when we saw the accident - ܩܵܡܢ ܟܕ ܚܙܝܢ ܣܘܼܪܚܵܢܵܐ

kill ܩܛܠ ܩܛܠ

ܙܢܐ ܦܥܘܠܐ	ܦܪܨܘܦܐ	ܙܒܢܐ ܕܩܐܡ
ܩܛܘܠܐ: ܩܛܘܠܗ	ܬܠܝܬܝܐ	ܩܛܠ: ܩܛܠܐ \ ܩܛܠܝ: ܩܛܠܝ
ܩܛܘܠܐ: ܩܛܘܠܬܐ	ܬܪܝܢܐ	ܩܛܠܬ: ܩܛܠܬܘܢ \ ܩܛܠܬ: ܩܛܠܬܘܢ
	ܩܕܡܝܐ	ܩܛܠܢ: ܩܛܠܢ \ ܩܛܠܢ: ܩܛܠܢ

ܙܢܐ ܠܐ ܡܫܠܡܐ		ܙܒܢܐ ܕܥܒܪ
ܩܛܘܠ	ܬܠܝܬܝܐ	ܩܛܠ: ܩܛܠܗ \ ܩܛܠܝ: ܩܛܠܬ
	ܬܪܝܢܐ	ܩܛܠܗ: ܩܛܠܗܘܢ \ ܩܛܠܗ: ܩܛܠܗܘܢ
	ܩܕܡܝܐ	ܩܛܠܝ: ܩܛܠܢ

ܡܠܬܐ ܥܡܐ ܕܫܘܪܝܐ		ܙܒܢܐ ܕܥܬܝܕ
ܩܛܘܠ: ܩܛܘܠܘܢ	ܬܠܝܬܝܐ	ܢܩܛܘܠ: ܢܩܛܠܘܢ \ ܬܩܛܘܠ: ܢܩܛܠܢ
ܩܛܘܠܝ: ܩܛܘܠܢ	ܬܪܝܢܐ	ܬܩܛܘܠ: ܬܩܛܠܘܢ \ ܬܩܛܠܝܢ: ܬܩܛܠܢ
	ܩܕܡܝܐ	ܐܩܛܘܠ: ܢܩܛܘܠ

ܡܠܬܐ ܫܪܝܬܐ

ܬܩܛܝܠ

ܡܬܠܐ

Do not kill - ܠܐ ܬܩܛܘܠ

She killed her sister - ܩܛܠܠܗ̇ ܠܚܬܗ̇

We can kill him - ܡܨܝܢ ܠܢ ܕܢܩܛܘܠ ܠܗ

ܙܒܢܐ ܥܒܝܪܐ	ܦܪܨܘܦܐ	ܐܟܢܐ ܕܩܘܡ
ܩܛܠ ؛ ܩܛܠܘܢ	ܠܟܡܢܐ	ܩܛܠܬ ؛ ܩܛܠܬܝ \ ܩܛܠܬ ؛ ܩܛܠܢ
ܩܛܠܬ ؛ ܩܛܠܝܢ	ܠܐܘܬܐ	ܩܛܠܬܘܢ ؛ ܩܛܠܬܘܢ \ ܩܛܠܬܝܢ ؛ ܩܛܠܬܝܢ
	ܦܪܨܐ	ܩܛܠܬܐ ؛ ܩܛܠܬܝ \ ܩܛܠܬܐ ؛ ܩܛܠܢ

ܙܒܢܐ ܠܐ ܡܫܡܠܝܐ		ܐܟܢܐ ܕܚܕܐ
ܢܩܛܘܠ	ܠܟܡܢܐ	ܩܛܠ ؛ ܩܛܠܗ \ ܢܩܛܠ ؛ ܩܛܠܬ
	ܠܐܘܬܐ	ܩܛܠܬ ؛ ܩܛܠܬܘܢ \ ܩܛܠܬܝ ؛ ܩܛܠܬܝܢ
	ܦܪܨܐ	ܢܩܛܠ ؛ ܩܛܠܢ

ܦܩܕ ܗܘܐ ܕܫܘܘܕܝܐ		ܐܟܢܐ ܕܚܕܢܝ
ܩܛܘܠ ؛ ܩܛܘܠܝܢ	ܠܟܡܢܐ	ܢܩܛܘܠ ؛ ܢܩܛܠܘܢ \ ܐܩܛܘܠ ؛ ܢܩܛܠܢ
ܩܛܘܠ ؛ ܩܛܘܠܝ	ܠܐܘܬܐ	ܐܩܛܘܠ ؛ ܐܩܛܠܘܢ \ ܐܩܛܠܝܢ ؛ ܐܩܛܠܢ
	ܦܪܨܐ	ܐܩܛܘܠ ؛ ܢܩܛܘܠ

ܡܕܒܪܐ ܫܡܗܝܐ

ܐܩܛܘܠ

ܡܠܐ̈

Do not kill - ܠܐ ܐܩܛܘܠ

She killed her sister - ܩܛܠܬ ܚܬܗ̇

We can kill him - ܡܨܝܐ ܠܢ ܕܢܩܛܘܠ ܠܗ

ܩܢܵܐ ܩܢܐ gain

ܙܢܵܐ ܦܫܝܼܛܵܐ	ܦܲܪܨܘܿܦܵܐ	ܙܲܒܼܢܵܐ ܕܥܒܼܝܼܪܵܐ
ܩܢܹܐ: ܩܢܝܼܢ	ܡܡܲܠܠܵܢܵܐ	ܩܢܹܐ: ܩܢܝܼܢ \ ܩܢܹܝܬܵܐ: ܩܢܝܼܬܵܢ
ܩܢܹܐ: ܩܢܝܼܬܘܿܢ	ܡܕܲܢܢܵܐ	ܩܢܝܼܬ: ܩܢܝܼܬܘܿܢ \ ܩܢܝܼܬܝ: ܩܢܝܼܬܘܿܢ
	ܡܕܘܿܟܼܢܵܐ	ܩܢܹܐ: ܩܢܹܐ \ ܩܢܝܼܬܵܐ: ܩܢܝܼܬܵܐ

ܙܢܵܐ ܠܵܐ ܡܫܘܼܚܠܦܵܐ	ܦܲܪܨܘܿܦܵܐ	ܙܲܒܼܢܵܐ ܕܗܵܫܵܐ
ܩܢܵܝܵܐ	ܡܡܲܠܠܵܢܵܐ	ܩܢܹܐ: ܩܢܹܢ \ ܩܢܝܵܐ: ܩܢܝܵܢ
	ܡܕܲܢܢܵܐ	ܩܢܹܬ: ܩܢܹܬܘܿܢ \ ܩܢܝܵܬ: ܩܢܹܬܘܿܢ
	ܡܕܘܿܟܼܢܵܐ	ܩܢܹܐ: ܩܢܹܝ \ ܩܢܝܵܐ: ܩܢܹܝ

ܡܸܠܬܵܐ ܥܒܼܵܕܵܐ ܕܦܘܼܩܕܵܢܵܐ	ܦܲܪܨܘܿܦܵܐ	ܙܲܒܼܢܵܐ ܕܐܵܬܹܐ
ܩܢܝܼ: ܩܢܝܼ	ܡܡܲܠܠܵܢܵܐ	ܒܸܩܢܹܐ: ܒܸܩܢܹܢ \ ܒܸܩܢܝܵܐ: ܒܸܩܢܝܵܢ
ܩܢܵܘ: ܩܢܵܘܢ	ܡܕܲܢܢܵܐ	ܒܸܩܢܹܬ: ܒܸܩܢܹܬܘܿܢ \ ܒܸܩܢܝܵܬ: ܒܸܩܢܹܬܘܿܢ
	ܡܕܘܿܟܼܢܵܐ	ܒܸܩܢܹܐ: ܒܸܩܢܹܝ

ܡܸܠܬܵܐ ܫܲܡܗܵܝܬܵܐ

ܡܲܩܢܝܵܢܘܼܬܵܐ

ܡܬܠܐ

She gained riches by chance - ܩܢܝܼ ܥܘܼܬܪܵܐ ܒܲܓܼܕܵܐ

I will gain a good position at work - ܒܸܩܢܹܐ ܕܲܪܓܵܐ ܛܵܒܼܵܐ ܒܦܘܼܠܚܵܢܵܐ

Maybe you will gain money through the lottery - ܒܲܠܟܵܐ ܒܸܩܢܹܬ ܙܘܼܙܹܐ ܒܦܘܼܣܬܵܐ

ܙܰܒܢܳܐ ܥܒܽܘܪܳܐ	ܦܰܪܨܽܘܦܳܐ	ܐܰܟܢܳܐ ܕܡܳܠܶܐ
ܩܢܶܐ؛ ܩܢܳܬ	ܠܰܟܬܳܒܳܐ	ܩܢܺܐ؛ ܩܢܶܝ \ ܩܢܳܢܳܐ؛ ܩܢܶܢ
ܩܢܰܘ؛ ܩܢ̈ܝܳܝ	ܠܰܘܬܳܐ	ܩܢܶܝܬ؛ ܩܢܶܝܬܘܿܢ \ ܩܢܰܝܬ؛ ܩܢܰܝܬܶܝܢ
	ܩܰܪܝܳܐ	ܩܢܶܝܢܳܐ؛ ܩܢܶܝܢܰܢ \ ܩܢܰܝܢܳܐ؛ ܩܢܰܝܢܰܢ

ܙܰܒܢܳܐ ܠܳܐ ܡܫܰܠܡܳܐ	ܦܰܪܨܽܘܦܳܐ	ܐܰܟܢܳܐ ܕܚܰܕ
ܩܳܢܶܐ	ܠܰܟܬܳܒܳܐ	ܩܳܢܶܐ؛ ܩܳܢܳܐ \ ܩܳܢܝܳܐ؛ ܩܳܢܝܳܐ
	ܠܰܘܬܳܐ	ܩܳܢܶܝܬ؛ ܩܳܢܶܝܬܘܿܢ \ ܩܳܢܝܰܬ؛ ܩܳܢܝܰܬܶܝܢ
	ܩܰܪܝܳܐ	ܩܳܢܶܝܢ؛ ܩܳܢܶܝܢܰܢ

ܦܩܳܕܬ ܩܰܕܡܳܐ ܘܫܘܼܪܳܝܳܐ	ܦܰܪܨܽܘܦܳܐ	ܐܰܟܢܳܐ ܕܣܰܓܺܝ
ܩܢܳܐ؛ ܩܢܶܝ	ܠܰܟܬܳܒܳܐ	ܢܩܢܶܐ؛ ܢܩܢܽܘܢ \ ܐܶܩܢܶܐ؛ ܢܩܢܶܝܢ
ܩܢܳܐ؛ ܩܢܶܝܢ	ܠܰܘܬܳܐ	ܐܶܩܢܶܐ؛ ܐܶܩܢܽܘܢ \ ܐܶܩܢܶܝ؛ ܐܶܩܢܶܝܢ
	ܩܰܪܝܳܐ	ܐܶܩܢܶܐ؛ ܢܩܢܶܐ

ܦܩܳܕܳܐ ܫܘܼܡܳܗܳܐ

ܐܶܩܢܶܐ

ܡܬܠܐ

She gained riches by chance - ܩܢܳܬ ܢܶܟܣ̈ܶܐ ܒܓܰܕܳܐ

I will gain a good position at work - ܐܶܩܢܶܐ ܕܰܪܓܳܐ ܛܳܒܳܐ ܒܦܘܼܠܚܳܢܳܐ

Maybe you will gain money through the lottery - ܒܰܠܟܺܝ ܐܶܩܢܶܐ ܙܘܼܙܶܐ ܒܦܘܼܣܳܐ

read ܩܪܐ ܩܪܵܐ

ܪܹܫܵܐ ܦܥܘܿܠܵܐ	ܦܲܪܨܘܿܦܵܐ	ܙܒܢܐ ܕܥܒܪ
ܩܪܹܐ؛ ܩܪܵܬ݂	ܡܡܲܠܠܵܢܵܐ	ܩܪܹܐ؛ ܩܪܝܬ \ ܩܪܝܢܢ؛ ܩܪܝܢܢ
ܩܪ̈ܘ؛ ܩܪ̈ܝܢ	ܡܨܲܢܬܵܢܵܐ	ܩܪܝܬ؛ ܩܪܝܬܘܢ \ ܩܪܝܬܝ؛ ܩܪܝܬܝܢ
	ܢܘܼܟܪܵܝܵܐ	ܩܪܐ؛ ܩܪܬ \ ܩܪ̈ܘ؛ ܩܪ̈ܝܢ

ܫܡܐ ܕܦܘܼܩܕܵܢܵܐ	ܦܲܪܨܘܿܦܵܐ	ܙܒܢܐ ܕܗܫܐ
ܡܩܪܐ	ܡܡܲܠܠܵܢܵܐ	ܩܪܐ؛ ܩܪܝܐ \ ܩܪܝܢ؛ ܩܪܝܢ
	ܡܨܲܢܬܵܢܵܐ	ܩܪܝܬ؛ ܩܪܝܬܘܢ \ ܩܪܝܬܝ؛ ܩܪܝܬܝܢ
	ܢܘܼܟܪܵܝܵܐ	ܩܪܝܐ؛ ܩܪܝܢ

ܥܡ ܫܡܐ ܕܦܘܼܩܕܵܢܵܐ	ܦܲܪܨܘܿܦܵܐ	ܙܒܢܐ ܕܐܬܐ
ܩܪܝ؛ ܩܪܝܢ	ܡܡܲܠܠܵܢܵܐ	ܢܩܪܐ؛ ܢܩܪܘܢ \ ܐܩܪܐ؛ ܢܩܪܝܢ
ܩܪܘ؛ ܩܪܝܢ	ܡܨܲܢܬܵܢܵܐ	ܬܩܪܐ؛ ܬܩܪܘܢ \ ܬܩܪܝܢ؛ ܬܩܪܝܢ
	ܢܘܼܟܪܵܝܵܐ	ܢܩܪܐ؛ ܢܩܪܐ

ܫܡܐ ܕܡܥܒܕܢܐ

ܡܩܪܝ

ܡܬܠܐ

The boy read his first book - ܛܠܝܐ ܩܪܐ ܟܬܒܗ ܩܕܡܝܐ

Read the letters slowly - ܩܪܝ ܐܬܘܬܐ ܒܡܬܝܢܘܬܐ

The students read in class - ܬܠܡܝܕܐ ܩܪܝܢ ܒܣܕܪܐ

ܐܚܝܐ ܕܩܝܡ	ܦܪܨܘܦܐ	ܙܒܢܐ ܥܒܝܪܐ
ܩܪܐ: ܩܪܝܢ \ ܩܪܝܐ: ܩܪܝܢ	ܩܕܡܝܐ	ܩܪܝ: ܩܪܝܢ
ܩܪܝܬ: ܩܪܝܬܘܢ \ ܩܪܝܬܝ: ܩܪܝܬܝܢ	ܬܪܝܢܐ	ܩܪܝܬ: ܩܪܝܬܘܢ
ܩܪܐ: ܩܪܝܢ \ ܩܪܝܐ: ܩܪܝܢ	ܬܠܝܬܝܐ	

ܐܚܝܐ ܕܚܕܢ		ܙܒܢܐ ܠܐ ܡܫܡܠܝܐ
ܩܪܐ: ܩܪܝܢ \ ܩܪܝܐ: ܩܪܝ	ܩܕܡܝܐ	ܢܩܪܐ
ܩܪܝܬ: ܩܪܝܬܘܢ \ ܩܪܝܬܝ: ܩܪܝܬܝܢ	ܬܪܝܢܐ	
ܩܪܝܬ: ܩܪܝܢ	ܬܠܝܬܝܐ	

ܐܚܝܐ ܕܚܕܐ		ܦܩܘܕ ܗܢܐ ܕܫܘܬܦܐ
ܢܩܪܐ: ܢܩܪܘܢ \ ܬܩܪܐ: ܢܩܪܝܢ	ܩܕܡܝܐ	ܩܪܐ: ܩܪܝ
ܬܩܪܐ: ܬܩܪܘܢ \ ܬܩܪܝܢ: ܬܩܪܝܢ	ܬܪܝܢܐ	ܩܪܝܐ: ܩܪܝܝ
ܐܩܪܐ: ܢܩܪܐ	ܬܠܝܬܝܐ	

ܡܨܕܪܐ ܫܘܬܦܐ

ܬܬܩܪܝ

ܡܬܠܐ

The boy read his first book - ܛܠܝܐ ܩܪܐ ܟܬܒܗ ܩܕܡܝܐ

Read the letters slowly - ܩܪܝ ܐܬܘܬܐ ܡܬܡܬܝܢܐܝܬ

The students read in class - ܝܠܘܦܐ ܩܪܝܢ ܒܣܕܪܐ

ܙܒܢܐ ܩܕܡܝܐ	ܦܪܨܘܦܐ	ܙܒܢܐ ܕܩܝܡ
ܩܪܒ: ܩܪܒܗ	ܗܠܝܬܐ	ܡܩܪܒ: ܡܩܪܒܐ \ ܡܩܪ̈ܒܝ: ܡܩܪ̈ܒܢ
ܩܪܒ: ܩܪܒܝ	ܗܕܢܬܐ	ܡܩܪܒܬ: ܡܩܪܒܬܘܢ \ ܡܩܪܒܬܝ: ܡܩܪ̈ܒܬܝܢ
	ܩܕܡܬܐ	ܡܩܪܒܢܐ: ܡܩܪܒܢܢ \ ܡܩܪܒܢܐ: ܡܩܪ̈ܒܢܢ

ܙܒܢܐ ܠܐ ܡܫܘܡܠܐ		ܙܒܢܐ ܕܥܒܪܐ
ܡܩܪܒܐ	ܗܠܝܬܐ	ܩܪܒ: ܩܪܒܗ \ ܩܪܒܝ: ܩܪܒܗ̇
	ܗܕܢܬܐ	ܩܪܒܬ: ܩܪܒܬܘܢ \ ܩܪܒܬܝ: ܩܪܒܬܝܢ
	ܩܕܡܬܐ	ܩܪܒܬ: ܩܪܒܢ

ܡܠܬܐ ܦܩܕܐ ܕܫܪܘܬܐ		ܙܒܢܐ ܕܐܬܐ
ܡܩܪܒ: ܡܩܪܒܝܢ	ܗܠܝܬܐ	ܢܩܪܒ: ܢܩܪܒܘܢ \ ܬܩܪܒ: ܢܩܪ̈ܒܢ
ܡܩܪܒܢ: ܡܩܪ̈ܒܢ	ܗܕܢܬܐ	ܬܩܪܒ: ܬܩܪܒܘܢ \ ܬܩܪܒܝܢ: ܬܩܪ̈ܒܢ
	ܩܕܡܬܐ	ܐܩܪܒ: ܢܩܪܒ

ܡܠܬܐ ܫܪܘܬܐ

ܠܡܩܪܒ

ܡܬܠܐ

Please offer me advice - ܒܒܥܘ ܩܪܒ ܠܝ ܡܠܟܐ

We offered her food - ܩܪܒܢ ܠܗ̇ ܡܐܟܘܠܬܐ

You offered acceptable conditions - ܩܪܒܬܘܢ ܫܪܛܐ ܡܩܒܠܢܐ

ܙܰܒ݂ܢܳܐ ܕܩܳܐܶܡ	ܦܰܪܨܽܘܦܳܐ	ܐܳܢܳܐ ܦܳܥܽܘܠܳܐ
ܡܩܰܪܶܒ؛ ܡܩܰܪܒܺܝܢ \ ܡܩܰܪܒܳܐ؛ ܡܩܰܪ̈ܒܳܢ	ܬܠܺܝܬܳܝܳܐ	ܩܰܪܶܒ؛ ܩܰܪܒܶܗܝ
ܡܩܰܪܒܰܬ؛ ܡܩܰܪܒܺܝܬܽܘܢ \ ܡܩܰܪܒܳܬܝ؛ ܡܩܰܪ̈ܒܳܬܶܝܢ	ܬܪܰܝܳܢܳܐ	ܩܰܪܒܝ؛ ܩܰܪ̈ܒܝ
ܡܩܰܪܒܢܳܐ؛ ܡܩܰܪܒܺܝܢܰܢ \ ܡܩܰܪܒܳܢܳܐ؛ ܡܩܰܪ̈ܒܳܢܰܢ	ܩܰܕܡܳܝܳܐ	

ܙܰܒ݂ܢܳܐ ܕܥܒܰܪ		ܐܳܢܳܐ ܠܳܐ ܡܫܰܠܡܳܢܳܐ
ܩܰܪܶܒ؛ ܩܰܪܶܒܘ \ ܩܰܪܒܰܬ؛ ܩܰܪ̈ܒܝ	ܬܠܺܝܬܳܝܳܐ	ܡܩܰܪܒܽܘ
ܩܰܪܶܒܬ؛ ܩܰܪܶܒܬܽܘܢ \ ܩܰܪܶܒܬܝ؛ ܩܰܪܶܒܬܶܝܢ	ܬܪܰܝܳܢܳܐ	
ܩܰܪܒܶܬ؛ ܩܰܪܶܒܢ	ܩܰܕܡܳܝܳܐ	

ܙܰܒ݂ܢܳܐ ܕܥܬܺܝܕ		ܦܶܥܠܳܐ ܥܰܡܳܐ ܕܫܽܘܡܠܳܝܳܐ
ܢܩܰܪܶܒ؛ ܢܩܰܪܒܽܘܢ \ ܬܩܰܪܶܒ؛ ܢܩܰܪ̈ܒܳܢ	ܬܠܺܝܬܳܝܳܐ	ܡܩܰܪܶܒ؛ ܡܩܰܪܒܺܝܢ
ܬܩܰܪܶܒ؛ ܬܩܰܪܒܽܘܢ \ ܬܩܰܪܒܺܝܢ؛ ܬܩܰܪ̈ܒܳܢ	ܬܪܰܝܳܢܳܐ	ܡܩܰܪܒܳܐ؛ ܡܩܰܪ̈ܒܳܢ
ܐܩܰܪܶܒ؛ ܢܩܰܪܶܒ	ܩܰܕܡܳܝܳܐ	

ܦܽܘܩܕܳܢܳܐ ܫܽܘܡܠܳܝܳܐ

ܐܶܬ݂ܩܰܪܰܒ

ܡܬܠܐ

Please offer me advice - ܒܒܥܘ ܩܰܪܶܒ ܠܝ ܡܠܟܳܐ

We offered her food - ܩܰܪܶܒܢ ܠܳܗ̇ ܡܐܟܘܠܬܳܐ

You offered acceptable conditions - ܩܰܪܶܒܬܽܘܢ ܫܰܪ̈ܛܐ ܡܬܩܰܒܠܳܢ̈ܐ

fight ܩܪܒ ܩܪܸܒ

ܙܒܢܐ ܩܕܡܝܐ	ܦܪܨܘܦܐ	ܙܒܢܐ ܕܥܒܪ
ܩܪܸܒ: ܩܪܸܒܗ̇ / ܩܪܸܒ: ܩܪܸܒܢ	ܡܡܠܠܢܐ	ܡܩܪܸܒ: ܡܩܪܒܢ / ܡܩܪܒܐ: ܡܩܪܒܢ
	ܡܨܝܬܢܐ	ܡܩܪܒܬ: ܡܩܪܒܬܘܢ / ܡܩܪܒܬܝ: ܡܩܪܒܬܘܢ
	ܡܬܡܠܠܢܐ	ܡܩܪܒܐ: ܡܩܪܒܝ / ܡܩܪܒܐ: ܡܩܪܒܝ

ܙܒܢܐ ܠܐ ܡܫܠܡܐ	ܦܪܨܘܦܐ	ܙܒܢܐ ܕܗܫܐ
ܡܩܪܒ	ܡܡܠܠܢܐ	ܩܪܸܒ: ܩܪܸܒܗ / ܩܪܸܒܝ: ܩܪܸܒ
	ܡܨܝܬܢܐ	ܩܪܸܒܗ: ܩܪܸܒܗܘܢ / ܩܪܸܒܗܝ: ܩܪܸܒܗܝܢ
	ܡܬܡܠܠܢܐ	ܩܪܸܒܗ: ܩܪܸܒܝ

ܡܠܬܐ ܥܡ ܕܫܡܐ	ܦܪܨܘܦܐ	ܙܒܢܐ ܕܐܬܐ
ܡܩܪܸܒ: ܡܩܪܒܝܢ	ܡܡܠܠܢܐ	ܢܩܪܸܒ: ܢܩܪܸܒܗ̇ / ܐܩܪܸܒ: ܢܩܪܒܝ
ܡܩܪܒܐ: ܡܩܪܒܝ	ܡܨܝܬܢܐ	ܐܩܪܸܒ: ܐܩܪܸܒܗ̇ / ܐܩܪܒܝܢ: ܐܩܪܒܝ
	ܡܬܡܠܠܢܐ	ܩܪܸܒ: ܢܩܪܸܒ

ܡܠܬܐ ܫܡܝܐ

ܡܬܩܪܒ

ܡܬܠܐ

Kingdom will fight against kingdom - ܡܠܟܘܬܐ ܡܩܪܒ ܠܘܩܒܠ ܡܠܟܘܬܐ

Fighters are fighting in the war - ܡܩܪܒܢܐ ܡܩܪܒܝܢ ܒܩܪܒܐ

They fought each other and both lost - ܩܪܒܝ ܥܡ ܚܕܕܐ ܘܬܪܘܝܗܘܢ ܚܣܪܝ

ܙܒܢܐ ܕܩܐܡ		ܐܢܐ ܦܩܘܕܐ
ܡܩܪܒ؛ ܡܩܪܒܝܢ \ ܡܩܪܒܐ؛ ܡܩܪܒܢ	ܠܓܒܝܐ	ܐܩܪܒ؛ ܐܩܪܒܘܗܝ
ܡܩܪܒܬ؛ ܡܩܪܒܝܬܘܢ \ ܡܩܪܒܬܝ؛ ܡܩܪܒܢܬܝܢ	ܠܘܬܝܐ	ܐܩܪܒ؛ ܐܩܪܒܘܢ
ܡܩܪܒܢܐ؛ ܡܩܪܒܝܢܢ \ ܡܩܪܒܢܐ؛ ܡܩܪܒܢܢ	ܡܡܠܠܐ	

ܙܒܢܐ ܕܥܒܪ		ܐܢܐ ܠܐ ܡܫܡܗܐ
ܐܩܪܒ؛ ܐܩܪܒܘ \ ܐܩܪܒܬ؛ ܐܩܪ̈ܒ	ܠܓܒܝܐ	ܡܩܪܒܘ
ܐܩܪܒܬ؛ ܐܩܪܒܬܘܢ \ ܐܩܪܒܬܝ؛ ܐܩܪܒܬܝܢ	ܠܘܬܝܐ	
ܐܩܪܒܬ؛ ܐܩܪܒܢ	ܡܡܠܠܐ	

ܙܒܢܐ ܕܥܬܝܕ		ܦܥܠܐ ܗܢܐ ܕܫܡܗܐ
ܢܩܪܒ؛ ܢܩܪܒܘܢ \ ܬܩܪܒ؛ ܢܩܪܒܢ	ܠܓܒܝܐ	ܡܩܪܒ؛ ܡܩܪܒܝܢ
ܬܩܪܒ؛ ܬܩܪܒܘܢ \ ܬܩܪܒܝܢ؛ ܬܩܪܒܢ	ܠܘܬܝܐ	ܡܩܪܒܐ؛ ܡܩܪܒܢ
ܐܩܪܒ؛ ܢܩܪܒ	ܡܡܠܠܐ	

ܡܨܕܪܐ ܫܡܗܝܐ

ܠܡܩܪܒܘ

ܡܬܠܐ

Kingdom will fight against kingdom - ܡܰܠܟܘܬ݂ܳܐ ܬܰܩܪܶܒ ܠܽܘܩܒܰܠ ܡܰܠܟܘܬ݂ܳܐ

Fighters are fighting in the war - ܡܰܩܪ̈ܒܳܢܶܐ ܡܰܩܪܒܺܝܢ ܒܩܪܳܒܳܐ

They fought each other and both lost - ܐܰܩܪܶܒܘ ܥܰܡ ܚܕ̈ܳܕܶܐ ܘܰܬܪܰܝܗܽܘܢ ܚܣܰܪܘ

bite ܢܟܬ ܢܟܝܬ

ܙܒܢܐ ܩܡܝܐ	ܦܪܨܘܦܐ	ܙܒܢܐ ܕܥܒܪ
ܢܟܘܬܐ: ܢܟܘܬܘܗܝ	ܩܕܡܝܐ	ܢܟܝܬ: ܢܟܬܝܢ \ ܢܟܬܐ: ܢܟܬܢ
ܢܟܘܬܐ: ܢܟܘܬܝܗ	ܬܪܝܢܐ	ܢܟܬܬ: ܢܟܬܬܘܢ \ ܢܟܬܬܝ: ܢܟܬܬܝܢ
	ܬܠܝܬܝܐ	ܢܟܝܬܢ: ܢܟܬܝܢ \ ܢܟܬܢ: ܢܟܬܢ

ܦܩܕ ܠܐ ܡܫܘܚܠܦܐ	ܦܪܨܘܦܐ	ܙܒܢܐ ܕܥܒܪ
ܢܟܘܬ	ܩܕܡܝܐ	ܢܟܬ: ܢܟܬܗ \ ܢܟܬܝ: ܢܟܬܐ
	ܬܪܝܢܐ	ܢܟܬܬ: ܢܟܬܬܘܢ \ ܢܟܬܬܝ: ܢܟܬܬܝܢ
	ܬܠܝܬܝܐ	ܢܟܬܝ: ܢܟܬܢ

ܟܠ ܥܕܢܐ ܕܫܪܘܥܐ	ܦܪܨܘܦܐ	ܙܒܢܐ ܕܥܬܝܕ
ܢܟܝܬ: ܢܟܝܬܝܢ	ܩܕܡܝܐ	ܒܢܟܘܬ: ܒܢܟܬܘܢ \ ܬܢܟܘܬ: ܒܢܟܬܢ
ܢܟܝܬܐ: ܢܟܝܬܢ	ܬܪܝܢܐ	ܬܢܟܘܬ: ܬܢܟܬܘܢ \ ܬܢܟܬܝܢ: ܬܢܟܬܢ
	ܬܠܝܬܝܐ	ܒܢܟܘܬ: ܒܢܟܘܬ

ܡܠܬܐ ܫܪܘܪܬܐ

ܕܢܟܝܬ

ܡܬܠܐ

The dog is biting on bones - ܟܠܒܐ ܢܟܝܬ ܓܪ̈ܡܐ

The little girl doesn’t want to bite - ܛܠܝܬܐ ܠܐ ܒܥܝܐ ܕܢܟܝܬ

You bit with your sharp teeth - ܢܟܬܬ ܒܫܢ̈ܝܟ ܚܪ̈ܝܦܐ

bite ܢܟܬ ܢܟܰܬ݂

ܐܢܐ ܦܥܘܠܐ	ܦܪ̈ܨܘܦܐ	ܙܒܢܐ ܕܩܐܡ
ܢܵܟ݂ܹܬ݂: ܢܵܟ݂ܬ݂ܵܐ	ܬܠܝܬܝܐ	ܢܟܰܬ݂ܘ: ܢܟܰܬ݂ \ ܢܶܟ݂ܬ݂ܰܬ݂: ܢܶܟ݂ܬ݂ܝ
ܢܵܟ݂ܬ݂ܝܼܢ: ܢܵܟ݂ܬ݂ܵܢ	ܬܪܝܢܐ	ܢܟܰܬ݂ܬ݂: ܢܟܰܬ݂ܬ݂ܘܢ \ ܢܟܰܬ݂ܬ݂ܝ: ܢܟܰܬ݂ܬ݂ܹܝܢ
	ܩܕܡܝܐ	ܢܶܟ݂ܬ݂ܶܬ݂: ܢܟܰܬ݂ܢ \ ܢܶܟ݂ܬ݂ܶܬ݂: ܢܟܰܬ݂ܢ

ܫܡܐ ܠܐ ܡܫܡܠܝܐ	ܦܪ̈ܨܘܦܐ	ܙܒܢܐ ܕܥܒܪ
ܡܶܢܟܰܬ݂	ܬܠܝܬܝܐ	ܢܟܰܬ݂: ܢܟܰܬ݂ܘ \ ܢܶܟ݂ܬ݂ܰܬ݂: ܢܟܰܬ݂
	ܬܪܝܢܐ	ܢܟܰܬ݂ܬ݂: ܢܟܰܬ݂ܬ݂ܘܢ \ ܢܟܰܬ݂ܬ݂ܝ: ܢܟܰܬ݂ܬ݂ܹܝܢ
	ܩܕܡܝܐ	ܢܶܟ݂ܬ݂ܶܬ݂: ܢܟܰܬ݂ܢ

ܦܘܩܕܢܐ ܗܢܐ ܘܫܘܥܠܐ	ܦܪ̈ܨܘܦܐ	ܙܒܢܐ ܕܥܬܝܕ
ܢܟܘܼܬ݂: ܢܟܘܼܬ݂ܝܢ	ܬܠܝܬܝܐ	ܢܶܢܟܘܬ݂: ܢܶܢܟܬ݂ܘܢ \ ܬܶܢܟܘܬ݂: ܢܶܢܟܬ݂ܳܢ
ܢܟܘܼܬ݂ܘ: ܢܟܘܼܬ݂ܹܝܢ	ܬܪܝܢܐ	ܬܶܢܟܘܬ݂: ܬܶܢܟܬ݂ܘܢ \ ܬܶܢܟܬ݂ܝܢ: ܬܶܢܟܬ݂ܳܢ
	ܩܕܡܝܐ	ܐܶܢܟܘܬ݂: ܢܶܢܟܘܬ݂

ܦܥܠܐ ܫܘܥܒܕܝܐ

ܐܶܬ݂ܢܟܶܬ݂

ܡܬܠܐ

The dog is biting on bones - ܟܰܠܒܳܐ ܢܳܟ݂ܶܬ݂ ܒܓܰܪ̈ܡܶܐ

The little girl doesn't want to bite - ܛܠܝܬܐ ܠܐ ܒܥܝܐ ܕܬܶܢܟܘܬ݂

You bit with your sharp teeth - ܢܟܰܬ݂ܬ݂ ܒܫܶܢ̈ܰܝܟ ܚ̈ܰܪܝܦܬ݂ܳܐ

ܙܢܐ ܩܢܘܢܐ	ܦܪܨܘܦܐ	ܙܒܢܐ ܕܥܒܝܪ
ܪܒܐ: ܪܒܗ	ܩܕܡܝܬܐ	ܪܒܝܬ: ܪܒܝܬ \ ܪܒܝܢܢ: ܪܒܝܢܢ
ܪܒܝ: ܪܒܝܐ	ܬܪܝܢܝܬܐ	ܪܒܝܬ: ܪܒܝܬܝ \ ܪܒܝܬܘܢ: ܪܒܝܬܝܢ
	ܬܠܝܬܝܬܐ	ܪܒܐ: ܪܒܝܐ \ ܪܒܘ: ܪܒܝ

ܙܢܐ ܠܐ ܡܫܘܚܠܦܐ		ܙܒܢܐ ܕܗܫܐ
ܡܪܒܐ	ܩܕܡܝܬܐ	ܪܒܐ: ܪܒܗ \ ܪܒܝܢ: ܪܒܝܢ
	ܬܪܝܢܝܬܐ	ܪܒܬ: ܪܒܬܘܢ \ ܪܒܬܝ: ܪܒܬܝܢ
	ܬܠܝܬܝܬܐ	ܪܒܝܐ: ܪܒܝܢ

ܡܠܬܐ ܥܡ ܕܫܘܥܝܬܐ		ܙܒܢܐ ܕܐܬܐ
ܪܒܝ: ܪܒܝ	ܩܕܡܝܬܐ	ܢܪܒܐ: ܢܪܒܘܢ \ ܐܪܒܐ: ܢܪܒܝܢ
ܪܒܘ: ܪܒܝܢ	ܬܪܝܢܝܬܐ	ܬܪܒܐ: ܬܪܒܘܢ \ ܬܪܒܝ: ܬܪܒܝܢ
	ܬܠܝܬܝܬܐ	ܢܪܒܐ: ܢܪܒܐ

ܡܠܬܐ ܫܘܥܝܬܐ

—

ܡܬܠܐ

He grew in height and wisdom - ܪܒܐ ܒܩܘܡܬܐ ܘܒܚܟܡܬܐ

Plants grow in the sun - ܝܪܘܩܐ ܪܒܝܢ ܒܫܡܫܐ

You will grow swiftly - ܬܪܒܘܢ ܡܥܓܠܐܝܬ

ܐܢܐ ܦܫܘܛܐ	ܦܪܘܫܐ	ܐܟܘܬܐ ܕܡܐܡܪ
ܪܳܒܶܐ؛ ܪܳܒܝܳܐ	ܠܓܢܣܐ	ܪܳܒܶܐ؛ ܪ̈ܳܒܶܝܢ \ ܪܳܒܝܳܐ؛ ܪ̈ܳܒܝܳܢ
ܪܳܒܶܝܢ؛ ܪ̈ܳܒܝܳܢ	ܠܐܘܢܐ	ܪܳܒܶܬ؛ ܪ̈ܳܒܶܬܘܢ \ ܪܳܒܝܳܬ؛ ܪ̈ܳܒܝܳܬܶܝܢ
	ܡܢܝܢܐ	ܪܳܒܶܢܳܐ؛ ܪ̈ܳܒܶܝܢܰܢ \ ܪܳܒܝܳܢܳܐ؛ ܪ̈ܳܒܝܳܢܰܢ

ܐܢܐ ܠܐ ܡܣܬܝܟܐ		ܐܟܘܬܐ ܕܥܒܪ
ܦܩ̈ܕܐ	ܠܓܢܣܐ	ܪܒܳܐ؛ ܪܒܰܘ \ ܪܶܒܝܰܬ؛ ܪܒܰܝ
	ܠܐܘܢܐ	ܪܒܰܝܬ؛ ܪܒܰܝܬܘܢ \ ܪܒܰܝܬܝ؛ ܪܒܰܝܬܶܝܢ
	ܡܢܝܢܐ	ܪܶܒܝܶܬ؛ ܪܒܰܝܢ

ܡܥܒܕ ܡܢܐ ܕܣܘܥܪܢܐ		ܐܟܘܬܐ ܕܥܬܝܕ
ܪ̈ܒܳܐ؛ ܪ̈ܒܰܘ	ܠܓܢܣܐ	ܢܶܪ̈ܒܶܐ؛ ܢܶܪܒܽܘܢ \ ܬܶܪ̈ܒܶܐ؛ ܢܶܪ̈ܒܝܳܢ
ܪܒܳܝ؛ ܪ̈ܒܳܝܶܝܢ	ܠܐܘܢܐ	ܬܶܪ̈ܒܶܐ؛ ܬܶܪܒܽܘܢ \ ܬܶܪ̈ܒܶܝܢ؛ ܬܶܪ̈ܒܝܳܢ
	ܡܢܝܢܐ	ܐܶܪ̈ܒܶܐ؛ ܢܶܪ̈ܒܶܐ

ܡܥܒܕܐ ܣܘܥܪܢܐ

–

ܡܬܠ̈ܐ

He grew in height and wisdom - ܪܒܳܐ ܒܩܽܘܡܬܳܐ ܘܒܚܶܟܡܬܳܐ

Plants grow in the sun - ܢܶܨ̈ܒܳܐ ܪܳܒܶܝܢ ܒܫܶܡܫܳܐ

You will grow swiftly - ܬܶܪܒܽܘܢ ܡܥܰܓܠܳܐܝܬ

ܙܒܢܐ ܦܣܝܩܐ	ܦܪܨܘܦܐ	ܙܒܢܐ ܕܩܝܡ
ܗܘܐ: ܗܘܘ	ܬܠܝܬܝܐ	ܪܗܛ: ܪܗܛܝܢ \ ܪܗܛܐ: ܪܗܛܢ
ܗܘܝܬ: ܗܘܝܬܘܢ	ܬܪܝܢܐ	ܪܗܛܬ: ܪܗܛܝܬܘܢ \ ܪܗܛܬܝ: ܪܗܛܬܝܢ
	ܩܕܡܝܐ	ܪܗܛܢܐ: ܪܗܛܝܢܢ \ ܪܗܛܬܐ: ܪܗܛܢܢ

ܙܒܢܐ ܠܐ ܡܫܡܠܝܐ		ܙܒܢܐ ܕܥܒܪ
ܡܪܗܛ	ܬܠܝܬܝܐ	ܪܗܛ: ܪܗܛܘ \ ܪܗܛܝ: ܪܗܛܝ
	ܬܪܝܢܐ	ܪܗܛܬ: ܪܗܛܬܘܢ \ ܪܗܛܬܝ: ܪܗܛܬܝܢ
	ܩܕܡܝܐ	ܪܗܛܬ: ܪܗܛܢ

ܡܠܬܐ ܥܡܐ ܕܦܘܩܕܢܐ		ܙܒܢܐ ܕܐܬܐ
ܪܗܘܛ: ܪܗܘܛܘܢ	ܬܠܝܬܝܐ	ܢܪܗܘܛ: ܢܪܗܛܘܢ \ ܬܪܗܘܛ: ܢܪܗܛܢ
ܪܗܘܛܝ: ܪܗܘܛܝܢ	ܬܪܝܢܐ	ܬܪܗܘܛ: ܬܪܗܛܘܢ \ ܬܪܗܛܝܢ: ܬܪܗܛܢ
	ܩܕܡܝܐ	ܐܪܗܘܛ: ܢܪܗܘܛ

ܡܠܬܐ ܦܘܩܕܢܝܬܐ

—

ܡܬܠܐ

We will run in the competition - ܢܪܗܘܛ ܒܡܣܒܩܢܐ

Horses are running in the meadows - ܣܘܣܘܬܐ ܪܗܛܝܢ ܒܡܪ̈ܓܐ

Do not run here - ܠܐ ܬܪܗܛܘܢ ܗܪܟܐ

ܙܒܢܐ ܕܥܒܪ	ܦܪܨܘܦܐ	ܐܢܐ ܦܥܘܠܐ
ܪܗܛ: ܪܗܛܘ \ ܪܗܛܬ: ܪܗܛܝ	ܠܒܪܝܐ	ܪܗܘܛ: ܪܗܘܛܘ
ܪܗܛܬ: ܪܗܛܬܘܢ \ ܪܗܛܬܝ: ܪܗܛܬܝܢ	ܠܘܬܝܐ	ܪܗܘܛܝ: ܪܗܘܛܝܢ
ܪܗܛܬ: ܪܗܛܢ \ ܪܗܛܬ: ܪܗܛܢ	ܡܡܠܠܐ	

ܙܒܢܐ ܕܗܫܐ		ܐܢܐ ܠܐ ܡܫܡܫܢܐ
ܪܗܛ: ܪܗܛܝܢ \ ܪܗܛܐ: ܪܗܛܢ	ܠܒܪܝܐ	ܡܪܗܛ
ܪܗܛܬ: ܪܗܛܬܘܢ \ ܪܗܛܬ: ܪܗܛܬܝܢ	ܠܘܬܝܐ	
ܪܗܛܐ: ܪܗܛܢ	ܡܡܠܠܐ	

ܙܒܢܐ ܕܥܬܝܕ		ܡܠܬܐ ܚܢܐ ܕܢܦܩܬܐ
ܢܪܗܛ: ܢܪܗܛܘܢ \ ܬܪܗܛ: ܢܪܗܛܢ	ܠܒܪܝܐ	ܪܗܛܝ: ܪܗܛܝܢ
ܬܪܗܛ: ܬܪܗܛܘܢ \ ܬܪܗܛܝܢ: ܬܪܗܛܢ	ܠܘܬܝܐ	ܪܗܛܝܐ: ܪܗܛܝܢ
ܐܪܗܛ: ܢܪܗܛ	ܡܡܠܠܐ	

ܡܠܬܐ ܢܦܩܕܝܬܐ

—

ܡ̈ܠܐ

We will run in the competition - ܢܪܗܛ ܒܡܪܘܛܐ

Horses are running in the meadows - ܣܘܣܘ̈ܬܐ ܪܗܛܝܢ ܒܡܪ̈ܓܐ

Do not run here - ܠܐ ܬܪܗܛܘܢ ܗܪܟܐ

ܙܢܐ ܦܘܩܕܢܐ	ܦܪܨܘܦܐ	ܙܒܢܐ ܕܩܝܡ
ܪܚܘܡ: ܪܚܘܡܘܢ	ܬܠܝܬܝܬܐ	ܪܚܡ: ܪܚܡܐ \ ܪܚܡܝ: ܪܚܡܝ
ܪܚܘܡܝ: ܪܚܘܡܝܢ	ܬܪܝܢܝܬܐ	ܪܚܡܬ: ܪܚܡܬܘܢ \ ܪܚܡܬܝ: ܪܚܡܬܘܢ
	ܩܕܡܝܬܐ	ܪܚܡܢܐ: ܪܚܡܢܢ \ ܪܚܡܢܐ: ܪܚܡܢܢ

ܙܢܐ ܠܐ ܡܚܣܢܐ	ܦܪܨܘܦܐ	ܙܒܢܐ ܕܥܒܪ
ܡܪܚܡ	ܬܠܝܬܝܬܐ	ܪܚܡ: ܪܚܡܗ \ ܪܚܡܝ: ܪܚܡܗ
	ܬܪܝܢܝܬܐ	ܪܚܡܗ: ܪܚܡܗܘܢ \ ܪܚܡܗܝ: ܪܚܡܗܘܢ
	ܩܕܡܝܬܐ	ܪܚܡܝ: ܪܚܡܢ

ܠܒ ܥܡܐ ܕܫܡܘܥܐ	ܦܪܨܘܦܐ	ܙܒܢܐ ܕܐܬܐ
ܪܚܡ: ܪܚܡܝܢ	ܬܠܝܬܝܬܐ	ܒܪܚܡ: ܒܪܚܡܐ \ ܒܪܚܡ: ܒܪܚܡܝ
ܪܚܡܝ: ܪܚܡܝ	ܬܪܝܢܝܬܐ	ܒܪܚܡܬ: ܒܪܚܡܬܘܢ \ ܒܪܚܡܬܝ: ܒܪܚܡܬܘܢ
	ܩܕܡܝܬܐ	ܒܪܚܡ: ܒܪܚܡ

ܡܠܬܐ ܫܡܘܥܬܐ

ܡܬܪܚܡ

ܡܬܠܐ

I love you - ܪܚܡܢܐ ܠܘܟ

These men love hunting - ܐܢܝ ܓܒܪ̈ܐ ܪܚܡܝ ܨܝܕܐ

You will love your trip - ܒܪܚܡܬ ܣܘܦܪܬܐ ܕܝܠܘܟ

ܐܢܐ ܦܫܘܛܐ	ܦܰܪܨܽܘܦܳܐ	ܐܰܚܢܳܐ ܕܩܳܐܶܡ
ܪܚܶܡ؛ ܪܰܚܡܰܬ݂	ܐܰܚܪܳܝܳܐ	ܪܳܚܶܡ؛ ܪܳܚܡܺܝܢ \ ܪܳܚܡܳܐ؛ ܪ̈ܳܚܡܳܢ
ܪܰܚܡܘ؛ ܪ̈ܰܚܡܝ	ܐܘܡܝܐ	ܪܳܚܡܰܬ؛ ܪܳܚܡܺܝܬܽܘܢ \ ܪܳܚܡܰܬܝ؛ ܪ̈ܳܚܡܳܬܶܝܢ
	ܩܰܕܡܳܝܳܐ	ܪܳܚܡܢܳܐ؛ ܪܳܚܡܺܝܢܰܢ \ ܪܳܚܡܳܢܳܐ؛ ܪ̈ܳܚܡܳܢܰܢ

ܐܢܐ ܠܐ ܡܫܡܠܝܐ		ܐܰܚܢܳܐ ܕܥܒܰܪ
ܡܪܰܚܶܡ	ܐܰܚܪܳܝܳܐ	ܪܚܶܡ؛ ܪܚܶܡܘ \ ܪܶܚܡܰܬ؛ ܪ̈ܚܶܡ
	ܐܘܡܝܐ	ܪܚܶܡܬ؛ ܪܚܶܡܬܽܘܢ \ ܪܚܶܡܬܝ؛ ܪ̈ܚܶܡܬܶܝܢ
	ܩܰܕܡܳܝܳܐ	ܪܶܚܡܶܬ؛ ܪܚܶܡܢ

ܡܟܠܝ ܗܘܐ ܕܦܘܩܕܢܐ		ܐܰܚܢܳܐ ܕܥܳܬܺܝܕ
ܪܚܶܡ؛ ܪܚܰܡܝ	ܐܰܚܪܳܝܳܐ	ܢܶܪܚܰܡ؛ ܢܶܪܚܡܽܘܢ \ ܬܶܪܚܰܡ؛ ܢ̈ܶܪܚܡܳܢ
ܪܚܰܡܘ؛ ܪ̈ܚܰܡ	ܐܘܡܝܐ	ܬܶܪܚܰܡ؛ ܬܶܪܚܡܽܘܢ \ ܬܶܪܚܡܺܝܢ؛ ܬ̈ܶܪܚܡܳܢ
	ܩܰܕܡܳܝܳܐ	ܐܶܪܚܰܡ؛ ܢܶܪܚܰܡ

ܡܥܒܕܐ ܚܫܘܫܝܐ

ܐܶܬܪܚܶܡ

ܡܬܠܐ

I love you - ܪܳܚܡܳܐ ܠܶܟ݂

These men love hunting - ܗܳܠܶܝܢ ܓܰܒܪ̈ܶܐ ܪܳܚܡܺܝܢ ܨܰܝܕܳܐ

You will love your trip - ܬܶܪܚܡܽܘܢ ܣܽܘܦܳܪܳܐ ܕܺܝܠܟ݂ܽܘܢ

ܙܢܐ ܦܩܘܕܐ	ܦܪ̈ܨܘܦܐ	ܙܒܢܐ ܕܥܒܝܪ
ܪܦܘܣ: ܪܦܘܣܝ	ܡܡܠܠܢܐ	ܪ̈ܦܝܣ: ܪ̈ܦܝܣܐ \ ܪ̈ܦܣܢ: ܪ̈ܦܣܢ
ܪܦܘܣܘ: ܪܦܘܣܝܢ	ܡܨܝܬܢܐ	ܪ̈ܦܣܘܟ: ܪ̈ܦܣܝܟܘܢ \ ܪ̈ܦܣܘܟ: ܪ̈ܦܣܝܟܝܢ
	ܓܕܡܫܢܐ	ܪ̈ܦܝܣܠܗ: ܪ̈ܦܣܠܗ \ ܪ̈ܦܣܠܗܘܢ: ܪ̈ܦܣܠܗܘܢ

ܙܢܐ ܠܐ ܡܣܝܡܢܐ	ܦܪ̈ܨܘܦܐ	ܙܒܢܐ ܕܗܫܐ
ܡܪܦܣ	ܡܡܠܠܢܐ	ܪܦܣ: ܪܦܣܐ \ ܪܦܣܝ: ܪܦܣܢ
	ܡܨܝܬܢܐ	ܪܦܣܬ: ܪܦܣܬܘܢ \ ܪܦܣܬ: ܪܦܣܬܝܢ
	ܓܕܡܫܢܐ	ܪܦܣܝ: ܪܦܣܝܢ

ܫܡܐ ܥܒܕܐ ܕܡܥܒܕܢܐ	ܦܪ̈ܨܘܦܐ	ܙܒܢܐ ܕܥܬܝܕ
ܪܦܣܐ: ܪܦܣܝܐ	ܡܡܠܠܢܐ	ܒܪܦܘܣ: ܒܪܦܣܢ \ ܒܪܦܘܣ: ܒܪܦܣܢ
ܪܦܣܬܐ: ܪܦܣܬܐ	ܡܨܝܬܢܐ	ܒܪܦܘܣ: ܒܪܦܣܬܘܢ \ ܒܪܦܣܝ: ܒܪܦܣܢ
	ܓܕܡܫܢܐ	ܒܪܦܘܣ: ܒܪܦܘܣ

ܫܡܐ ܡܥܒܕܢܐ

-

ܡܬ̈ܠܐ

Kick the ball - ܪܦܘܣ ܠܗ ܠܓܘܠܐ

The player kicks the ball - ܡܛܥܡܢܐ ܪ̈ܦܣ ܠܓܘܠܐ

Do not kick each other - ܠܐ ܒܪܦܣܝ ܠܚܕ̈ܕܐ

ܐܳܢܳܐ ܦܽܘܩܕܳܢܳܐ | ܦܰܪ̈ܨܽܘܦܶܐ | ܙܰܒܢܳܐ ܕܩܳܐܶܡ

ܪܦܘܿܣ؛ ܪܦܘܿܣܘܗ̱ܝ | ܬܠܺܝܬܳܝܳܐ | ܪܦܰܣ؛ ܪܦܰܣܶܬ \ ܪܦܰܣܳܐ؛ ܪ̈ܦܰܣܳܐ
ܪܦܘܿܣܝ؛ ܪ̈ܦܘܿܣܶܝܢ | ܬܪܰܝܳܢܳܐ | ܪܦܰܣܬ؛ ܪܦܰܣܬܘܿܢ \ ܪܦܰܣܬܝ؛ ܪܦܰܣܬܶܝܢ
 | ܩܰܕܡܳܝܳܐ | ܪܦܰܣܢܳܐ؛ ܪܦܰܣܶܬ \ ܪܦܰܣܢܳܐ؛ ܪܦܰܣܢ

ܐܳܢܳܐ ܠܳܐ ܡܫܰܡܠܝܳܐ | ܙܰܒܢܳܐ ܕܥܒܰܪ

ܡܪܰܦܰܣ | ܬܠܺܝܬܳܝܳܐ | ܪܦܰܣ؛ ܪܦܰܣܘ \ ܪܶܦܣܰܬ؛ ܪ̈ܦܰܣ
 | ܬܪܰܝܳܢܳܐ | ܪܦܰܣܬ؛ ܪܦܰܣܬܘܿܢ \ ܪܦܰܣܬܝ؛ ܪܦܰܣܬܶܝܢ
 | ܩܰܕܡܳܝܳܐ | ܪܶܦܣܶܬ؛ ܪܦܰܣܢ

ܫܡܳܐ ܕܦܳܥܽܘܠܳܐ | ܙܰܒܢܳܐ ܕܥܳܬܺܝܕ

ܪܳܦܶܣ؛ ܪܳܦܣܺܝܢ \ ܪܳܦܣܳܐ؛ ܪ̈ܳܦܣܳܢ | ܬܠܺܝܬܳܝܳܐ | ܢܶܪܦܘܿܣ؛ ܢܶܪܦܣܘܢ \ ܬܶܪܦܘܿܣ؛ ܢܶܪ̈ܦܣܳܢ
 | ܬܪܰܝܳܢܳܐ | ܬܶܪܦܘܿܣ؛ ܬܶܪܦܣܘܢ \ ܬܶܪܦܣܺܝܢ؛ ܬܶܪ̈ܦܣܳܢ
 | ܩܰܕܡܳܝܳܐ | ܐܶܪܦܘܿܣ؛ ܢܶܪܦܘܿܣ

ܡܶܠܬܳܐ ܣܳܥܽܘܪܬܳܐ

—

ܡܬܠܐ

Kick the ball - ܪܦܘܿܣ ܠܗ ܠܟܘܪܬܳܐ

The player kicks the ball - ܡܫܰܚܩܳܢܳܐ ܪܳܦܶܣ ܠܟܘܪܬܳܐ

Do not kick each other - ܠܳܐ ܬܶܪܦܣܘܢ ܠܚܕ̈ܕܶܐ

ܙܒܢܐ ܦܘܩܕܢܐ	ܦܪܨܘܦܐ	ܙܒܢܐ ܕܥܒܝܪ
ܪܩܘܕ: ܪܩܘܕܘܢ	ܗܠܝܬܐ	ܡܪܩܕ: ܡܪܩܕܝܢ \ ܡܪܩܕܐ: ܡܪܩܕܝ
ܪܩܘܕܝ: ܪܩܘܕܝܢ	ܗܪܟܐ	ܡܪܩܕܬ: ܡܪܩܕܝܬܘܢ \ ܡܪܩܕܬܝ: ܡܪܩܕܬܝܢ
	ܐܟܐ	ܡܪܩܕܢܐ: ܡܪܩܕܝܚ \ ܡܪܩܕܢܐ: ܡܪܩܕܚ

ܙܒܢܐ ܠܐ ܡܣܝܟܐ		ܙܒܢܐ ܕܥܬܝܕ
ܡܪܩܕܘ	ܗܠܝܬܐ	ܪܩܕ: ܪܩܕܘ \ ܪܩܕܐ: ܪܩܕܝ
	ܗܪܟܐ	ܪܩܕܬ: ܪܩܕܬܘܢ \ ܪܩܕܬܝ: ܪܩܕܬܝܢ
	ܐܟܐ	ܪܩܕܬ: ܪܩܕܚ

ܫܡܐ ܥܒܕܐ ܕܫܘܡܠܝܐ		ܙܒܢܐ ܕܩܐܡ
ܡܪܩܕܐ: ܡܪܩܕܝܢ	ܗܠܝܬܐ	ܢܪܩܕ: ܢܪܩܕܘܢ \ ܬܪܩܕ: ܢܪܩܕܢ
ܡܪܩܕܢܐ: ܡܪܩܕܢ	ܗܪܟܐ	ܬܪܩܕ: ܬܪܩܕܘܢ \ ܬܪܩܕܝܢ: ܬܪܩܕܢ
	ܐܟܐ	ܐܪܩܕ: ܢܪܩܕ

ܫܡܐ ܫܘܡܠܝܐ

ܪܘܩܕܐ

ܡܬܠܐ

Bride and groom dance in the wedding - ܟܠܬܐ ܘܚܬܢܐ ܡܪܩܕܝܢ ܒܚܠܘܠܐ

You will dance day and night - ܬܪܩܕܘܢ ܒܐܝܡܡܐ ܘܒܠܠܝܐ

The girl danced beautifully - ܒܪܬܐ ܪܩܕܐ ܫܦܝܪܐܝܬ

ܐܳܬܳܐ ܦܽܘܩܳܕܳܐ	ܦܰܪܨܽܘܦܳܐ	ܐܰܝܟܳܐ ܕܩܳܐܶܡ
ܪܩܽܘܕ؛ ܪܩܽܘܕܽܘܢ	ܩܰܕܡܳܝܳܐ	ܡܪܰܩܶܕ؛ ܡܪܰܩܕܺܝܢ \ ܡܪܰܩܕܳܐ؛ ܡܪ̈ܰܩܕܳܢ
ܪܩܽܘܕܝ؛ ܪܩܽܘܕܶܝܢ	ܬܪܰܝܳܢܳܐ	ܡܪܰܩܕܰܬ؛ ܡܪܰܩܕܺܝܬܽܘܢ \ ܡܪܰܩܕܳܬܝ؛ ܡܪ̈ܰܩܕܳܬܶܝܢ
	ܬܠܺܝܬܳܝܳܐ	ܡܪܰܩܕܳܢܳܐ؛ ܡܪܰܩܕܺܝܢܰܢ \ ܡܪܰܩܕܳܢܳܐ؛ ܡܪ̈ܰܩܕܳܢܰܢ

ܐܳܬܳܐ ܠܳܐ ܡܫܰܠܡܳܐ		ܐܰܝܟܳܐ ܕܥܒܰܪ
ܡܰܪܩܳܕܽܘ	ܩܰܕܡܳܝܳܐ	ܪܩܰܕ؛ ܪܩܰܕܘ \ ܪܶܩܕܰܬ؛ ܪ̈ܩܰܕ
	ܬܪܰܝܳܢܳܐ	ܪܩܰܕܬ؛ ܪܩܰܕܬܽܘܢ \ ܪܩܰܕܬܝ؛ ܪܩܰܕܬܶܝܢ
	ܬܠܺܝܬܳܝܳܐ	ܪܶܩܕܶܬ؛ ܪܩܰܕܢ

ܫܡܳܐ ܕܥܳܒܽܘܕܳܐ		ܐܰܝܟܳܐ ܕܥܬܺܝܕ
ܡܪܰܩܕܳܢ؛ ܡܪܰܩܕܺܝܢ	ܩܰܕܡܳܝܳܐ	ܢܶܪܩܽܘܕ؛ ܢܶܪܩܕܽܘܢ \ ܬܶܪܩܽܘܕ؛ ܢܶܪ̈ܩܕܳܢ
ܡܪܰܩܕܳܐ؛ ܡܪ̈ܰܩܕܳܢ	ܬܪܰܝܳܢܳܐ	ܬܶܪܩܽܘܕ؛ ܬܶܪܩܕܽܘܢ \ ܬܶܪܩܕܺܝܢ؛ ܬܶܪ̈ܩܕܳܢ
	ܬܠܺܝܬܳܝܳܐ	ܐܶܪܩܽܘܕ؛ ܢܶܪܩܽܘܕ

ܨܝܓܬܐ ܚܫܡܚܝܐ

ܐܶܬܪܰܩܰܕ

ܡܬ̈ܠܐ

Bride and groom dance in the wedding - ܟܰܠܬܳܐ ܘܚܰܬܢܳܐ ܡܪܰܩܕܺܝܢ ܒܚܶܠܘܠܳܐ

You will dance day and night - ܬܶܪܩܕܽܘܢ ܒܠܺܠܝܳܐ ܘܐܺܝܡܳܡܳܐ

The girl danced beautifully - ܒܪܳܬܳܐ ܪܶܩܕܰܬ ܫܰܦܺܝܪܳܐܺܝܬ

ܙܲܒܢܵܐ ܩܵܡܘܿܝܵܐ	ܦܲܪܨܘܿܦܹܐ	ܙܲܒܢܵܐ ܕܥܒܝܼܪ
ܫܕܝܼ: ܫܕܵܘ	ܡܡܲܠܠܵܢܵܐ	ܫܕܹܐ: ܫܕܹܝܢ \ ܫܕܹܝܬܵܐ: ܫܕܹܝܬܲܢ
ܫܕܵܝ: ܫܕܲܝܹܢ	ܡܨܲܚܝܵܢܵܐ	ܫܕܹܐܠܹܗ: ܫܕܹܐܠܗܘܿܢ \ ܫܕܹܐܠܵܗ̇: ܫܕܹܐܠܲܢ
	ܡܕܲܡܟܝܵܢܵܐ	ܫܕܹܝܬܵܐ: ܫܕܹܝܬܘܿܢ \ ܫܕܹܝܬܵܐ: ܫܕܹܝܬܘܿܢ

ܙܲܒܢܵܐ ܠܵܐ ܡܫܲܠܡܵܐ	ܦܲܪܨܘܿܦܹܐ	ܙܲܒܢܵܐ ܕܥܵܒܹܪ
ܡܫܕܵܐ	ܡܡܲܠܠܵܢܵܐ	ܫܕܹܐ: ܫܕܵܘ \ ܫܕܝܼ: ܫܕܹܝܬ
	ܡܨܲܚܝܵܢܵܐ	ܫܕܹܐܠܹܗ: ܫܕܹܐܠܗܘܿܢ \ ܫܕܹܐܠܵܗ̇: ܫܕܹܐܠܝ
	ܡܕܲܡܟܝܵܢܵܐ	ܫܕܹܐܠܹܗ: ܫܕܹܐܠܲܢ

ܠܹܗ ܥܡܵܐ ܕܫܡܘܿܫܵܐ	ܦܲܪܨܘܿܦܹܐ	ܙܲܒܢܵܐ ܕܥܲܬܝܼܕ
ܫܕܹܐ: ܫܕܹܝܢ	ܡܡܲܠܠܵܢܵܐ	ܝܫܕܹܐ: ܝܫܕܘܿܢ \ ܡܫܕܹܐ: ܝܫܕܹܝܢ
ܫܕܹܝܢܵܐ: ܫܕܹܝܢ	ܡܨܲܚܝܵܢܵܐ	ܡܫܕܹܐ: ܡܫܕܘܿܢ \ ܡܫܕܹܝܢ: ܡܫܕܹܝܢ
	ܡܕܲܡܟܝܵܢܵܐ	ܢܫܕܹܐ: ܝܫܕܹܐ

ܡܠܬܵܐ ܫܡܘܫܬܵܐ

ܝܫܬܕܝ

ܡܬܠܐ

Throw the ball to your friend - ܫܕܝܼ ܟܘܼܪܵܐ ܠܚܲܒܪܘܼܟ݂

Spearmen threw their spears - ܪܡܵܚܹ̈ܐ ܫܕܹܐ ܪܘܼܡܚܲܝܗܘܿܢ ܕܪܘܼܡܚܲܝܗܘܿܢ

The rubbish is thrown outside the house - ܩܲܡܵܐ ܫܕܝܵܐ ܠܒܲܪ ܡܢ ܒܲܝܬܵܐ

ܐܢܐ ܦܩܘܕܐ	ܦܪܨܘܦܐ	ܐܚܢܐ ܕܩܐܡ
ܫܕܝ: ܫܕܘ	ܠܐܟܣܢܝܐ	ܫܕܐ: ܫܕܝܢ \ ܫܕܝܐ: ܫܕܝܢ
ܫܕܝ: ܫܕܝܢ	ܠܘܬܝܐ	ܫܕܝܬ: ܫܕܝܬܘܢ \ ܫܕܝܬܝ: ܫܕܝܬܝܢ
	ܩܕܡܝܐ	ܫܕܝܢܐ: ܫܕܝܢܢ \ ܫܕܝܢܐ: ܫܕܝܢܢ

ܐܢܐ ܠܐ ܡܫܡܠܝܐ		ܐܚܢܐ ܕܥܒܪ
ܡܫܕܐ	ܠܐܟܣܢܝܐ	ܫܕܐ: ܫܕܘ \ ܫܕܬ: ܫܕܝ
	ܠܘܬܝܐ	ܫܕܝܬ: ܫܕܝܬܘܢ \ ܫܕܝܬܝ: ܫܕܝܬܝܢ
	ܩܕܡܝܐ	ܫܕܝܬ: ܫܕܝܢ

ܡܠܬ ܫܡܐ ܕܫܘܡܫܐ		ܐܚܢܐ ܕܥܬܝܕ
ܫܕܐ: ܫܕܝܢ	ܠܐܟܣܢܝܐ	ܢܫܕܐ: ܢܫܕܘܢ \ ܬܫܕܐ: ܢܫܕܝܢ
ܫܕܝܐ: ܫܕܝܢ	ܠܘܬܝܐ	ܬܫܕܐ: ܬܫܕܘܢ \ ܬܫܕܝܢ: ܬܫܕܝܢ
	ܩܕܡܝܐ	ܐܫܕܐ: ܢܫܕܐ

ܡܠܬܐ ܫܘܡܠܝܐ

ܐܫܬܕܝ

ܡܬܠܐ

Throw the ball to your friend - ܫܕܝ ܟܘܪܐ ܠܚܒܪܟ

Spearmen threw their spears - ܐܚܝܕܝ ܪܘܡܚܐ ܫܕܘ ܪܘܡܚܝܗܘܢ

The rubbish is thrown outside the house - ܣܚܦܐ ܫܕܝܐ ܠܒܪ ܡܢ ܒܝܬܐ

wash ܫܝܓ ܫܵܝܹܓ

ܙܒܢܐ ܩܕܡܝܐ	ܦܪܨܘܦܐ	ܙܒܢܐ ܕܗܫܐ
ܫܝܓܐ: ܫܝܓܘܢ	ܩܕܡܝܐ	ܟܫܝܓ: ܟܫܝܓܢ \ ܟܫܝܓܐ: ܟܫܝܓܢ
ܫܝܓܐ: ܫܝܓܝܢ	ܬܪܝܢܐ	ܟܫܝܓܬ: ܟܫܝܓܬܘܢ \ ܟܫܝܓܬܝ: ܟܫܝܓܬܘܢ
	ܬܠܝܬܝܐ	ܟܫܝܓܐ: ܟܫܝܓܝܢ \ ܟܫܝܓܐ: ܟܫܝܓܝܢ

ܙܒܢܐ ܠܐ ܡܫܘܡܠܐ	ܦܪܨܘܦܐ	ܙܒܢܐ ܕܐܬܐ
ܫܝܓܘ	ܩܕܡܝܐ	ܒܫܝܓ: ܒܫܝܓܗ \ ܒܫܝܓܝ: ܒܫܝܓܬ
	ܬܪܝܢܐ	ܒܫܝܓܬ: ܒܫܝܓܬܘܢ \ ܒܫܝܓܬܝ: ܒܫܝܓܬܘܢ
	ܬܠܝܬܝܐ	ܒܫܝܓܐ: ܒܫܝܓܝܢ

ܫܡܐ ܕܥܒܘܕܐ	ܦܪܨܘܦܐ	ܙܒܢܐ ܕܦܘܩܕܢܐ
ܡܫܝܓ: ܡܫܝܓܝܢ	ܩܕܡܝܐ	ܢܫܝܓ: ܢܫܝܓܘܢ \ ܗܫܝܓ: ܢܫܝܓܢ
ܡܫܝܓܐ: ܡܫܝܓܢ	ܬܪܝܢܐ	ܗܫܝܓ: ܗܫܝܓܘܢ \ ܗܫܝܓܝܢ: ܗܫܝܓܢ
	ܬܠܝܬܝܐ	ܒܫܝܓ: ܢܫܝܓ

ܫܡܐ ܥܒܘܕܐ

ܝܗܘܫܝܓ

ܡܬܠܐ

I washed my hands and ate - ܫܝܓܠܝ ܐܝܕܝ ܘܐܟܠܠܝ

Wash your clothes in the washing machine - ܫܝܓ ܠܟܘܣܝܬܘܟ ܒܡܫܝܓܢܝܬܐ

The cups are washed - ܟܣܐ ܡܫܝܓܝܢ

ܦܘܩܕܢܐ	ܦܪܨܘܦܐ	ܙܒܢܐ ܕܩܐܡ
ܐܫܝܓ: ܐܫܝܓܘ	ܠܒܪܝܐ	ܡܫܝܓ: ܡܫܝܓܝܢ \ ܡܫܝܓܐ: ܡܫܝܓܢ
ܐܫܝܓܝ: ܐܫܝܓܝܢ	ܠܘܬܐ	ܡܫܝܓܬ: ܡܫܝܓܝܬܘܢ \ ܡܫܝܓܬܝ: ܡܫܝܓܢܬܝܢ
	ܡܡܠܠܐ	ܡܫܝܓܢܐ: ܡܫܝܓܝܢܢ \ ܡܫܝܓܢܐ: ܡܫܝܓܢܢ

ܐܢܐ ܠܐ ܡܫܡܠܝܐ		ܙܒܢܐ ܕܥܒܪ
ܡܫܓܘ	ܠܒܪܝܐ	ܐܫܝܓ: ܐܫܝܓܘ \ ܐܫܝܓܬ: ܐܫܝܓܝ
	ܠܘܬܐ	ܐܫܝܓܬ: ܐܫܝܓܬܘܢ \ ܐܫܝܓܬܝ: ܐܫܝܓܬܝܢ
	ܡܡܠܠܐ	ܐܫܝܓܬ: ܐܫܝܓܢ

ܫܡܐ ܡܫܬܡܗܐ		ܙܒܢܐ ܕܥܬܝܕ
ܡܫܝܓ: ܡܫܝܓܝܢ	ܠܒܪܝܐ	ܢܫܝܓ: ܢܫܝܓܘܢ \ ܬܫܝܓ: ܢܫܝܓܢ
ܡܫܝܓܐ: ܡܫܝܓܢ	ܠܘܬܐ	ܬܫܝܓ: ܬܫܝܓܘܢ \ ܬܫܝܓܝܢ: ܬܫܝܓܢ
	ܡܡܠܠܐ	ܐܫܝܓ: ܢܫܝܓ

ܫܡܐ ܡܫܬܡܗܐ

ܐܬܐܫܝܓ

ܡܬܠܐ

I washed my hands and ate - ܐܫܝܓܬ ܐܝܕܝ ܘܐܟܠܬ

Wash your clothes in the washing machine - ܐܫܝܓ ܠܒܘܫܝܟ ܒܡܫܝܓܢܝܬܐ

The cups are washed - ܟܣܐ ܡܫܝܓܝܢ

ܙܒܢܐ ܕܥܒܝܪ	ܦܪ̈ܨܘܦܐ	ܙܢܐ ܦܫܝܛܐ
ܫܘܪ: ܫܘܪܝܢ \ ܫܘܪ̈ܐ: ܫܘܪ̈ܢ	ܡܠܝܟܢ̈ܐ	ܫܘܪ: ܫܘܪܘܢ
ܫܘܪܬ: ܫܘܪܝܬܘܢ \ ܫܘܪܬܝ: ܫܘܪ̈ܬܝܢ	ܡܕܢ̈ܢܐ	ܫܘܪܝ: ܫܘܪ̈ܝܢ
ܫܘܪ̈ܐ: ܫܘܪܝܐ \ ܫܘܪ̈ܐ: ܫܘܪ̈ܝܐ	ܡܕܩܢ̈ܐ	

ܙܒܢܐ ܕܗܫܐ		ܙܢܐ ܠܐ ܡܫܠܡܐ
ܫܘܪ: ܫܘܪܘ \ ܝܫܘܪܐ: ܫܘܪܝ	ܡܠܝܟܢ̈ܐ	ܡܫܘܪ
ܫܘܪܬ: ܫܘܪܬܘܢ \ ܫܘܪܬܝ: ܫܘܪܬܝܢ	ܡܕܢ̈ܢܐ	
ܝܫܘܪܐ: ܫܘܪܝܐ	ܡܕܩܢ̈ܐ	

ܙܒܢܐ ܕܐܬܐ		ܫܡܐ ܥܡܐ ܕܫܡܥܐ
ܒܫܘܪ: ܒܫܘܪܘܢ \ ܒܫܘܪ: ܒܫܘܪ̈ܢ	ܡܠܝܟܢ̈ܐ	—
ܒܫܘܪ: ܒܫܘܪܘܢ \ ܒܫܘܪܝ: ܒܫܘܪ̈ܢ	ܡܕܢ̈ܢܐ	—
ܒܫܘܪ: ܒܫܘܪ	ܡܕܩܢ̈ܐ	

ܫܡܐ ܫܡܥܐ

—

ܡܬܠܐ

She jumped from the wall - ܝܫܘܪܗ ܡܢ ܫܘܪܐ

He jumps from conversation to conversation - ܫܘܪ ܡܢ ܗܡܙܡܐ ܠܗܡܙܡܐ

I will jump from the bridge - ܒܫܘܪ ܡܢ ܓܫܪܐ

ܐܢܳܐ ܦܳܥܠܳܐ	ܦܰܪܨܘܿܦܳܐ	ܐܰܚܢܰܢ ܕܩܳܐܶܡ
ܫܘܰܪ: ܫܘܰܪܘܢ	ܠܓܰܒܳܐ	ܫܳܘܰܪ: ܫܳܘܪܺܝܢ \ ܫܳܘܪܳܐ: ܫܳܘܪܳܢ
ܫܘܰܪܝ: ܫܘܰܪܶܝܢ	ܠܘܳܬܳܐ	ܫܳܘܪܰܬ: ܫܳܘܪܺܝܬܽܘܢ \ ܫܳܘܪܰܬܝ: ܫܳܘܪܳܬܶܝܢ
	ܡܰܡܠܠܳܐ	ܫܳܘܰܪܢܳܐ: ܫܳܘܪܺܝܢܰܢ \ ܫܳܘܪܳܢܳܐ: ܫܳܘܪܳܢܰܢ

ܐܢܳܐ ܠܳܐ ܡܫܰܡܠܝܳܐ		ܐܰܚܢܰܢ ܕܥܒܰܪ
ܡܫܘܰܪ	ܠܓܰܒܳܐ	ܫܘܰܪ: ܫܘܰܪܘ \ ܫܘܰܪܰܬ: ܫܘܰܪܝ
	ܠܘܳܬܳܐ	ܫܘܰܪܬ: ܫܘܰܪܬܽܘܢ \ ܫܘܰܪܬܝ: ܫܘܰܪܬܶܝܢ
	ܡܰܡܠܠܳܐ	ܫܘܰܪܬ: ܫܘܰܪܢ

ܡܶܠܬܳܐ ܕܫܽܘܕܳܥܳܐ		ܐܰܚܢܰܢ ܕܥܬܺܝܕ
-	ܠܓܰܒܳܐ	ܢܶܫܘܰܪ: ܢܶܫܘܪܽܘܢ \ ܬܶܫܘܰܪ: ܢܶܫܘܪܳܢ
-	ܠܘܳܬܳܐ	ܬܶܫܘܰܪ: ܬܶܫܘܪܽܘܢ \ ܬܶܫܘܪܺܝܢ: ܬܶܫܘܪܳܢ
	ܡܰܡܠܠܳܐ	ܐܶܫܘܰܪ: ܢܶܫܘܰܪ

ܡܶܠܬܳܐ ܡܫܰܩܠܳܐ

-

ܡܬܠܐ

She jumped from the wall - ܫܘܰܪܰܬ ܡܶܢ ܫܽܘܪܳܐ

He jumps from conversation to conversation - ܫܳܘܰܪ ܡܶܢ ܗܽܘܓܳܐ ܠܗܽܘܓܳܐ

I will jump from the bridge - ܐܶܫܘܰܪ ܡܶܢ ܓܶܫܪܳܐ

ܙܢܐ ܩܡܝܐ	ܦܪܨܘܦܐ	ܙܒܢܐ ܕܩܕܝܡ
ܫܚܢ: ܫܚܢܘܢ	ܗܠܝܢܐ	ܡܫܚܢ: ܡܫܚܢܢ \ ܡܫܚܢ̈ܐ: ܡܫܚܢ̈ܢ
ܫܚܢܬ: ܫܚܢܬܘܢ	ܗܕܢܐ	ܡܫܚܢܬ: ܡܫܚܢܬܘܢ \ ܡܫܚܢܬܝ: ܡܫܚܢ̈ܬܘܢ
	ܗܕܡܢܐ	ܡܫܚܢ̈ܐ: ܡܫܚܢܢܐ \ ܡܫܚܢ̈ܢ: ܡܫܚ̈ܢܢ

ܙܢܐ ܠܐ ܡܫܠܡܐ		ܙܒܢܐ ܕܗܫܐ
ܡܫܚܢܘ	ܗܠܝܢܐ	ܫܚܢ: ܫܚܢܗ \ ܫܚܢܝ: ܫܚܢܢ
	ܗܕܢܐ	ܫܚܢܬ: ܫܚܢܬܘܢ \ ܫܚܢܬܝ: ܫܚܢܬܝܢ
	ܗܕܡܢܐ	ܫܚܢܝ: ܫܚܢܢ

ܐܝܟ ܫܡܐ ܕܫܘܡܗܐ		ܙܒܢܐ ܕܥܬܝܕ
ܕܫܚܢ: ܡܫܚܢܢ	ܗܠܝܢܐ	ܢܫܚܢ: ܢܫܚܢܘܢ \ ܬܫܚܢ: ܢܫܚܢ̈ܢ
ܕܫܚܢ̈ܐ: ܡܫܚܢ̈ܢ	ܗܕܢܐ	ܬܫܚܢ: ܬܫܚܢܘܢ \ ܬܫܚܢܝܢ: ܬܫܚܢ̈ܢ
	ܗܕܡܢܐ	ܐܫܚܢ: ܢܫܚܢ

ܡܠܬܐ ܫܘܡܗܝܐ

ܫܘܚܢܐ

ܡܬܠܐ

Warm some water with the fire - ܫܚܢ ܩܠܝܠ ܡܝܐ ܒܢܘܪܐ

The sun warms the earth - ܫܡܫܐ ܡܫܚܢܐ ܠܗ ܐܪܥܐ

The fire warmed the house - ܢܘܪܐ ܫܚܢܗ ܠܒܝܬܐ

warm ܫܚܢ ܫܰܚܶܢ

ܐܢܐ ܦܥܘܠܐ	ܦܰܪܨܘܦܳܐ	ܐܰܝܟܰܢܳܐ ܕܩܳܐܶܡ
ܫܰܚܶܢ؛ ܫܰܚܢܶܗ݈ܝ	ܩܰܕܡܳܝܳܐ	ܡܫܰܚܶܢ؛ ܡܫܰܚܢܳܐ \ ܡܫܰܚܢܺܝܢ؛ ܡܫܰܚܢܳܢ
ܫܰܚܢܰܬ؛ ܫܰܚܢܶܬܝ	ܬܪܰܝܳܢܳܐ	ܡܫܰܚܢܰܬ؛ ܡܫܰܚܢܰܬ݂ܘܽܢ \ ܡܫܰܚܢܰܬ؛ ܡܫܰܚܢܳܬܶܝܢ
	ܬܠܺܝܬܳܝܳܐ	ܡܫܰܚܢܺܝܢ؛ ܡܫܰܚܢܳܢ \ ܡܫܰܚܢܳܢ؛ ܡܫܰܚܢܳܢ

ܐܢܐ ܠܐ ܡܫܰܠܡܳܐ	ܦܰܪܨܘܦܳܐ	ܐܰܝܟܰܢܳܐ ܕܥܒܰܪ
ܡܫܰܚܳܢܽܘ	ܩܰܕܡܳܝܳܐ	ܫܰܚܶܢ؛ ܫܰܚܢܶܗ \ ܫܰܚܢܰܬ؛ ܫܰܚܢܰܢ
	ܬܪܰܝܳܢܳܐ	ܫܰܚܢܰܬ؛ ܫܰܚܢܶܬܽܘܢ \ ܫܰܚܢܰܬܝ؛ ܫܰܚܢܶܬܶܝܢ
	ܬܠܺܝܬܳܝܳܐ	ܫܰܚܢܰܬ؛ ܫܰܚܶܢ

ܦܰܟܶܕ ܗܳܢܳܐ ܕܦܘܩܕܳܢܳܐ	ܦܰܪܨܘܦܳܐ	ܐܰܝܟܰܢܳܐ ܕܥܬܺܝܕ
ܡܫܰܚܶܢ؛ ܡܫܰܚܢܺܝܢ	ܩܰܕܡܳܝܳܐ	ܢܫܰܚܶܢ؛ ܢܫܰܚܢܽܘܢ \ ܠܫܰܚܶܢ؛ ܢܫܰܚܢܳܢ
ܡܫܰܚܢܳܐ؛ ܡܫܰܚܢܳܢ	ܬܪܰܝܳܢܳܐ	ܠܫܰܚܶܢ؛ ܠܫܰܚܢܽܘܢ \ ܠܫܰܚܢܺܝܢ؛ ܠܫܰܚܢܳܢ
	ܬܠܺܝܬܳܝܳܐ	ܐܶܫܰܚܶܢ؛ ܢܫܰܚܶܢ

ܦܰܟܺܐ ܦܘܩܕܳܢܳܐ

ܐܶܫܬܰܚܰܢ

ܡܶܬ݂ܠܳܐ

Warm some water with the fire - ܫܰܚܶܢ ܩܰܠܺܝܠ ܡܰܝܳܐ ܒܢܽܘܪܳܐ

The sun warms the earth - ܫܶܡܫܳܐ ܡܫܰܚܢܳܐ ܠܗ ܐܰܪܥܳܐ

The fire warmed the house - ܢܽܘܪܳܐ ܫܰܚܢܰܬ ܒܰܝܬܳܐ

find ܫܟܚ ܡܫܟܚ

ܙܒܢܐ ܩܡܝܐ	ܦܪܨܘܦܐ	ܙܒܢܐ ܕܩܐܡ
ܡܫܟܚ: ܡܫܟܚܘܢ	ܩܕܡܝܐ	ܡܫܟܚܢ: ܡܫܟܚܢ \ ܡܫܟܚܢܐ: ܡܫܟܚܚ
ܡܫܟܚܐ: ܡܫܟܚܬܝ	ܬܪܝܢܐ	ܡܫܟܚܬ: ܡܫܟܚܬܘܢ \ ܡܫܟܚܬܝ: ܡܫܟܚܬܘܢ
	ܬܠܝܬܝܐ	ܡܫܟܚܐ: ܡܫܟܚܝ \ ܡܫܟܚܢܐ: ܡܫܟܚܝ

ܙܒܢܐ ܠܐ ܡܫܠܡܐ		ܙܒܢܐ ܕܥܒܪ
ܡܫܟܚܘ	ܩܕܡܝܐ	ܡܫܟܚ: ܡܫܟܚܗ \ ܡܫܟܚܢܝ: ܡܫܟܚܬ
	ܬܪܝܢܐ	ܡܫܟܚܗ: ܡܫܟܚܗܘܢ \ ܡܫܟܚܗ: ܡܫܟܚܬܘܢ
	ܬܠܝܬܝܐ	ܡܫܟܚܝ: ܡܫܟܚܝ

ܦܥܠܐ ܥܡܐ ܕܢܫܘܥܐ		ܙܒܢܐ ܕܐܬܐ
ܡܫܟܚ: ܡܫܟܚܢ	ܩܕܡܝܐ	ܡܫܟܚ: ܡܫܟܚܘܢ \ ܡܫܟܚ: ܡܫܟܚܢ
ܡܫܟܚܐ: ܡܫܟܚܬܘܢ	ܬܪܝܢܐ	ܡܫܟܚ: ܡܫܟܚܘܢ \ ܡܫܟܚܢ: ܡܫܟܚܢ
	ܬܠܝܬܝܐ	ܡܫܟܚ: ܡܫܟܚ

ܡܠܬܐ ܫܡܘܥܬܐ

ܡܫܘܟܚ

ܡܬܠܐ

I did not find him in the house - ܠܐ ܡܫܟܚܠܝ ܠܗ ܒܒܝܬܐ

The keys are found in the bag - ܩܠܝܕܐ ܡܫܟܚܝܢ ܒܟܝܣܐ

You found money in the field - ܡܫܟܚܠܘܟ ܙܘܙܐ ܒܚܩܠܐ

find ܫܟܚ ܐܶܫܟܰܚ

ܐܰܝܟ݂ܢܳܐ ܕܩܳܝܶܡ	ܦܰܪ̈ܨܘܦܶܐ	ܐܢܐ ܦܥܘܠܐ
ܡ̣ܫܟܰܚ؛ ܡ̣ܫܟܚܺܝܢ \ ܡ̣ܫܟܚܳܐ؛ ܡ̣ܫܟ̈ܚܳܢ	ܠܰܓ̈ܒܳܐ	ܐܶܫܟܰܚ؛ ܐܶܫܟܰܚܘ
ܡ̣ܫܟܰܚܬ؛ ܡ̣ܫܟܚܺܝܬܘܢ \ ܡ̣ܫܟܚܰܬܝ؛ ܡ̣ܫܟܚܳܬܶܝܢ	ܠܘܳܬ̈ܳܐ	ܐܶܫܟܰܚ؛ ܐܶܫܟܰ̈ܚܝ
ܡ̣ܫܟܚܳܐ؛ ܡ̣ܫܟܚܺܝܢܰܢ \ ܡ̣ܫܟܚܳܐ؛ ܡ̣ܫܟ̈ܚܳܢܰܢ	ܩܕܰܡ̈ܳܐ	

ܐܰܝܟ݂ܢܳܐ ܕܒ݂ܳܥܶܐ		ܐܢܐ ܠܐ ܡܫܰܡܠܝܳܐ
ܐܶܫܟܰܚ؛ ܐܶܫܟܰܚܘ \ ܐܶܫܟܰܚܰܬ؛ ܐܶܫܟܰ̈ܚܝ	ܠܰܓ̈ܒܳܐ	ܡ̣ܫܟܚܘ
ܐܶܫܟܰܚܬ؛ ܐܶܫܟܰܚܬܘܢ \ ܐܶܫܟܰܚܬܝ؛ ܐܶܫܟܰܚܬܶܝܢ	ܠܘܳܬ̈ܳܐ	
ܐܶܫܟܚܶܬ؛ ܐܶܫܟܰܚܢ	ܩܕܰܡ̈ܳܐ	

ܐܰܝܟ݂ܢܳܐ ܕܒ݂ܳܥܶܐ		ܡܫܰܡܠܝܳܐ ܘܫܘܡܳܠܳܐ
ܢܶܫܟܰܚ؛ ܢܶܫܟܚܘܢ \ ܐܶܫܟܰܚ؛ ܢܶܫܟ̈ܚܳܢ	ܠܰܓ̈ܒܳܐ	ܡܫܟܰܚ؛ ܡܫܟܚܺܝܢ
ܐܶܫܟܰܚ؛ ܐܶܫܟܚܘܢ \ ܐܶܫܟܚܺܝܢ؛ ܐܶܫܟ̈ܚܳܢ	ܠܘܳܬ̈ܳܐ	ܡܫܟܚܳܐ؛ ܡܫܟ̈ܚܳܢ
ܐܶܫܟܰܚ؛ ܢܶܫܟܰܚ	ܩܕܰܡ̈ܳܐ	

ܡܫܰܡܠܝܳܐ ܫܘܡܳܠܳܐ

ܐܶܫܬܟܰܚ

ܡܬ̈ܠܐ

I did not find him in the house - ܠܳܐ ܐܶܫܟܚܶܬܶܗ ܠܶܗ ܒܒܰܝܬܳܐ

The keys are found in the bag - ܡܰܦ̈ܬܚܳܐ ܡܫܬܰܟ̈ܚܝܢ ܒܙܘܕܳܐ

You found money in the field - ܐܶܫܟܰܚܬ ܙܘ̈ܙܶܐ ܒܚܰܩܠܳܐ

ܙܒܢܐ ܥܒܝܪܐ | ܦܪܨܘܦܐ | ܙܒܢܐ ܕܐܬܐ

ܫܡܰܥ: ܫܡܰܥܘܢ | ܩܕܡܝܐ | ܢܶܫܡܰܥ: ܢܶܫܡܥܘܢ \ ܢܶܫܡܥܳܢ: ܢܶܫܡܥܳܢ

ܫܡܰܥܬ: ܫܡܰܥܬܘܢ | ܬܪܝܢܐ | ܬܶܫܡܰܥ: ܬܶܫܡܥܘܢ \ ܬܶܫܡܥܝܢ: ܬܶܫܡܥܳܢ

| ܬܠܝܬܝܐ | ܐܶܫܡܰܥ: ܢܶܫܡܰܥ \ ܐܶܫܡܰܥ: ܢܶܫܡܰܥ

ܙܒܢܐ ܠܐ ܡܫܘܚܠܦܐ | ܙܒܢܐ ܕܦܘܩܕܢܐ

ܫܳܡܰܥ | ܩܕܡܝܐ | ܫܡܰܥ: ܫܡܰܥܘ \ ܫܡܰܥܝ: ܫܡܰܥܝܢ

| ܬܪܝܢܐ | ܫܡܰܥܬ: ܫܡܰܥܬܘܢ \ ܫܡܰܥܬܝ: ܫܡܰܥܬܝܢ

| ܬܠܝܬܝܐ | ܫܡܰܥܢ: ܫܡܰܥܢܢ

ܡܠܬܐ ܥܡܐ ܕܫܡܘܥܐ | ܙܒܢܐ ܕܡܚܘܝܐ

ܫܳܡܥܳܐ: ܫܳܡܥܝܢ | ܩܕܡܝܐ | ܡܶܫܡܰܥ: ܡܶܫܡܥܘܢ \ ܡܶܫܡܰܥ: ܡܶܫܡܥܳܢ

ܫܳܡܥܳܢ: ܫܳܡܥܳܢ | ܬܪܝܢܐ | ܡܶܫܡܰܥ: ܡܶܫܡܥܘܢ \ ܡܶܫܡܥܝܢ: ܡܶܫܡܥܳܢ

| ܬܠܝܬܝܐ | ܡܶܫܡܰܥ: ܡܶܫܡܰܥ

ܡܠܬܐ ܫܡܘܥܐ

ܡܶܫܬܡܰܥ

ܦܬܓܡܐ

We heard a sound in the middle of the night - ܒܦܠܓܗ ܕܠܠܝܐ ܫܡܰܥܢ ܩܳܠܐ

You will hear gladdening news - ܬܶܫܡܥܘܢ ܣܒܪܬܐ ܡܚܕܝܢܝܬܐ

A rumour is heard within the people - ܫܘܥܝܬܐ ܫܡܝܥܐ ܒܥܡܐ

ܙܢܐ ܦܫܝܛܐ	ܦܪܨܘܦܐ	ܙܒܢܐ ܕܩܐܡ
ܫܡܰܥ؛ ܫܡܰܥܘ	ܬܠܝܬܝܐ	ܫܳܡܰܥ؛ ܫܳܡܥܺܝܢ \ ܫܳܡܥܳܐ؛ ܫܳܡܥܳܢ
ܫܡܰܥܬ؛ ܫܡܰܥܬܘܢ	ܬܪܝܢܐ	ܫܳܡܰܥܬ؛ ܫܳܡܥܺܝܬܘܢ \ ܫܳܡܥܰܬܝ؛ ܫܳܡܥܳܬܶܝܢ
	ܩܕܡܝܐ	ܫܳܡܰܥܢܳܐ؛ ܫܳܡܥܺܝܢܰܢ \ ܫܳܡܥܳܢܳܐ؛ ܫܳܡܥܳܢܰܢ

ܙܢܐ ܠܐ ܡܫܡܠܝܐ		ܙܒܢܐ ܕܥܒܪ
ܫܡܰܥ	ܬܠܝܬܝܐ	ܫܡܰܥ؛ ܫܡܰܥܘ \ ܫܡܶܥܰܬ؛ ܫܡܰܥ
	ܬܪܝܢܐ	ܫܡܰܥܬ؛ ܫܡܰܥܬܘܢ \ ܫܡܰܥܬܝ؛ ܫܡܰܥܬܶܝܢ
	ܩܕܡܝܐ	ܫܡܶܥܶܬ؛ ܫܡܰܥܢ

ܦܘܩܕܢܐ		ܙܒܢܐ ܕܥܬܝܕ
ܫܡܰܥ؛ ܫܡܰܥܘ	ܬܠܝܬܝܐ	ܢܶܫܡܰܥ؛ ܢܶܫܡܥܘܢ \ ܬܶܫܡܰܥ؛ ܢܶܫܡܥܳܢ
ܫܡܰܥܝ؛ ܫܡܰܥܶܝܢ	ܬܪܝܢܐ	ܬܶܫܡܰܥ؛ ܬܶܫܡܥܘܢ \ ܬܶܫܡܥܺܝܢ؛ ܬܶܫܡܥܳܢ
	ܩܕܡܝܐ	ܐܶܫܡܰܥ؛ ܢܶܫܡܰܥ

ܡܨܕܪܐ

ܠܡܶܫܡܰܥ

ܡ̈ܬܠܐ

We heard a sound in the middle of the night - ܒܦܰܠܓܶܗ ܕܠܺܠܝܳܐ ܫܡܰܥܢ ܩܳܠܳܐ

You will hear gladdening news - ܬܶܫܡܥܘܢ ܛܶܒ̈ܶܐ ܡܚܰܕ̈ܝܳܢܶܐ

A rumour is heard within the people - ܛܶܒ݂ܳܐ ܡܶܫܬܰܡܰܥ ܒܥܰܡܳܐ

ܙܒܢܐ ܦܫܝܛܐ	ܦܪ̈ܨܘܦܐ	ܙܒܢܐ ܕܥܒܪ
ܫܥܐ: ܫܥܝܠܗ	ܩܕܡܝܐ	ܡܫܥܐ: ܡܫܥܝܐ \ ܡܫܥܝܬ: ܡܫܥܝܬܐ
ܫܥܐ: ܫܥܝܬܝ	ܬܪܝܢܐ	ܡܫܥܝܬ: ܡܫܥܝܬܘܢ \ ܡܫܥܝܬܝ: ܡܫܥܝܬܘܢ
	ܬܠܝܬܝܐ	ܡܫܥܐ: ܡܫܥܝܐ \ ܡܫܥܝܢ: ܡܫܥܝܢ

ܠܐ ܡܫܘܚܠܦܐ		ܙܒܢܐ ܕܗܫܐ
ܡܫܥܝܘ	ܩܕܡܝܐ	ܝܫܥܐ: ܝܫܥܝܐ \ ܝܫܥܝܬ: ܝܫܥܝܬܐ
	ܬܪܝܢܐ	ܝܫܥܝܬ: ܝܫܥܝܬܘܢ \ ܝܫܥܝܬܝ: ܝܫܥܝܬܘܢ
	ܬܠܝܬܝܐ	ܝܫܥܝܐ: ܝܫܥܝܢ

ܫܡܐ ܕܦܘܩܕܢܐ		ܙܒܢܐ ܕܐܬܐ
—	ܩܕܡܝܐ	ܝܫܥܐ: ܝܫܥܝܘܢ \ ܦܫܥܐ: ܝܫܥܝܬܘܢ
—	ܬܪܝܢܐ	ܦܫܥܐ: ܦܫܥܝܘܢ \ ܦܫܥܝܢ: ܦܫܥܝܬܘܢ
	ܬܠܝܬܝܐ	ܝܫܥܐ: ܝܫܥܐ

ܠܐ ܫܡܘܫܐ

—

ܡܬܠܐ

ܝܠܘ̈ܕܐ ܡܫܥܝܢ ܥܡ ܚܕ̈ܕܐ - Children are playing with each other

ܠܐ ܦܫܥܝܬܘܢ ܝܠܕܘܬܐ ܗܪܟܐ - Do not play games here

ܝܫܥܐ ܒܬܪ ܡܕܪܫܬܐ - We will play after school

play ܫܥܐ ܐܫܬܥܝ

ܐܚܢܐ ܕܩܐܡ		ܩܢܘܡܐ	ܐܢܐ ܦܥܠܐ
ܡܫܬܥܝܐ: ܡܫܬܥܝܢ	ܡܫܬܥܐ: ܡܫܬܥܝܢ \	ܠܟܝܢܐ	ܐܫܬܥܝ: ܐܫܬܥܝܘ
ܡܫܬܥܝܬ: ܡܫܬܥܝܬܘܢ	ܡܫܬܥܝܬ: ܡܫܬܥܝܬܘܢ \	ܠܘܬܐ	ܐܫܬܥܝ: ܐܫܬܥܝܬܘܢ
ܡܫܬܥܝܢܐ: ܡܫܬܥܝܢܢ	ܡܫܬܥܝܢܐ: ܡܫܬܥܝܢܢ \	ܩܪܝܒܐ	

ܐܚܢܐ ܕܥܒܪ			ܐܢܐ ܠܐ ܡܫܠܡܢܐ
ܐܫܬܥܝܐ: ܐܫܬܥܝܢ	ܐܫܬܥܐ: ܐܫܬܥܝܘ \	ܠܟܝܢܐ	ܡܫܬܥܝܘ
ܐܫܬܥܝܬ: ܐܫܬܥܝܬܘܢ	ܐܫܬܥܝܬ: ܐܫܬܥܝܬܘܢ \	ܠܘܬܐ	
ܐܫܬܥܝܢ: ܐܫܬܥܝܢܢ		ܩܪܝܒܐ	

ܐܚܢܐ ܕܥܬܝܕ			ܡܠܬܐ ܫܡܐ ܕܦܥܠܐ
ܢܫܬܥܐ: ܢܫܬܥܘܢ	ܢܫܬܥܐ: ܢܫܬܥܘܢ \	ܠܟܝܢܐ	-
ܐܫܬܥܐ: ܐܫܬܥܘܢ	ܐܫܬܥܐ: ܐܫܬܥܘܢ \	ܠܘܬܐ	-
ܐܫܬܥܐ: ܢܫܬܥܐ		ܩܪܝܒܐ	

ܡܠܬܐ ܫܡܐ ܕܦܥܠܐ

-

ܡܬܠܐ

Children are playing with each other - ܝܠܕܐ ܡܫܬܥܝܢ ܥܡ ܚܕܕܐ

Do not play games here - ܠܐ ܐܫܬܥܘܢ ܫܥܝܐ ܗܪܟܐ

We will play after school - ܢܫܬܥܐ ܒܬܪ ܡܕܪܫܬܐ

ܙܲܒ݂ܢܵܐ ܩܘܼܪܒܵܐ	ܦܲܪܨܘܿܦܵܐ	ܙܲܒ݂ܢܵܐ ܕܥܵܒ݂ܪ
ܡܫܲܥܝܵܐ : ܡܫܲܥܝܘܼܗ	ܡܕܲܟܪܵܐ	ܡܫܲܥܝܹܐ : ܡܫܲܥܝܝܼܢ \ ܡܫܲܥܝܵܢܵܐ : ܡܫܲܥܝܵܬܼܵܢ
ܡܫܲܥܝܵܐ : ܡܫܲܥܝܵܬܼܸܢ	ܡܲܢܩܒܵܐ	ܡܫܲܥܝܝܵܐ : ܡܫܲܥܝܝܵܬܼܝ \ ܡܫܲܥܝܵܢܵܐ : ܡܫܲܥܝܵܬܼܘܿܢ
	ܣܘܼܓ݂ܵܐܵܐ	ܡܫܲܥܝܵܢܵܐ : ܡܫܲܥܝܝܼܬܼܘܿܢ \ ܡܫܲܥܝܵܢܵܐ : ܡܫܲܥܝܵܬܼܘܿܢ

ܙܲܒ݂ܢܵܐ ܠܵܐ ܡܫܲܠܡܵܐ		ܙܲܒ݂ܢܵܐ ܕܐܵܬܹܐ
ܡܫܲܥܝܘܼܗ	ܡܕܲܟܪܵܐ	ܡܫܲܥܸܐ : ܡܫܲܥܸܝܘܼܗ \ ܡܫܲܥܸܝܢܵܐ : ܡܫܲܥܸܝܬ
	ܡܲܢܩܒܵܐ	ܡܫܲܥܝܵܐ : ܡܫܲܥܝܵܬܼܝ \ ܡܫܲܥܝܵܢܵܐ : ܡܫܲܥܝܵܬܼܘܿܢ
	ܣܘܼܓ݂ܵܐܵܐ	ܡܫܲܥܝܵܐ : ܡܫܲܥܝܝܼܢ

ܦܘܼܩܕܵܢܵܐ ܕܫܸܡܵܐ		ܙܲܒ݂ܢܵܐ ܕܦܵܩܹܕ
–	ܡܕܲܟܪܵܐ	ܡܫܲܥܹܐ : ܡܫܲܥܸܝܘܿܢ \ ܡܫܲܥܹܐ : ܡܫܲܥܸܝܬܹܢ
–	ܡܲܢܩܒܵܐ	ܡܫܲܥܝܹܐ : ܡܫܲܥܸܝܘܿܢ \ ܡܫܲܥܝܝܼܢ : ܡܫܲܥܸܝܬܹܢ
	ܣܘܼܓ݂ܵܐܵܐ	ܡܫܲܥܹܐ : ܡܫܲܥܹܐ

ܡܲܥܠܵܝܵܐ ܫܡܵܗܵܐ

–

ܡܬ݂ܠܐ

Tell us a short story - ܡܫܲܥܸܐ ܠܲܢ ܬܲܫܥܝܼܬܼܐ ܟܲܪܝܼܬܼܐ

He told us about his dream - ܡܫܲܥܹܐ ܠܲܢ ܥܲܠ ܚܸܠܡܹܗ

You told the world everything - ܡܫܲܥܝܵܬܼܘܿܢ ܠܥܵܠܡܵܐ ܟܠ ܡܸܕܸܡ

tell ܐܶܫܬܰܥܺܝ

ܐܢܐ ܦܥܘܠܐ	ܦܪܨܘܦܐ	ܐܚܢܐ ܕܩܐܡ
ܐܫܬܥܝܐ؛ ܐܫܬܥܝܘ	ܩܕܡܝܐ	ܡܫܬܥܐ؛ ܡܫܬܥܝܢ \ ܡܫܬܥܝܐ؛ ܡܫܬܥܝܢ
ܐܫܬܥܝܬ؛ ܐܫܬܥܝܬܘܢ	ܐܚܪܝܐ	ܡܫܬܥܝܬ؛ ܡܫܬܥܝܬܘܢ \ ܡܫܬܥܝܬܝ؛ ܡܫܬܥܝܢܬܝܢ
	ܡܨܥܝܐ	ܡܫܬܥܝܢܐ؛ ܡܫܬܥܝܢܢ \ ܡܫܬܥܝܢܐ؛ ܡܫܬܥܝܢܢ

ܐܢܐ ܠܐ ܡܫܡܠܝܐ		ܐܚܢܐ ܕܥܬܝܕ
ܡܫܬܥܝܘ	ܩܕܡܝܐ	ܐܫܬܥܐ؛ ܐܫܬܥܘܢ \ ܐܫܬܥܝܐ؛ ܐܫܬܥܝܢ
	ܐܚܪܝܐ	ܐܫܬܥܝܬ؛ ܐܫܬܥܝܬܘܢ \ ܐܫܬܥܝܬܝ؛ ܐܫܬܥܝܬܝܢ
	ܡܨܥܝܐ	ܐܫܬܥܝܢ؛ ܐܫܬܥܝܢܢ

ܦܩܕ ܡܢܐ ܕܫܘܩܠܐ		ܐܚܢܐ ܕܥܒܝܪ
-	ܩܕܡܝܐ	ܢܫܬܥܐ؛ ܢܫܬܥܘܢ \ ܐܫܬܥܐ؛ ܢܫܬܥܝܢ
-	ܐܚܪܝܐ	ܐܫܬܥܐ؛ ܐܫܬܥܘܢ \ ܐܫܬܥܝܢ؛ ܐܫܬܥܝܢ
	ܡܨܥܝܐ	ܐܫܬܥܐ؛ ܢܫܬܥܐ

\-

ܡܬܠܐ

Tell us a short story - ܐܫܬܥܐ ܠܢ ܫܘܥܝܬܐ ܟܪܝܬܐ

He told us about his dream - ܐܫܬܥܝ ܠܢ ܥܠ ܚܠܡܗ

You told the world everything - ܐܫܬܥܝܬܘܢ ܠܥܠܡܐ ܟܠ ܡܕܡ

take ܫܩܠ **ܫܩܠ**

ܙܢܐ ܦܫܝܛܐ	ܦܪܨܘܦܐ	ܙܒܢܐ ܕܥܒܪ
ܫܩܠܐ: ܫܩܘܠܠܗ	ܩܕܡܝܐ	ܫܩܠܝ: ܫܩܠܢ \ ܫܩܠܢ: ܫܩܠܢ
ܫܩܠܬ: ܫܩܘܠܘܬܘܢ	ܬܪܝܢܐ	ܫܩܠܘܟ: ܫܩܠܟܘܢ \ ܫܩܠܟܝ: ܫܩܠܟܝܢ
	ܬܠܝܬܝܐ	ܫܩܠܗ: ܫܩܠܝܗܝ \ ܫܩܠܗ: ܫܩܠܘܗܝ

ܙܢܐ ܕܦܘܩܕܢܐ	ܦܪܨܘܦܐ	ܙܒܢܐ ܕܗܫܐ
ܡܫܩܠ	ܩܕܡܝܐ	ܫܩܠܐ: ܫܩܠܢ \ ܫܩܠܢ: ܫܩܠܢ
	ܬܪܝܢܐ	ܫܩܠܬ: ܫܩܠܬܘܢ \ ܫܩܠܬܝ: ܫܩܠܬܝܢ
	ܬܠܝܬܝܐ	ܫܩܠܝ: ܫܩܠܝ

ܫܡܐ ܥܒܕܐ ܕܡܫܩܠܢܐ	ܦܪܨܘܦܐ	ܙܒܢܐ ܕܐܬܝܕ
ܫܩܝܠܐ: ܫܩܝܠܝܢ	ܩܕܡܝܐ	ܒܫܩܠܐ: ܒܫܩܠܢ \ ܒܫܩܠܢ: ܒܫܩܠܢ
ܫܩܝܠܬܐ: ܫܩܝܠܬܐ	ܬܪܝܢܐ	ܒܫܩܠܬ: ܒܫܩܠܬܘܢ \ ܒܫܩܠܬܝ: ܒܫܩܠܬܝܢ
	ܬܠܝܬܝܐ	ܒܫܩܠ: ܒܫܩܠܝ

ܫܡܐ ܫܩܠܢܐ

ܫܩܠܐ

ܡܬܠܐ

You took the ticket from my hand - ܫܩܠܠܗ ܦܬܩܐ ܡܢ ܐܝܕܝ

The army took the city - ܓܝܣܐ ܫܩܠܠܗ ܠܡܕܝܢܬܐ

All the places in the plane are taken - ܟܠܗܘܢ ܕܘܟܝܬܐ ܒܛܝܣܬܐ ܫܩܝܠܐ

ܐܢܐ ܦܥܘܠܐ	ܦܪܨܘܦܐ	ܙܒܢܐ ܕܥܒܪ
ܫܩܘܠ: ܫܩܘܠܘܢ	ܐܟܚܕܐ	ܫܩܠ: ܫܩܠܘܢ \ ܫܩܠܬ: ܫܩܠܝ
ܫܩܘܠܝ: ܫܩܘܠܝܢ	ܐܘܢܐ	ܫܩܠܬ: ܫܩܠܬܘܢ \ ܫܩܠܬܝ: ܫܩܠܬܝܢ
	ܡܪܘܡܐ	ܫܩܠܬ: ܫܩܠܢ \ ܫܩܠܬ: ܫܩܠܢ

ܐܢܐ ܠܐ ܡܫܡܠܝܐ		ܙܒܢܐ ܕܗܫܐ
ܫܩܠ	ܐܟܚܕܐ	ܫܩܠ: ܫܩܠܘ \ ܫܩܠܐ: ܫܩܠܢ
	ܐܘܢܐ	ܫܩܠܬ: ܫܩܠܬܘܢ \ ܫܩܠܬܝ: ܫܩܠܬܝܢ
	ܡܪܘܡܐ	ܫܩܠܐ: ܫܩܠܢ

ܫܡܐ ܡܫܐ ܕܦܥܘܠܐ		ܙܒܢܐ ܕܥܬܝܕ
ܫܩܠܐ: ܫܩܠܝܢ	ܐܟܚܕܐ	ܢܫܩܘܠ: ܢܫܩܠܘܢ \ ܬܫܩܘܠ: ܢܫܩܠܢ
ܫܩܝܠܐ: ܫܩܝܠܝܢ	ܐܘܢܐ	ܬܫܩܘܠ: ܬܫܩܠܘܢ \ ܬܫܩܠܝܢ: ܬܫܩܠܢ
	ܡܪܘܡܐ	ܐܫܩܘܠ: ܢܫܩܘܠ

ܦܥܠܐ ܡܫܬܒܩܢܐ

ܐܫܬܩܠ

ܡܬܠܐ

You took the ticket from my hand - ܦܬܩܐ ܡܢ ܐܝܕܝ ܫܩܠܬ

The army took the city - ܚܝܠܐ ܫܩܠ ܠܡܕܝܢܬܐ

All the places in the plane are taken - ܟܠܗܘܢ ܕܘܟܝܬܐ ܒܛܝܣܬܐ ܫܩܝܠܢ

begin ܫܪܐ ܫܪܝ

ܙܒ̈ܢܐ ܕܩܝܡ	ܦܪ̈ܨܘܦܐ	ܙܒ̈ܢܐ ܦܘܩܕܢܐ
ܡܫܪܐ: ܡܫܪܝܐ \ ܡܫܪ̈ܝܐ: ܡܫܪ̈ܝܐ	ܬܠܝܬܝܐ	ܫܪܝ: ܫܪܝ
ܡܫܪܝܬ: ܡܫܪܝܬܝ \ ܡܫܪܝܬܘܢ: ܡܫܪ̈ܝܬܘܢ	ܬܪ̈ܝܢܐ	ܫܪܝ: ܫܪܝܘܢ
ܡܫܪܝܢ: ܡܫܪܝܢ \ ܡܫܪ̈ܝܢܢ: ܡܫܪ̈ܝܢܢ	ܩܕܡܝܐ	

ܙܒ̈ܢܐ ܕܥܒܪ		ܟܕ ܡܫܡܠܝܐ
ܫܪܐ: ܫܪܝܗ \ ܫܪܝܗ̇: ܫܪܝܗ	ܬܠܝܬܝܐ	ܡܫܪܝܐ
ܫܪܝܬ: ܫܪܝܬܘܢ \ ܫܪܝܬܝ: ܫܪܝܬܘܢ	ܬܪ̈ܝܢܐ	
ܫܪܝܢ: ܫܪܝܢܢ	ܩܕܡܝܐ	

ܙܒ̈ܢܐ ܕܥܬܝܕ		ܫܡܐ ܕܫܥܒܕܐ
ܒܫܪܐ: ܒܫܪܝܐ \ ܒܫܪܐ: ܒܫܪ̈ܝܐ	ܬܠܝܬܝܐ	ܡܫܪܐ: ܡܫܪܝܐ
ܗܫܪܐ: ܗܫܪܘܢ \ ܗܫܪܝܬ: ܗܫܪܝܬܘܢ	ܬܪ̈ܝܢܐ	ܡܫܪ̈ܝܐ: ܡܫܪ̈ܝܐ
ܢܫܪܐ: ܢܫܪܐ	ܩܕܡܝܐ	

ܡܠܬܐ ܫܥܒܕܬܐ

ܒܫܪܝܐ

ܡܬܠܐ

A new year began - ܫܪܝܠܗ̇ ܫܢܬܐ ܚܕܬܐ

The wedding will begin with a love song - ܗܠܘܠܐ ܒܫܪܐ ܒܙܡܝܪܬܐ ܕܚܘܒܐ

In school we began to read - ܒܡܕܪܫܬܐ ܫܪܝܠܢ ܠܩܪܝܬܐ

ܐܢܐ ܦܩܘܕܐ	ܦܪܨܘܦܐ	ܐܰܝܟܢܐ ܕܩܳܐܶܡ
ܫܰܪܳܐ: ܫܰܪܳܝ	ܠܚܘܼܕܳܐ	ܡܫܰܪܶܐ: ܡܫܰܪܝܳܐ \ ܡܫܰܪܶܝܢ: ܡܫܰܪܝܳܢ
ܫܰܪܰܘ: ܫܰܪܳܝܶܝܢ	ܠܬܪܶܝܢ	ܡܫܰܪܶܝܬ:ܡܫܰܪܝܳܬܝ \ ܡܫܰܪܶܝܬܽܘܢ:ܡܫܰܪܝܳܬܶܝܢ
	ܠܣܰܓܝܐܐ	ܡܫܰܪܶܢܳܐ: ܡܫܰܪܝܳܢ \ ܡܫܰܪܶܝܢܰܢ: ܡܫܰܪܝܳܢܰܢ

ܐܢܐ ܠܐ ܡܫܰܠܡܐ		ܐܰܝܟܢܐ ܕܥܒܰܪ
ܡܫܰܪܳܝܘܼ	ܠܚܘܼܕܳܐ	ܫܰܪܺܝ: ܫܰܪܝܰܬ \ ܫܰܪܺܝܬ: ܫܰܪܺܝܬܝ
	ܠܬܪܶܝܢ	ܫܰܪܺܝܘ: ܫܰܪܝܳܝ \ ܫܰܪܺܝܬܽܘܢ: ܫܰܪܺܝܬܶܝܢ
	ܠܣܰܓܝܐܐ	ܫܰܪܺܝܢ: ܫܰܪܺܝܢܰܢ

ܫܡܳܐ ܫܡܐ ܕܥܒܘܕܐ		ܐܰܝܟܢܐ ܕܥܬܺܝܕ
ܡܫܰܪܝܳܢ: ܡܫܰܪܝܳܢܳܐ	ܠܚܘܼܕܳܐ	ܢܫܰܪܶܐ: ܢܫܰܪܽܘܢ \ ܬܫܰܪܶܐ: ܢܫܰܪܝܳܢ
ܡܫܰܪܝܳܢܺܝܬܳܐ: ܡܫܰܪܝܳܢܘܼܬܳܐ	ܠܬܪܶܝܢ	ܬܫܰܪܶܐ: ܬܫܰܪܽܘܢ \ ܬܫܰܪܶܝܢ: ܬܫܰܪܝܳܢ
	ܠܣܰܓܝܐܐ	ܐܶܫܰܪܶܐ: ܢܫܰܪܶܐ

ܨܝܓܬܐ ܡܫܬܥܒܕܢܝܬܐ

ܐܶܫܬܰܪܺܝ

ܡܬܠܐ

A new year began - ܫܰܪܝܰܬ ܫܰܢܬܳܐ ܚܕܰܬܳܐ

The wedding will begin with a love song - ܚܠܘܼܠܳܐ ܢܫܰܪܶܐ ܒܙܡܺܝܪܬܳܐ ܕܚܘܼܒܳܐ

In school we began to read - ܒܡܰܕܪܰܫܬܳܐ ܫܰܪܺܝܢ ܕܢܶܩܪܶܐ

ܙܒܢܐ ܩܕܡܝܐ	ܦܪܨܘܦܐ	ܙܒܢܐ ܕܩܐܡ
ܫܬܐ: ܫܬܐܘ	ܩܕܡܝܬܐ	ܫܬܐ: ܫܬܝܐ \ ܫܬܝܢܢ: ܫܬܝܢܢ
ܫܬܐ: ܫܬܝܬ	ܬܪܝܢܝܬܐ	ܫܬܝܬ: ܫܬܝܬܘܢ \ ܫܬܝܬܝ: ܫܬܝܬܝܢ
	ܬܠܝܬܝܬܐ	ܫܬܝܐ: ܫܬܝܢ \ ܫܬܝܢ: ܫܬܝܢܢ

ܙܒܢܐ ܠܐ ܡܫܠܡܐ	ܦܪܨܘܦܐ	ܙܒܢܐ ܕܥܒܪ
ܫܬܝܐ	ܩܕܡܝܬܐ	ܫܬܐ: ܫܬܝܘ \ ܫܬܝܬܝ: ܫܬܝܬ
	ܬܪܝܢܝܬܐ	ܫܬܝܬ:ܫܬܝܬܘܢ \ ܫܬܝܬܝ:ܫܬܝܬܝܢ
	ܬܠܝܬܝܬܐ	ܫܬܝܗ: ܫܬܝܢ

ܡܠܬܐ ܥܡ ܕܫܘܪܝܐ	ܦܪܨܘܦܐ	ܙܒܢܐ ܕܐܬܐ
ܫܬܐ: ܫܬܝܢ	ܩܕܡܝܬܐ	ܫܬܐ: ܫܬܘܢ \ ܫܬܝܐ: ܫܬܝܢܢ
ܫܬܝܢ: ܫܬܝܢܢ	ܬܪܝܢܝܬܐ	ܫܬܐ: ܫܬܘܢ \ ܫܬܝܢ: ܫܬܝܢܢ
	ܬܠܝܬܝܬܐ	ܫܬܐ: ܫܬܝܐ

ܡܠܬܐ ܫܘܪܝܐ

ܫܬܘܬܐ

ܦܬܓܡܐ

She doesn’t drink whilst she eats - ܠܐ ܫܬܝܐ ܟܕ ܐܟܠܐ

Do not drink too much wine - ܠܐ ܫܬܘܢ ܚܡܪܐ ܣܓܝ

You drank alcohol and slept - ܫܬܝܬܘܢ ܥܪܩܐ ܘܕܡܟܬܘܢ

drink ܫܬܐ ܫܬܵܐ

ܙܢܵܐ ܦܫܝܼܛܵܐ	ܦܲܪܨܘܿܦܵܐ	ܐܵܡܢܵܐ ܕܝܵܘܡ
ܫܬܹܐ: ܫܬܵܘ	ܪܚܝܼܩܵܐ	ܫܵܬܹܐ: ܫܵܬܝܵܐ \ ܫܵܬܝܼ: ܫܵܬܝܼ
ܫܬܹܐ: ܫܬܘܼܬܘܿܢ	ܩܪܝܼܒ݂ܵܐ	ܫܵܬܹܝܬ: ܫܵܬܝܵܬܝ \ ܫܵܬܝܼܬܘܿܢ: ܫܵܬܝܼܬܘܿܢ
	ܗܵܪܟܵܐ	ܫܵܬܝܵܢ: ܫܵܬܝܵܢ \ ܫܵܬܲܚ: ܫܵܬܲܚ

ܙܢܵܐ ܠܵܐ ܡܫܲܠܡܵܐ	ܦܲܪܨܘܿܦܵܐ	ܐܵܡܢܵܐ ܕܥܒܲܪ
ܫܬܝܼܬܵܐ	ܪܚܝܼܩܵܐ	ܐܸܫܬܹܐ: ܐܸܫܬܹܐ \ ܐܸܫܬܝܼ: ܐܸܫܬܝܼ
	ܩܪܝܼܒ݂ܵܐ	ܐܸܫܬܹܝܬ: ܐܸܫܬܹܝܬܘܿܢ \ ܐܸܫܬܝܼܬ: ܐܸܫܬܝܼܬܝ
	ܗܵܪܟܵܐ	ܐܸܫܬܹܝܢ: ܐܸܫܬܹܝܢ

ܦܘܼܩܕܵܢ ܫܡܵܐ ܘܫܡܘܼܫܵܐ	ܦܲܪܨܘܿܦܵܐ	ܐܵܡܢܵܐ ܕܥܵܬܝܼܕ
ܫܬܝܼ: ܫܬܝܼ	ܪܚܝܼܩܵܐ	ܢܸܫܬܹܐ: ܢܸܫܬܘܿܢ \ ܐܸܫܬܹܐ: ܢܸܫܬܘܿܢ
ܫܬܝܼ: ܫܬܘܼܢ	ܩܪܝܼܒ݂ܵܐ	ܬܸܫܬܹܐ: ܬܸܫܬܘܿܢ \ ܬܸܫܬܝܼ: ܬܸܫܬܘܿܢ
	ܗܵܪܟܵܐ	ܐܸܫܬܹܐ: ܢܸܫܬܹܐ

ܦܘܼܩܕܵܢܵܐ ܫܡܘܼܫܵܝܵܐ

ܐܸܫܬܹܝܼ

ܡܬܠܐ

She doesn't drink whilst she eats - ܠܵܐ ܫܵܬܝܵܐ ܟܲܕ ܐܵܟ݂ܠܵܐ

Do not drink too much wine - ܠܵܐ ܬܸܫܬܘܿܢ ܙܵܘܕܵܐ ܚܲܡܪܵܐ

You drank alcohol and slept - ܫܬܹܐܠܘܿܟ݂ܘܿܢ ܚܲܡܪܵܐ ܘܕܡܸܟ݂ܠܘܿܟ݂ܘܿܢ

break	ܦܥܠܐ	ܬܒܼܪ

ܙܒܢܐ ܕܥܒܼܪ	ܦܪ̈ܨܘܦܐ	ܙܢܐ ܦܫܝܛܐ
ܬܒܼܪ܆ ܬܒܼܪܝ \ ܬܒܼܪܐ܆ ܬܒܼܪ̈ܝ	ܡܡܠܠܢܐ	ܬܒܼܪ܆ ܬܒܼܪܘܗܝ
ܬܒܼܪܬ܆ ܬܒܼܪܬܘܢ \ ܬܒܼܪܬܝ܆ ܬܒܼܪ̈ܬܝܢ	ܡܨܝܬܢܐ	ܬܒܼܪܝ܆ ܬܒܼܪ̈ܝܢ
ܬܒܼܪܢܐ܆ ܬܒܼܪܝܢ \ ܬܒܼܪ̈ܢܐ܆ ܬܒܼܪ̈ܢ	ܒܝܘܡܢܐ	

ܙܒܢܐ ܕܦܘܩܕܢܐ		ܙܢܐ ܕܡܫܡܠܝܐ
ܬܒܼܪ܆ ܬܒܼܪܘ \ ܬܒܼܪܝ܆ ܬܒܼܪܝ	ܡܡܠܠܢܐ	ܡܬܒܼܪ
ܬܒܼܪܬ܆ ܬܒܼܪܬܘܢ \ ܬܒܼܪܬܝ܆ ܬܒܼܪܬܝܢ	ܡܨܝܬܢܐ	
ܬܒܼܪܝ܆ ܬܒܼܪܢ	ܒܝܘܡܢܐ	

ܙܒܢܐ ܕܡܬܒܼܪ		ܡܠܬܐ ܚܕܐ ܕܫܪܝܪܐ
ܒܬܒܼܪ܆ ܒܬܒܼܪܘܗܝ \ ܒܬܒܼܪ܆ ܒܬܒܼܪ̈ܝ	ܡܡܠܠܢܐ	ܬܒܝܪ܆ ܬܒܝܪܝ
ܒܬܒܼܪ܆ ܒܬܒܼܪܘܗܝ \ ܒܬܒܼܪܝ܆ ܒܬܒܼܪ̈ܝ	ܡܨܝܬܢܐ	ܬܒܝܪ̈ܐ܆ ܬܒܝܪ̈ܝ
ܒܬܒܼܪ܆ ܒܬܒܼܪ	ܒܝܘܡܢܐ	

ܡܠܬܐ ܫܪܝܪܬܐ

ܒܬܬܒܼܪ

ܡܬ̈ܠܐ

Break the wood into parts - ܬܒܼܪ ܠܩܝܣܐ ܠܦܠܓ̈ܘܬܐ

The lover's heart is broken - ܠܒܗ ܕܪ̈ܚܘܡܐ ܬܒܝܪܐ ܝܠܗ

The woman fell and broke her hand - ܢܦܠܗ ܐܢܬܬܐ ܘܬܒܼܪܠܗ ܐܝܕܗ

ܙܢܐ ܦܫܝܛܐ	ܦܪܨܘܦܐ	ܙܒܢܐ ܕܥܒܪ
ܬܒܪ؛ ܬܒܪܘܗܝ	ܬܠܝܬܝܐ	ܬܒܪ؛ ܬܒܪܝܢ \ ܬܒܪܐ؛ ܬܒܪܢ
ܬܒܪܝ؛ ܬܒܪܝܢ	ܬܪܝܢܐ	ܬܒܪܬ؛ ܬܒܪܝܬܘܢ \ ܬܒܪܬܝ؛ ܬܒܪܬܝܢ
	ܩܕܡܝܐ	ܬܒܪܢܐ؛ ܬܒܪܝܢܢ \ ܬܒܪܢܐ؛ ܬܒܪܢܢ

ܙܢܐ ܠܐ ܡܫܡܠܝܐ		ܙܒܢܐ ܕܥܒܪ
ܡܬܒܪ	ܬܠܝܬܝܐ	ܬܒܪ؛ ܬܒܪܘ \ ܬܒܪܬ؛ ܬܒܪܝ
	ܬܪܝܢܐ	ܬܒܪܬ؛ ܬܒܪܬܘܢ \ ܬܒܪܬܝ؛ ܬܒܪܬܝܢ
	ܩܕܡܝܐ	ܬܒܪܬ؛ ܬܒܪܢ

ܡܠܟ ܡܠܐ ܕܫܘܥܠܐ		ܙܒܢܐ ܕܐܬܐ
ܬܒܘܪ؛ ܬܒܘܪܝܢ	ܬܠܝܬܝܐ	ܢܬܒܪ؛ ܢܬܒܪܘܢ \ ܬܬܒܪ؛ ܢܬܒܪܢ
ܬܒܘܪܝ؛ ܬܒܘܪܢ	ܬܪܝܢܐ	ܬܬܒܪ؛ ܬܬܒܪܘܢ \ ܬܬܒܪܝܢ؛ ܬܬܒܪܢ
	ܩܕܡܝܐ	ܐܬܒܪ؛ ܢܬܒܪ

ܡܨܕܪܐ ܫܡܝܐ

ܐܬܬܒܪ

ܡܬܠܐ

Break the wood into parts - ܬܒܪ ܩܝܣܐ ܠܦܠܓܘܬܗ

The lover's heart is broken - ܠܒܗ ܕܪܚܘܡܐ ܬܒܝܪ ܗܘ

The woman fell and broke her hand - ܢܦܠܬ ܐܢܬܬܐ ܘܬܒܪܬ ܐܝܕܗ

trust ܬܘܟܠ ܗܝܡܢ

ܙܒܢܐ ܕܥܒܪ	ܦܪܨܘܦܐ	ܙܒܢܐ ܩܫܘܪܐ
ܗܝܡܢ܆ ܗܝܡܢܝ \ ܗܝܡܢܐ܆ ܗܝܡܢܢ	ܡܠܝܢܐ	ܗܝܡܢ܆ ܗܝܡܢܠܗ
ܗܝܡܢܬ܆ ܗܝܡܢܬܘܢ \ ܗܝܡܢܬܝ܆ ܗܝܡܢܬܝܢ	ܡܨܥܝܐ	ܗܝܡܢܠܗ̇܆ ܗܝܡܢܠܗܘܢ
ܗܝܡܢܝܢܢ܆ ܗܝܡܢܢ \ ܗܝܡܢܝܢܢ܆ ܗܝܡܢܢ	ܡܕܟܪܢܐ	

ܙܒܢܐ ܕܗܫܐ	ܦܪܨܘܦܐ	ܙܒܢܐ ܠܐ ܡܫܠܡܐ
ܗܝܡܢ܆ ܗܝܡܢܐ \ ܗܝܡܢܢ܆ ܗܝܡܢܢ	ܡܠܝܢܐ	ܡܗܝܡܢ
ܗܝܡܢܬ܆ ܗܝܡܢܬܘܢ \ ܗܝܡܢܬܝ܆ ܗܝܡܢܬܝܢ	ܡܨܥܝܐ	
ܗܝܡܢܝ܆ ܗܝܡܢܝܢ	ܡܕܟܪܢܐ	

ܙܒܢܐ ܕܥܬܝܕ	ܦܪܨܘܦܐ	ܫܡܐ ܕܡܥܒܕܢܘܬܐ
ܝܗܝܡܢ܆ ܝܗܝܡܢܘܢ \ ܬܗܝܡܢ܆ ܝܗܝܡܢܢ	ܡܠܝܢܐ	ܗܝܡܢܝ܆ ܗܝܡܢܝܢ
ܬܗܝܡܢ܆ ܬܗܝܡܢܘܢ \ ܬܗܝܡܢܝܢ܆ ܬܗܝܡܢܢ	ܡܨܥܝܐ	ܗܝܡܢܬܐ܆ ܗܝܡܢܬܐ
ܢܗܝܡܢ܆ ܢܗܝܡܢ	ܡܕܟܪܢܐ	

ܡܠܬܐ ܦܘܩܕܢܐ

ܢܗܝܡܢ

ܦܬܓܡܐ

Do not trust hastily - ܠܐ ܬܗܝܡܢ ܡܒܥܓܠܐܝܬ

We will trust her on account of her promise - ܢܗܝܡܢ ܠܗ̇ ܡܛܠ ܫܘܘܕܝܗ̇

You trusted me for I am sincere - ܗܝܡܢܬܘܢ ܠܝ ܕܫܪܝܪܐ ܐܢܐ

ܙܒܢܐ ܦܣܝܩܐ	ܦܪܨܘܦܐ	ܐܬܝܐ ܘܩܐܡ
ܐܗܡܢ: ܐܗܡܢܘ	ܩܕܡܝܐ	ܐܗܡܢܬ: ܐܗܡܢܢ \ ܐܗܡܢܬ: ܐܗܡܢܢ
ܐܗܡܢܬ: ܐܗܡܢܬܝܢ	ܬܪܝܢܐ	ܐܗܡܢܬ: ܐܗܡܢܬܘܢ \ ܐܗܡܢܬܝ: ܐܗܡܢܬܝܢ
	ܬܠܝܬܝܐ	ܐܗܡܢ: ܐܗܡܢܘ \ ܐܗܡܢܬ: ܐܗܡܢܝ

ܙܒܢܐ ܠܐ ܡܫܡܠܝܐ		ܐܬܝܐ ܕܥܒܕ
ܢܗܡܢ	ܩܕܡܝܐ	ܐܗܡܢ: ܢܗܡܢ \ ܐܗܡܢ: ܢܗܡܢ
	ܬܪܝܢܐ	ܬܗܡܢ: ܬܗܡܢܘܢ \ ܬܗܡܢܝܢ: ܬܗܡܢܢ
	ܬܠܝܬܝܐ	ܢܗܡܢ: ܢܗܡܢܘܢ

ܦܘܩܕܢܐ ܘܢܣܒܐ		ܐܬܝܐ ܕܥܒܕܐ
ܐܗܡܢ: ܐܗܡܢܘ	ܩܕܡܝܐ	ܡܗܡܢ: ܡܗܡܢܝܢ \ ܡܗܡܢܐ: ܡܗܡܢܢ
ܐܗܡܢܝ: ܐܗܡܢܝܢ	ܬܪܝܢܐ	ܡܗܡܢܬ: ܡܗܡܢܝܬܘܢ \ ܡܗܡܢܐ: ܡܗܡܢܢ
	ܬܠܝܬܝܐ	ܡܗܡܢܐ: ܡܗܡܢ

ܦܘܩܕܢܐ ܢܣܒܝܐ

ܡܗܡܢܘ

ܦܬܓ̈ܡܐ

Do not trust hastily - ܠܐ ܬܗܡܢ ܒܣܘܪܗܒܐܝܬ

We will trust her on account of her promise - ܢܗܡܢ ܠܗ̇ ܡܛܠ ܫܘܘܕܝܗ̇

You trusted me for I am sincere - ܐܗܡܢܬܢܝ ܡܛܠ ܕܫܪܝܪ ܐܢܐ

ܓܢܣܐ ܕܟܝܢܐ	ܦܪܨܘܦܐ	ܙܒܢܐ ܥܒܝܪܐ
ܬܠܝ: ܬܠܝܢ \ ܬܠܝܬܐ: ܬܠܝܬܢ	ܡܡܠܠܢܐ	ܬܠܝܬ: ܬܠܐ
ܬܠܝܬ: ܬܠܝܬܘܢ \ ܬܠܝܬܝ: ܬܠܝܬܝܢ	ܡܨܝܬܢܐ	ܬܠܐ: ܬܠܝܬܘܢ
ܬܠܝܐ: ܬܠܝܘܢ \ ܬܠܝܬܐ: ܬܠܝܢ	ܡܬܚܙܝܢܐ	

ܓܢܣܐ ܕܡܢܝܢܐ		ܙܒܢܐ ܠܐ ܡܫܡܠܝܐ
ܬܠܐ: ܬܠܝ \ ܬܠܝ: ܬܠܝ	ܡܡܠܠܢܐ	ܡܬܠܐ
ܬܠܝܬ: ܬܠܝܬܘܢ \ ܬܠܝܬܝ: ܬܠܝܬܝܢ	ܡܨܝܬܢܐ	
ܬܠܝܐ: ܬܠܝܢ	ܡܬܚܙܝܢܐ	

ܓܢܣܐ ܕܡܢܝܢܐ		ܡܠܬܐ ܥܕܢܐ ܕܦܘܩܕܢܐ
ܢܬܠܐ: ܢܬܠܘܢ \ ܬܬܠܐ: ܢܬܠܝܢ	ܡܡܠܠܢܐ	ܬܠܐ: ܬܠܝ
ܬܬܠܐ: ܬܬܠܘܢ \ ܬܬܠܝܢ: ܬܬܠܝܢ	ܡܨܝܬܢܐ	ܬܠܘ: ܬܠܝܢ
ܢܬܠܐ: ܢܬܠܐ	ܡܬܚܙܝܢܐ	

ܡܠܬܐ ܦܘܩܕܢܐ

ܢܬܬܠܐ

ܦܬܓܡܐ

ܬܠܝܐ ܨܘܪܬܐ ܥܠ ܫܘܪܐ - She hung a picture on the wall

ܬܠܝܬܘܢܝ ܠܝ ܡܢ ܐܝܠܢܐ - You hung me from the tree

ܬܬܠܘܢ ܠܥܒܕܝ ܒܝܫܬܐ - You will hang the evil-doers

ܐܢܳܐ ܦܥܽܘܠܳܐ	ܦܰܪܨܽܘܦܳܐ	ܐܰܝܟܢܳܐ ܕܩܳܐܶܡ
ܬܠܳܐ: ܬܠܰܘ	ܬܠܺܝܬܳܝܳܐ	ܬܠܳܐ: ܬܠܰܘ \ ܬܠܳܬ: ܬܠܰܝ
ܬܠܺܝܬ: ܬܠܰܝܢ	ܬܪܰܝܳܢܳܐ	ܬܠܰܝܬ: ܬܠܰܝܬܽܘܢ \ ܬܠܰܝܬܝ: ܬܠܰܝܬܶܝܢ
	ܩܰܕܡܳܝܳܐ	ܬܠܺܝܬ: ܬܠܰܝܢ \ ܬܠܺܝܬ: ܬܠܰܝܢ

ܐܢܳܐ ܠܳܐ ܡܫܰܡܠܝܳܐ		ܐܰܝܟܢܳܐ ܕܥܳܒܰܪ
ܡܶܬܠܳܐ	ܬܠܺܝܬܳܝܳܐ	ܢܶܬܠܶܐ: ܢܶܬܠܽܘܢ \ ܬܶܬܠܶܐ: ܢܶܬܠܝܳܢ
	ܬܪܰܝܳܢܳܐ	ܬܶܬܠܶܐ: ܬܶܬܠܽܘܢ \ ܬܶܬܠܶܝܢ: ܬܶܬܠܝܳܢ
	ܩܰܕܡܳܝܳܐ	ܐܶܬܠܶܐ: ܢܶܬܠܶܐ

ܦܽܘܩܳܕܳܐ ܘܫܽܘܐܳܠܳܐ		ܐܰܝܟܢܳܐ ܕܥܳܬܶܝܕ
ܬܠܳܐ: ܬܠܰܘ	ܬܠܺܝܬܳܝܳܐ	ܢܶܬܬܠܶܐ: ܢܶܬܬܠܽܘܢ \ ܬܶܬܬܠܶܐ: ܢܶܬܬܠܝܳܢ
ܬܠܳܝ: ܬܠܳܝܶܝܢ	ܬܪܰܝܳܢܳܐ	ܬܶܬܬܠܶܐ: ܬܶܬܬܠܽܘܢ \ ܬܶܬܬܠܶܝܢ: ܬܶܬܬܠܝܳܢ
	ܩܰܕܡܳܝܳܐ	ܐܶܬܬܠܶܐ: ܢܶܬܬܠܶܐ

ܡܫܰܡܗܳܢܳܐ ܫܡܳܗܳܝܳܐ

ܡܶܬܬܠܶܐ

ܦܬܓܡܐ

She hung a picture on the wall - ܬܠܳܬ ܨܽܘܪܬܳܐ ܥܰܠ ܫܽܘܪܳܐ

You hung me from the tree - ܬܠܰܝܬܳܢܝ ܥܰܠ ܩܝܣܳܐ

You will hang the evil-doers - ܬܶܬܠܶܐ ܠܥܳܒ̈ܕܰܝ ܒܺܝܫܳܬܳܐ

Verb Index ܪܘܫܘܡܬ ܡ̈ܠܐ

www.ingramcontent.com/pod-product-compliance
Lightning Source LLC
LaVergne TN
LVHW050631100826
845148LV00011B/1828

9780982712429